Nathan Youngman
Roger Peppé

Programmare con Go

Guida per imparare il linguaggio open source sviluppato da Google

APOGEO

Programmare con Go

Autori:
Nathan Youngman
Roger Peppé

Socio Unico Giangiacomo Feltrinelli Editore S.r.l.
Viale Pasubio 5, 20154 Milano
Centralino: 023596681
libri@apogeonline.com
http://www.apogeonline.com

ISBN 978-88-503-3470-4

Realizzazione editoriale:
PMT sas – Monza

Traduzione:
Paolo Poli

Immagine di copertina:
Daniele Morganti

Finito di stampare
nel mese di gennaio 2019
presso Grafica Veneta S.p.A.
Trebaseleghe (PD)

Indice generale

Prefazione

Tutto scorre.
Eraclito

Nel corso di un viaggio in Europa nel 2005, Nathan sentì parlare di un nuovo framework web chiamato Ruby on Rails. Tornando in Alberta in tempo per festeggiare il Natale, acquistò in libreria una copia di *Sviluppare applicazioni web con Rails*. Nei due anni successivi, cambiò la propria carriera, passando da Cold-Fusion a Ruby.

All'Università di York, in Inghilterra, Roger ebbe modo di ammirare l'elegante semplicità di UNIX, dei Bell Labs e di Plan 9 OS, prodotto dallo stesso gruppo che comprendeva gli autori di Go, Rob Pike e Ken Thompson. Roger ne divenne un vero fan e successivamente lavorò al sistema Inferno, che usava un proprio linguaggio, Limbo, un vicino progenitore di Go.

Nel novembre 2009, Go venne annunciato come un progetto open source. Roger vide immediatamente le sue potenzialità e iniziò a utilizzarlo, offrendo numerosi contributi alla sua libreria standard e al suo ecosistema. Rimase sorpreso del successo di Go e ora programma in Go a tempo pieno e gestisce anche un gruppo proprio dedicato al linguaggio Go.

Nathan aveva assistito a una conferenza di Rob Pike nella quale annunciava Go, ma non diede particolare peso all'evento fino al 2011. Quando un collega gli parlò in termini entusiastici di Go, Nathan decise di acquistare una copia di *The Go Programming Language Phrasebook*, da leggere durante le vacanze di Natale. Nel corso degli anni, cominciò a utilizzare Go per progetti hobbistici e per contribuire al suo blog su Go (`nathany.com`), per organizzare un gruppo di incontro locale su Go (`edmontongo.org`) e per programmare in Go al lavoro.

Non si finisce mai di imparare nel mondo dei computer, dove gli strumenti e le tecniche sono in continua evoluzione e miglioramento. Che abbiate una laurea in informatica o che stiate iniziando solo ora, acquisire sempre nuove abilità è importante. L'auspicio è che questo libro possa esservi utile nell'apprendimento del linguaggio di programmazione Go.

Ringraziamenti

Che privilegio è stato scrivere questo libro per aiutare altre persone a imparare a programmare in Go. Quindi, innanzitutto, grazie per il fatto stesso di leggerci!

Queste pagine rappresentano gli sforzi congiunti di molte persone, non solo degli autori indicati in copertina.

Innanzitutto, vorremmo ringraziare i nostri editor Jennifer Stout e Marina Michaels per averci fornito un prezioso feedback e per averci aiutato ad arrivare, poco a poco, alla data di consegna.

Inoltre, grazie a Joel Kotarski e Matt Merkes per il loro puntuale editing tecnico, a Christopher Haupt per la redazione tecnica e a Corbin Collins per aver migliorato la nostra grammatica e il nostro stile di scrittura. I nostri ringraziamenti vanno a Bert Bates e agli editor della collana Dan Maharry e Elesha Hyde per le conversazioni e i preziosi suggerimenti che ci hanno permesso di dare forma al libro.

Vorremmo ringraziare Olga Shalakhina ed Erick Zelaya per le loro meravigliose illustrazioni, Monica Kamsvaag per aver disegnato la copertina dell'edizione inglese, April Milne per aver abbellito le figure e Renée French per aver dato a Go la mascotte che ormai noi tutti amiamo. Un ringraziamento speciale va a Dan Allen per aver creato AsciiDoctor, lo strumento utilizzato per scrivere questo libro e per il suo continuo supporto.

Questo libro non si sarebbe concretizzato senza il lavoro di Marjan Bace, Matko Hrvatin, Mehmed Pasic, Rebecca Rinehart, Nicole Butterfield, Candace Gillhoolley, Ana Romac, Janet Vail, David Novak, Dottie Marsico, Melody Dolab, Elizabeth Martin e di tutto il team di Manning, che ha consentito di portare questo volume nelle vostre mani.

Grazie anche ad Aleksandar Dragosavljević per aver fornito questo libro a così tanti recensori, fra i quali ricordiamo Brendan Ward, Charles Kevin, Doug Sparling, Esther Tsai, Gianluigi Spagnuolo, Jeff Smith, John Guthrie, Luca Campobasso, Luis Gutierrez, Mario Carrion, Mikaël Dautrey, Nat Luengnaruemitchai, Nathan Farr, Nicholas Boers, Nicholas Land, Nitin Gode, Orlando Sánchez, Philippe Charrière, Rob Weber, Robin Percy, Steven Parr, Stuart Woodward, Tom Goodheard, Ulises Flynn e William E. Wheeler.

Vorremmo anche ringraziare tutti i lettori della prima ora, che ci hanno fornito preziosi feedback grazie ai forum.

Infine vorremmo ringraziare Michael Stephens per averci suggerito la pazza idea di scrivere un libro e la comunità di Go per aver creato un linguaggio e un ecosistema dei quali è veramente entusiasmante scrivere.

Nathan Youngman

Naturalmente, devo ringraziare i miei genitori, senza i quali non sarei qui, oggi. Entrambi mi hanno incoraggiato a seguire i miei interessi nella programmazione informatica fin dalla più tenera età, fornendomi libri, iscrizioni a corsi e l'accesso ai computer.
Oltre ai revisori ufficiali, vorrei ringraziare Matthias Stone, per avermi dato feedback sulle bozze preliminari, e Terry Youngman, per avermi aiutato a concretizzare le idee. Intendo anche ringraziare la comunità Go di Edmonton e il mio datore di lavoro, Mark Madsen, per avermi garantito tutta la flessibilità di cui avevo bisogno per poter scrivere questo libro.
Soprattutto voglio ringraziare Roger Peppé per essersi unito a me come coautore. È solo grazie a lui che è stato possibile scrivere l'intera Parte VII, per non parlare dei tanti incoraggiamenti che mi ha dato.

Roger Peppé

Desidero ringraziare soprattutto mia moglie, Carmen, per la sua pazienza e il suo sostegno mentre lavoravo a questo libro invece di andare a spasso con lei per le montagne.
Ringrazio molto anche Nathan Youngman e Manning per la loro fiducia nell'avermi assoldato come coautore e per la pazienza che hanno avuto durante le fasi finali della realizzazione di questo libro.

Introduzione

A chi è rivolto il libro

Go è un linguaggio di programmazione adatto a un'ampia gamma di esigenze e livelli di competenza: una necessità, oggi, per ogni grande impresa. Essendo un linguaggio relativamente compatto, con una sintassi minima e poche complicazioni, può essere ottimo anche per i principianti.

Sfortunatamente, molte delle risorse legate all'apprendimento di Go hanno come presupposto una profonda conoscenza professionale del linguaggio di programmazione C. Questo libro ha proprio lo scopo di colmare questo divario per tutti coloro che realizzano prevalentemente script, per gli hobbisti e per coloro che sono alla ricerca di un percorso di apprendimento specifico per Go. Per semplificare le cose, ogni listato ed esercizio di questo libro può essere eseguito all'interno di Go playground (`play.golang.org`) e questo significa che per seguire il libro non è davvero necessario installare nulla.

Se avete usato un linguaggio per script come JavaScript, Lua, Perl, Python o Ruby, in sostanza siete già pronti per iniziare a imparare a programmare in Go. Se avete programmato in Scratch o con le formule di Excel o in HTML, non sarete i soli a scegliere Go come il vostro primo "vero" linguaggio di programmazione. Imparare a programmare in Go richiede pazienza e impegno, ma speriamo che questo libro rappresenti per voi un'utile risorsa nella vostra ricerca.

Struttura del libro

Programmare con Go esplora i concetti di base per utilizzare Go in modo efficace, fornendo una grande abbondanza di esercizi con lo scopo di affinare le vostre capacità. Questa guida è rivolta ai principianti ed è concepita per essere letta pagina dopo pagina, in quanto ogni capitolo estende le competenze presentate in quelli precedenti. Pertanto non può essere considerata un approfondimento su tutte le specifiche del linguaggio (`golang.org/ref/spec`) anche se tratta la maggior parte delle sue funzionalità, spingendosi anche ad argomenti avanzati come la progettazione a oggetti e la concorrenza.

Indipendentemente dal fatto che dobbiate scrivere servizi web massicciamente *concorrenti* o piccoli script e semplici strumenti, questo libro sarà sicuramente per voi un'ottima base.

- La Parte I introduce le *variabili*, i *cicli* e le *diramazioni* che sono presenti anche nelle più piccole applicazioni.
- La Parte II esplora i *tipi* per valori testuali e numerici. Potrete decodificare messaggi segreti, scoprire come è andato distrutto il vettore Ariane 5 e utilizzare numeri di grandi dimensioni per calcolare quanto impiega la luce a raggiungere Andromeda.
- La Parte III usa le *funzioni* e i *metodi* per realizzare una "stazione meteorologica" su Marte, dotata di sensori e funzioni di conversione delle temperature.
- La Parte IV introduce gli *array* e le *mappe* per operazioni di terraformazione dei pianeti del sistema solare, per gestire le temperature e per simulare il Gioco della vita di Conway.
- La Parte V introduce concetti tratti dai linguaggi di programmazione a oggetti in un linguaggio che per natura non è orientato agli oggetti. Utilizzerete strutture e metodi per navigare sulla superficie di Marte, soddisfare interfacce per migliorare l'output e imparerete a inglobare più strutture l'una nell'altra per creare strutture sempre più complesse.
- La Parte VI approfondisce i meccanismi del linguaggio. Parleremo di puntatori, mutazioni, del "nulla" e di come gestire gli errori senza farsi prendere dal *panic*.
- La Parte VII introduce le funzionalità rivolte alla concorrenza, che permettono la comunicazione fra più unità in esecuzione concorrente, legate a formare una catena.
- L'Appendice presenta le nostre soluzioni agli esercizi proposti. Uno degli aspetti più divertenti della programmazione è il fatto che le soluzioni possano essere più d'una.

Codice degli esempi

Il codice impiega un `tipo di carattere a spaziatura fissa`, per distinguerlo dal normale testo. I listati sono accompagnati da commenti, che puntualizzano i concetti più importanti. Potete scaricare il codice sorgente di tutti i listati dalla pagina web del volume, all'indirizzo: `http://bit.ly/apo-go`. Il download comprende anche le soluzioni di tutti gli esercizi del libro. Il codice sorgente online si trova in un repository di GitHub: `github.com/nathany/get-programming-with-go`.

Anche se non c'è niente di male a copiare e incollare il codice, vi consigliamo di digitare gli esempi manualmente. Imparerete qualcosa di più, correggendo gli errori e compiendo tutti gli esperimenti che vi vengono in mente.

Prima di iniziare

Tradizionalmente, il primo passo per apprendere il funzionamento di un nuovo linguaggio di programmazione consiste nel configurare gli strumenti e l'ambiente per eseguire una semplice applicazione "Hello, world". Con Go Playground, questa vecchia abitudine si riduce a un unico clic.

Tolto di mezzo questo ostacolo, si può iniziare fin da subito a imparare la sintassi e i concetti necessari per scrivere e modificare un semplice programma.

In questa parte

Capitolo 1

Ready... set... Go!

In questo capitolo

- Che cos'è Go
- Go Playground
- Package e funzioni
- L'uso delle parentesi graffe
- Riepilogo

Dopo questo capitolo saprete:

- che cosa distingue Go;
- visitare il Go Playground;
- visualizzare del testo sullo schermo;
- sperimentare con il testo in qualsiasi linguaggio naturale.

Go è il linguaggio di programmazione più attuale del *cloud computing*. Amazon, Apple, Canonical, Chevron, Disney, Facebook, General Electric, Google, Heroku, Microsoft, Twitch, Verizon e Walmart sono solo alcune delle grandi aziende che lo hanno adottato per progetti assolutamente seri (vedi `thenewstack.io/who-is-the-go-developer/` e `golang.org/wiki/GoUsers`). Molta dell'infrastruttura su cui si basa il Web sta passando a Go, a partire da società come CloudFlare, Cockroach Labs, DigitalOcean, Docker, InfluxData, Iron.io, Let's Encrypt, Light Code Labs, Red Hat CoreOS, SendGrid e organizzazioni come Cloud Native Computing Foundation.

Go opera in modo eccellente nei centri elaborazione dati, ma la sua adozione si estende ben oltre i luoghi di lavoro. Ron Evans e Adrian Zankich hanno creato Gobot (`gobot.io`), una libreria per il controllo di robot hardware. Alan Shreve ha creato lo strumento di sviluppo ngrok (`ngrok.com`), un progetto per l'apprendimento di Go, e poi lo ha trasformato in un'attività a tempo pieno.

La comunità formata da coloro che hanno adottato Go si fa chiamare "gopher", in onore della tenera mascotte di Go (Figura 1.1). La programmazione è, in termini generali, un argomento complicato, ma grazie a Go e a questo libro, contiamo di far scoprire a tutti la gioia della programmazione.

Figura 1.1 La talpa Gopher, mascotte di Go, disegnata da Renée French.

In questo capitolo inizieremo a sperimentare il funzionamento di un programma Go all'interno del browser web.

Considerazioni iniziali

Se dite a un assistente digitale, "Chiamami un taxi", siete sicuri che vi chiamerà davvero un taxi? Non penserà, magari, che d'ora in poi vogliate cambiare il vostro nome in "un taxi"? Il linguaggio naturale, l'italiano, è pieno di ambiguità.
La chiarezza è fondamentale nei linguaggi di programmazione. Se la grammatica o la sintassi del linguaggio lasciassero spazio ad ambiguità, il computer finirebbe per non capire che cosa gli state chiedendo di fare. A questo punto, che senso avrebbe scrivere un programma?
Go non è un linguaggio perfetto, ma punta sulla chiarezza più di qualsiasi altro linguaggio che abbiamo utilizzato. Come vedremo nel corso di questo capitolo, vi saranno alcune abbreviazioni da imparare e qualche termine gergale da scoprire. Non tutto sarà chiaro fin da subito, ma dategli un po' di tempo e Go vi aiuterà a fugare ogni ambiguità.

Che cos'è Go

Go è un linguaggio di programmazione *compilato*. Prima di eseguire un programma, Go utilizza un compilatore per tradurre il codice che avete scritto nei famosi "1" e "0" che le macchine sono in grado di capire. Poi compila il codice che avete scritto, per produrre

un file eseguibile, che potete decidere di lanciare o di distribuire ad altri. Nel corso di questo processo, il compilatore Go si occuperà di andare a caccia di tutti gli errori di ortografia o di sintassi che potete aver commesso.
Non tutti i linguaggi di programmazione impiegano questo approccio. Python, Ruby e molti altri linguaggi di programmazione utilizzano un *interprete*, il quale traduce un'istruzione del programma alla volta ed esegue il programma. Questo significa che al momento dell'esecuzione il codice potrebbe contenere errori (*bug*) che non sono ancora stati individuati.
D'altro canto, un interprete rende più veloce e interattivo il processo di scrittura del codice, rendendo pertanto il linguaggio più dinamico, accessibile e divertente. I linguaggi compilati, al contrario, hanno una certa reputazione di staticità e inflessibilità, come robot che i programmatori sono costretti ad accontentare; inoltre i compilatori sono noti per una certa lentezza. Ma le cose devono essere necessariamente così?

> Cercavamo di realizzare un linguaggio che avesse la sicurezza e le prestazioni dei linguaggi compilati in modo statico, come C++ e Java, ma la leggerezza e la facilità d'uso dei linguaggi interpretati, come Python.
>
> *Rob Pike*, Geek of the Week
> (vedi `mng.bz/jr8y`)

Go è stato realizzato privilegiando la gradevolezza nella scrittura del software. Grossi programmi possono essere compilati in pochi secondi con un unico comando. Il linguaggio omette tutti quegli elementi che possono causare ambiguità, incoraggiando una programmazione facilmente prevedibile e comprensibile. Inoltre Go rappresenta un'alternativa "leggera" alla rigida struttura imposta dai linguaggi "classici", come Java.

> Java omette molte funzionalità di utilizzo raro e di difficile comprensione del C++ le quali, per esperienza, danno più problemi che vantaggi.
>
> *James Gosling*, Java: an Overview

Ogni nuovo linguaggio di programmazione tende a raffinare le idee del passato. L'utilizzo efficiente della memoria in Go è più semplice e meno soggetto a errori rispetto ai linguaggi di un tempo; inoltre Go è in grado di sfruttare ogni *core* delle macchine multicore. Le sue storie di successo spesso citano una maggiore efficienza fra i motivi che hanno spinto molti a passare a Go. Iron.io è stato in grado di sostituire ben trenta server operanti in Ruby con soli due server gestiti da Go (vedi `mng.bz/Wevx` e `mng.bz/8yo2`). Bitly ha "rilevato notevoli e misurabili vantaggi prestazionali" nella riscrittura delle app Python in Go e, di conseguenza, ha sostituito le sue app C con nuove versioni in Go (vedi `mng.bz/EnYl`).
Go offre la piacevolezza e la facilità d'uso dei linguaggi interpretati, con l'aggiunta di una maggiore efficienza e affidabilità. Essendo un linguaggio compatto, dotato di pochi e semplici concetti, Go è relativamente facile da imparare. Sono tre le parole chiave che formano il motto di Go:

> Go è un linguaggio di programmazione open source che consente la produzione di software semplice, efficiente e affidabile, a qualsiasi livello di scala.
>
> *Go Brand Book*

SUGGERIMENTO

Quando cercate in Internet qualche argomento relativo a Go, utilizzate la parola chiave *golang*, ovvero "*Go language*". Il suffisso "*-lang*" (o il suffisso "*-linguaggio*" per le ricerche in italiano) è appropriato anche per altri linguaggi di programmazione dal nome breve, come Ruby, Rust e così via.

TEST

Troverete le soluzioni dei test alla fine di questo capitolo.

1. Quali sono i due vantaggi del compilatore Go?

Go Playground

Il modo più rapido per iniziare a utilizzare Go consiste nell'accedere alla pagina `play.golang.org`. Nel Go Playground (Figura 1.2) potete scrivere, eseguire e provare programmi Go senza dover installare nulla. Vi basterà fare clic sul pulsante *Run* e il playground compilerà ed eseguirà il vostro codice sui server Google e ne visualizzerà il risultato.

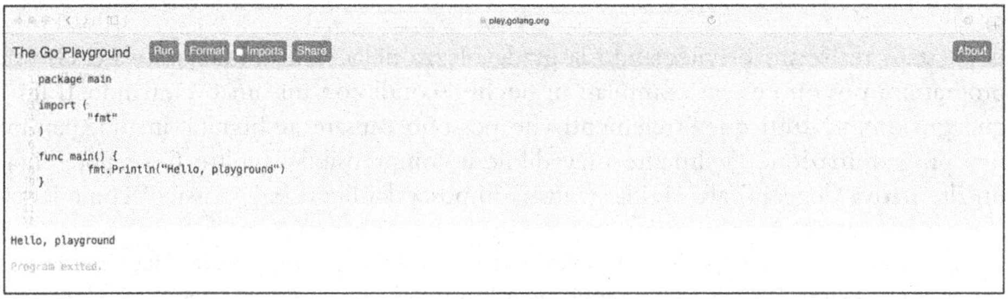

Figura 1.2 Go Playground.

Facendo clic sul pulsante *Share*, otterrete un link che rimanda al codice che avete appena scritto. Potete condividere questo link con gli amici o salvarlo in un segnalibro, per tornare a riutilizzarlo in un secondo tempo.

NOTA

Potete utilizzare Go Playground per ogni listato ed esercizio presente nel libro. In alternativa, se siete già abituati a utilizzare un editor di testi e la riga di comando, potete scaricare e installare Go sul vostro computer dall'indirizzo `golang.org/dl/`.

TEST

2. Che cosa fa il pulsante *Run* del Go Playground?

Package e funzioni

Quando aprite il Go Playground, compare il seguente codice, che rappresenta un ottimo punto di partenza.

Listato 1.1 Hello, playground: playground.go.

```
package main       ← Dichiara il pacchetto cui appartiene questo codice

import (
    "fmt"      ← Rende disponibile il package fmt (formattazione)
)

func main() {      ← Dichiara una funzione chiamata main
    fmt.Println("Hello, playground")      ← Presenta sullo schermo le parole "Hello, playground"
}
```

Pur breve, il listato precedente introduce già tre parole riservate: `package`, `import` e `func`. Ogni parola riservata ha uno scopo ben preciso.

La parola riservata `package` dichiara il package cui appartiene questo codice: in questo caso si tratta di un package chiamato `main`. Tutto il codice, in Go, è organizzato in *package*. Go fornisce una libreria standard comprendente package per la matematica, la compressione, la crittografia, la manipolazione delle immagini e molto altro ancora. Ogni singolo package corrisponde a un singolo ambito o argomento.

La riga successiva usa la parola riservata `import` per specificare i package che verranno utilizzati da questo codice. I package contengono un determinato numero di *funzioni*. Per esempio, il package `math` fornisce funzioni come `Sin`, `Cos`, `Tan` e `Sqrt` (radice quadrata). Il package `fmt` utilizzato qui fornisce funzioni per la *formattazione* dell'input e dell'output. La visualizzazione di testo sullo schermo è un'operazione molto frequente e quindi, per comodità, questo package è stato abbreviato il più possibile: `fmt`.

La parola riservata `func` dichiara una funzione, in questo caso una funzione chiamata `main`. Il corpo di ogni funzione deve essere racchiuso fra parentesi graffe `{ }`, che è il modo con il quale Go può sapere dove inizia e termina ogni funzione.

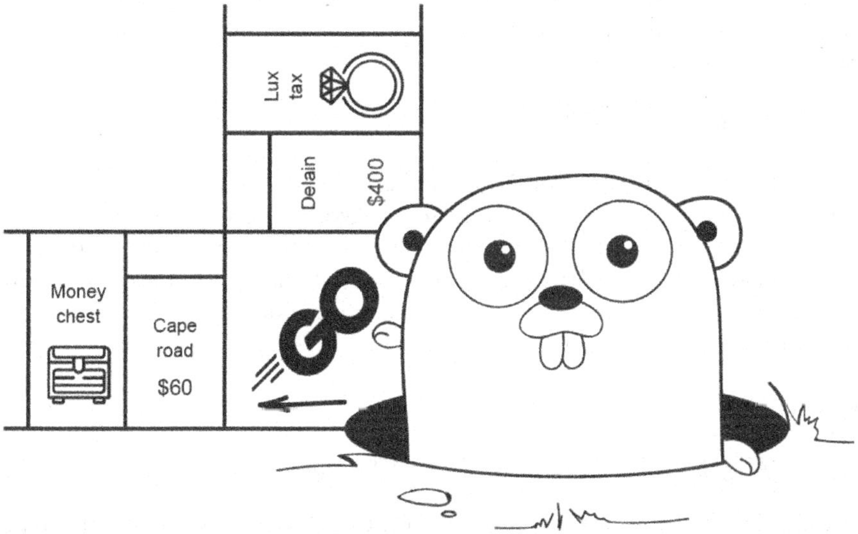

L'*identificatore* `main` ha un ruolo speciale. Quando si esegue un programma scritto in Go, l'esecuzione parte dalla funzione `main` sita nel package `main`. Senza `main`, il compilatore Go produrrà un errore, perché non avrà modo di capire dove deve iniziare il programma.
Per produrre sullo schermo una *riga* di testo, si usa la funzione `Println`. A `Println` si deve far precedere il prefisso `fmt` e un punto, poiché tale funzione si trova nel package `fmt`. Ogni volta che si usa una funzione tratta da un package importato, il nome della funzione deve essere preceduto dal nome del package e dal punto di separazione. In questo modo, quando leggete del codice scritto in Go, risulta immediatamente chiaro da quale package è stata tratta la funzione.
Provate a lanciare il programma in Go Playground e sullo schermo verranno visualizzate le parole *Hello, playground*. In pratica sullo schermo viene prodotto tutto ciò che è stato specificato fra i doppi apici. In italiano, l'assenza di una virgola può cambiare il significato di una frase. La punteggiatura è importante anche nei linguaggi di programmazione. Go conta su apici, parentesi e parentesi graffe per capire il significato del codice che avete scritto.

TEST

3. Dove inizia un programma Go?
4. Che cosa fornisce il package `fmt`?

L'uso delle parentesi graffe

Go è piuttosto pignolo nel posizionamento delle parentesi graffe { }. Nel Listato 1.1, la parentesi graffa aperta, {, si trova sulla stessa riga della parola riservata `func`, mentre la parentesi graffa chiusa, }, si trova su una riga a sé stante. Questo è l'unico stile di scrittura ammesso, non vi sono altre possibilità. Vedi `mng.bz/NdE2`.
Per capire perché Go sia così rigido, occorre risalire alla nascita di Go. A quei tempi, il codice era ricchissimo di punti e virgola. Si trovavano punti e virgola ovunque. Non c'era modo di sfuggire: i punti e virgola seguivano ogni singola istruzione come una paperetta segue mamma papera. Per esempio:

```
fmt.Println("Hello, fire hydrant");
```

Nel dicembre 2009, un gruppo di "Ninja gopher" ha deciso di espellere i punti e virgola dal linguaggio. Ehm... non esattamente. In realtà, il compilatore Go inserisce tutti questi ìpunti e virgola per voi, e tutto funziona perfettamente. Ma può funzionare perfettamente solo se adottate lo stile di *collocazione delle parentesi graffe* di cui abbiamo appena parlato. Se ponete una parentesi graffa su una riga a sé stante dopo la parola riservata `func`, il compilatore Go opporrà un errore di sintassi:

```
func main()    ← Corpo della funzione incompleto
{    ← Errore di sintassi: punto e virgola inatteso o
}      fine della riga prima della parentesi graffa aperta
```

Non è che il compilatore ce l'abbia con voi. Il fatto è che ha finito per inserire un punto e virgola nella posizione errata e per questo motivo è un po' confuso.

SUGGERIMENTO

Mentre procedete nella lettura di questo libro, provate a scrivere i listati a mano. Probabilmente commetterete degli errori di sintassi, se vi capiterà di scrivere male qualcosa, e questo è perfettamente normale. Essere in grado di leggere, comprendere e correggere gli errori è un'abilità importante e anche la perseveranza è una dote preziosa.

TEST

5. Dove deve essere collocata la parentesi graffa aperta, {, per evitare errori di sintassi?

Riepilogo

- Con Go Playground potete iniziare a usare Go senza installare nulla.
- Ogni programma Go è costituito da funzioni, contenute in package.
- Per mostrare del testo sullo schermo, utilizzate il package `fmt` fornito dalla libreria standard.
- La punteggiatura è importante, sia nei linguaggi di programmazione, sia nei linguaggi naturali.
- A questo punto avete utilizzato tre delle venticinque parole riservate di Go: `package`, `import` e `func`.

Vediamo se avete capito tutto...

Per svolgere il seguente esercizio, modificate il codice nel Go Playground e fate clic sul pulsante *Run* per vedere il risultato. Se avete problemi, aggiornate la pagina nel browser web e tornate al codice originario.

Esperimento: playground.go

- Cambiate il testo presentato sullo schermo, modificando ciò che si trova fra i doppi apici. Per esempio, provate a far scrivere al computer il vostro nome.
- Provate a scrivere due righe di testo, aggiungendo una seconda riga di codice nel corpo, `{ }`, della funzione `main`. Ecco un esempio:

```
fmt.Println("Hello, world")
fmt.Println("Hello, 世界")
```

- Go supporta l'uso dei caratteri di qualsiasi lingua. Potete produrre del testo in cinese, giapponese, russo o greco. Se non parlate queste lingue, potete usare Google Translate (`translate.google.com`) e copiare/incollare nel Go Playground il testo che verrà prodotto.

Usate il pulsante *Share* per ottenere un link al vostro programma e condividerlo con gli amici.

Confrontate la soluzione di questo esercizio con i risultati che trovate nell'Appendice.

Soluzioni dei test

1. I grossi programmi possono essere compilati in pochi secondi e il compilatore Go permette di individuare errori di ortografia e di sintassi prima di eseguire un programma.
2. Il pulsante *Run* compila e poi esegue il vostro codice sui server Google.
3. Un programma inizia dalla funzione `main`, all'interno del package `main`.
4. Il package `fmt` fornisce tutte le funzioni di formattazione dell'input e dell'output.
5. La parentesi graffa aperta deve trovarsi sulla stessa riga di `func` e non su una riga a sé stante. Questo è uno stile di scrittura obbligatorio.

Parte I

La programmazione imperativa

La maggior parte dei programmi è costituita da una serie di passi, come se si trattasse di ricette di cucina. Dite a un computer esattamente *come* svolgere un compito e lui farà per voi ogni genere di cosa. Questo modo di scrivere le istruzioni è chiamato *programmazione imperativa*. Se solo i computer sapessero anche cucinare!

Nella Parte I, esamineremo i fondamentali di Go e inizieremo ad apprendere la sintassi impiegata dal linguaggio per controllare il computer. Ogni capitolo di questa parte fornirà le conoscenze necessarie per affrontare la prima sfida: un'app che calcoli il prezzo dei biglietti per una bella vacanza su Marte.

In questa parte

Capitolo 2

Una semplice calcolatrice

In questo capitolo

Dopo questo capitolo saprete:

- chiedere a un computer di svolgere delle operazioni matematiche;
- dichiarare variabili e costanti;
- conoscere la differenza fra dichiarazione e assegnamento;
- utilizzare la libreria standard per generare numeri pseudocasuali.

I programmi sono in grado di fare tante e tante cose. In questo capitolo scriverete dei programmi in grado di risolvere dei problemi matematici.

> **Considerazioni iniziali**
>
> Perché scrivere un programma, quando basterebbe usare una calcolatrice?
> Magari avete memorizzato da qualche parte la velocità della luce e quanto impiega Marte a orbitare intorno al Sole. Il codice può essere salvato e poi riletto in un secondo tempo, in modo che possa fungere sia da calcolatrice, sia da riferimento. Un programma è un documento eseguibile, che può essere condiviso e modificato.

Esecuzione di calcoli

Ci sono dei giorni in cui vorremmo tanto essere più giovani e anche più magri. A questo proposito, Marte ha molto da offrire. Marte impiega 687 giorni terrestri per compiere un'orbita attorno al Sole e la sua debole forza gravitazionale fa sì che ogni oggetto pesi circa il 38% di quello che pesa sulla Terra.

Per calcolare quale sarebbe l'età e il peso di Nathan in termini marziani, abbiamo scritto un piccolo programma, rappresentato nel Listato 2.1. Go fornisce gli stessi *operatori* aritmetici presenti anche in altri linguaggi di programmazione: `+`, `-`, `*`, `/` e `%`, rispettivamente per la somma, la sottrazione, la moltiplicazione, la divisione e il modulo.

SUGGERIMENTO

L'operatore modulo (`%`) fornisce il resto della divisione fra due numeri interi (per esempio `42 % 10` è uguale a `2`).

Listato 2.1 Hello Mars: mars.go.

```
// Il mio programma per la perdita di peso.     ← Commento per i lettori umani
package main

import "fmt"

// main è la funzione dove tutto ha inizio.     ← Commento per i lettori umani
func main() {
    fmt.Print("Il mio peso sulla superficie di Marte sarebbe ")
    fmt.Print(68.0 * 0.3783)                    ← Scrive 25.7244
    fmt.Print(" kg e inoltre avrei ")
    fmt.Print(41 * 365 / 687)                   ← Scrive 21
    fmt.Print(" anni.")
}
```

NOTA

Anche se il Listato 2.1 mostra il peso in chilogrammi, l'unità scelta non ha alcun impatto sul calcolo del peso. Qualsiasi sia l'unità di misura scelta, il peso su Marte sarà sempre il 37,83% del peso sulla Terra.

Il codice del listato precedente inizia con un commento. Quando Go trova la sequenza //, ignora tutto ciò che la segue, fino alla fine della riga. La programmazione è una questione di comunicazione. Il codice comunica le vostre istruzioni a un computer e, quando è ben scritto, comunica anche le vostre intenzioni ad altre persone. I commenti servono proprio a questo, a rendere comprensibile il vostro codice a tutti gli altri. In altre parole i commenti non influenzano l'esecuzione di un programma.

Il listato precedente richiama la funzione `Print` varie volte per presentare una frase su un'unica riga. Alternativamente, potete passarle un elenco di *argomenti* separati da virgole. Un argomento di `Print` può essere un testo, un numero o anche un'*espressione* matematica:

```
fmt.Println("Il mio peso sulla superficie di Marte sarebbe ", 68.0*0.3783, "kg e inoltre
➥ avrei ", 41*365.2425/687, "anni.")    ← Scrive Il mio peso sulla superficie di Marte sarebbe
                                            di 25.7244 kg e inoltre avrei 21.79758733624454 anni
```

TEST

Troverete le soluzioni dei test alla fine di questo capitolo.

1. Digitate e lanciate il Listato 2.1 in Go Playground su `play.golang.org`. Quale sarebbe il vostro peso su Marte? E quanti anni avreste? Per saperlo, sostituite l'età (41) e il peso (68.0) di Nathan con il vostro.

SUGGERIMENTO

Dopo aver modificato il codice, fate clic sul pulsante `Format` in Go Playground. In tal modo otterrete una riformattazione automatica dell'indentazione e della spaziatura del codice, senza modificarne il significato.

Stampa formattata

Le funzioni `Print` e `Println` offrono anche una versione che garantisce un maggiore controllo sull'output. Utilizzando `Printf`, come si vede nel seguente listato, potete specificare i valori ovunque, nel testo.

Listato 2.2 Printf: fmt.go.

```
fmt.Printf("Il mio peso sulla superficie di Marte sarebbe di %v kg", 68.0*0.3783)
                                  ↑ Scrive Il mio peso sulla superficie di Marte sarebbe di 25.7244 kg
fmt.Printf(" e inoltre avrei %v anni.\n", 41*365/687)  ← Scrive e inoltre avrei 21 anni
```

A differenza di `Print` e `Println`, il primo argomento di `Printf` è sempre testuale. Il testo contiene il *codice di formattazione* `%v`, che verrà poi sostituito dal *valore* dell'espressione fornita come secondo argomento.

NOTA

Nei prossimi capitoli, ove necessario, introdurremo altri codici di formattazione (oltre a `%v`). Per un elenco completo, potete consultare la documentazione online su `golang.org/pkg/fmt/`.

La funzione `Println` sposta automaticamente sulla riga successiva, cosa che `Printf` e `Print` non sono in grado di fare. Ogni volta che dovete passare alla riga successiva, collocate quindi nel testo il codice `\n`.
Se specificate più simboli di formattazione, la funzione `Printf` sostituirà i vari valori nell'ordine specificato:

```
fmt.Printf("Il mio peso sulla superficie del pianeta %v è %v kg.\n", "Terra", 68.0)
```
↑ Scrive Il mio peso sulla superficie del pianeta Terra è di 68.0 kg

Oltre a sostituire i valori in qualsiasi punto di una frase, `Printf` può anche aiutare ad allineare il testo. Basta specificare una larghezza nel simbolo di formattazione, come in `%4v` per inserire il valore in uno spazio di quattro caratteri. Un valore positivo allinea il testo apponendo degli spazi a sinistra; un valore negativo allinea il testo apponendo degli spazi a destra:

```
fmt.Printf("%-15v $%4v\n", "SpaceX", 94)
fmt.Printf("%-15v $%4v\n", "Virgin Galactic", 100)
```

Il codice precedente visualizza pertanto il seguente output:

```
SpaceX          $  94
Virgin Galactic $ 100
```

TEST

2. Come si va su una riga a capo quando si visualizza del testo?
3. Come si comporta `Printf` quando incontra il simbolo di formattazione `%v`?

Costanti e variabili

I calcoli eseguiti nel Listato 2.1 vengono svolti su *numeri letterali*. Non è del tutto chiaro quale sia il significato dei numeri specificati, in particolare di valori come 0.3783. In genere i programmatori chiamano questi numeri letterali apparentemente senza significato con il nome di *numeri magici*. Usando costanti e variabili potete aiutare a chiarificare le cose, fornendo dei nomi descrittivi.
Dopo aver visto i vantaggi del vivere su Marte, la nostra prossima domanda riguarda il tempo necessario per arrivarvi. L'ideale sarebbe viaggiare alla velocità della luce. La luce attraversa il vuoto dello spazio a una velocità *costante*, il che semplifica i nostri calcoli. Al contrario, la distanza fra la Terra e Marte *varia* significativamente, a seconda della posizione che occupano tali pianeti nella loro orbita attorno al Sole.
Il seguente listato presenta due nuove parole riservate, `const` e `var`, che servono rispettivamente per dichiarare costanti e variabili.

Listato 2.3 Viaggiare alla velocità della luce: lightspeed.go.

```
// Quanto tempo ci vuole per arrivare su Marte?
package main
```

```
import "fmt"

func main() {
    const lightSpeed = 299792 // km/s
    var distance = 56000000 // km

    fmt.Println(distance/lightSpeed, "secondi")      ← Scrive 186 secondi

    distance = 401000000
    fmt.Println(distance/lightSpeed, "secondi")      ← Scrive 1337 secondi
}
```

Provate a digitare il Listato 2.3 in Go Playground e a fare clic su *Run*. La velocità della luce è piuttosto comoda; probabilmente non sentirete nessuno dirvi, "Ma non siamo ancora arrivati?".

Il primo calcolo si basa su una specifica distanza fra Marte e la Terra, dove a `distance`, al momento della dichiarazione, viene assegnato un valore iniziale di 56.000.000 km. Poi alla variabile `distance` viene assegnato un nuovo valore, 401 milioni di km quando i pianeti si trovano in opposizione rispetto al Sole (ignorando il fatto che tracciare una rotta che attraversi il Sole potrebbe essere un po'… problematico).

NOTA

La costante `lightSpeed` non può essere modificata. Se tentate di assegnarle un nuovo valore, il compilatore Go si lamenterà con l'errore "cannot assign to lightSpeed".

NOTA

Le variabili devono essere dichiarate prima dell'uso. Go presenterà un errore se tentate di assegnare un valore a una variabile che non avete ancora dichiarato con `var`, per esempio se scrivete `speed = 16`. Questa restrizione aiuta a individuare gli errori, come l'accidentale assegnamento di un valore alla variabile `distanze` quando invece la variabile si chiama `distance`.

TEST

4. Il sistema di trasporto interplanetario SpaceX non è dotato della velocità warp della nave spaziale Enterprise, ma è in grado di portarvi su Marte alla rispettabile velocità di 100.800 km all'ora. Un'ambiziosa data di lancio nel gennaio 2025 troverebbe Marte e la Terra a una distanza di 96.300.000 km. Quanti giorni sarebbero necessari per raggiungere Marte? Modificate il Listato 2.3 per scoprirlo.
5. Un giorno terrestre è composto da 24 ore. Per assegnare al numero 24 un nome descrittivo, quale parola riservata potreste usare?

Scorciatoie

Forse non vi saranno scorciatoie per visitare Marte, ma Go fornisce alcuni trucchi per risparmiare tempo alla tastiera.

Dichiarare contemporaneamente più variabili

Quando dichiarate delle variabili o delle costanti, potete farlo ponendole ognuna su una propria riga, nel seguente modo:

```
var distance = 56000000
var speed = 100800
```

Ma potete anche raggruppare la dichiarazione:

```
var (
    distance = 56000000
    speed = 100800
)
```

Un'altra opzione consiste nel dichiarare più variabili su un'unica riga:

```
var distance, speed = 56000000, 100800
```

Prima di dichiarare più variabili in gruppo o su un'unica riga, riflettete sul fatto che tali variabili siano correlate. Tenete sempre in considerazione la leggibilità del codice.

TEST

6. Quale aspetto potrebbe avere la riga di codice che dichiara insieme il numero di ore in un giorno e il numero di minuti in un'ora?

Operatori di incremento e assegnamento

Esistono alcune scorciatoie per svolgere degli assegnamenti insieme ad altre operazioni. Le ultime due righe del seguente listato sono equivalenti.

Listato 2.4 Operatori di assegnamento: shortcut.go.

```
var weight = 68.0
weight = weight * 0.3783
weight *= 0.3783
```

L'incremento di una singola unità ha una sua specifica scorciatoia, come potete vedere nel seguente listato.

Listato 2.5 L'operatore di incremento.

```
var age = 41
age = age + 1      ← Buon compleanno!
age += 1
age++
```

Potete decrementare un valore utilizzando `count--` o abbreviare altre operazioni scrivendo `price /= 2`, sempre in base allo stesso principio.

NOTA

Nel caso ve lo stiate chiedendo, Go non supporta l'operatore di incremento prefisso `++count`, al contrario dei linguaggi C e Java.

TEST

7. Scrivete la più breve riga di codice in grado di sottrarre 2 kg a una variabile chiamata `weight`.

Pensate a un numero

Pensate a un numero compreso fra 1 e 10.
Fatto? OK.
Ora provate a farlo fare al computer. Il computer è dotato di un generatore di numeri pseudocasuali che impiega il package `rand`. Sono detti *pseudocasuali* perché sono abbastanza, ma non completamente, casuali.
Il codice presente nel Listato 2.6 mostrerà due numeri compresi fra 1 e 10. Passando 10 a `Intn`, la funzione *restituirà* un numero compreso fra 0 e 9, al quale basta sommare 1 per poi assegnare il risultato a `num`. La variabile `num` non può essere una costante Go, perché ospiterà il risultato di una chiamata a funzione.

NOTA

Se dimenticate di sommare un'unità, otterrete un numero compreso fra 0 e 9. Poiché vogliamo ottenere un numero compreso fra 1 e 10, avreste un perfetto esempio di errore di un'unità, un classico errore di programmazione.

Listato 2.6 Numeri casuali: rand.go.

```
package main

import (
    "fmt"
    "math/rand"
)

func main() {
    var num = rand.Intn(10) + 1
    fmt.Println(num)
    num = rand.Intn(10) + 1
    fmt.Println(num)
}
```

Il *percorso di importazione* del package `rand` è `math/rand`. Alla funzione `Intn` basta far precedere il prefisso corrispondente al solo nome del package, `rand`, anche se il percorso di importazione è più lungo.

SUGGERIMENTO

Quando si usa un nuovo package, occorre elencarlo con un'istruzione `import`. Il Go Playground è in grado di aggiungere per voi i percorsi di importazione. Assicuratevi però che la casella *Imports* sia selezionata e poi fate clic sul pulsante *Format*. Il Go Playground determinerà quali package vengono usati e aggiornerà automaticamente i percorsi di importazione.

NOTA

Ogni volta che eseguite il Listato 2.6, vengono presentati gli stessi due numeri pseudocasuali. Sì, non è una bella cosa! In Go Playground, il tempo si ferma e i risultati vengono memorizzati, tuttavia questi numeri sono abbastanza adatti ai nostri scopi.

TEST

8. La distanza fra la Terra e Marte varia a seconda del fatto che si trovino dalla stessa parte o dalla parte opposta rispetto al Sole. Scrivete un programma che generi una distanza casuale compresa fra 56 e 401 milioni di km.

Riepilogo

- Le funzioni `Print`, `Println` e `Printf` consentono di visualizzare sullo schermo testo e numeri.
- Con la funzione `Printf` e il simbolo di formattazione `%v format verb`, i valori possono essere collocati ovunque, nel testo visualizzato.
- Le costanti possono essere dichiarate con la parola riservata `const` e non possono essere modificate.
- Le variabili possono essere dichiarate con la parola riservata `var` e possono ricevere un nuovo valore durante l'esecuzione del programma.
- Il percorso di importazione `math/rand` individua il package `rand`.
- La funzione `Intn` del package `rand` genera numeri pseudocasuali.
- A questo punto avete usato 5 delle 25 parole riservate di Go: `package`, `import`, `func`, `const` e `var`

Vediamo se avete capito tutto...

Esperimento: malacandra.go

Malacandra è molto più vicina: dovremo farcela in ventotto giorni.

C.S. Lewis, Lontano dal pianeta silenzioso

Malacandra è il nome di Marte in *Trilogia dello spazio* di C. S. Lewis. Scrivete un programma per determinare quale dovrebbe essere la velocità (in km all'ora) di una nave spaziale per poter raggiungere Malacandra in ventotto giorni. Supponete che la distanza sia di 56.000.000 di km.
Confrontate la vostra soluzione con il listato presentato nell'Appendice.

Soluzioni dei test

1. Dipende dal vostro peso e dalla vostra età.
2. Potete utilizzare `\n` ogni volta che dovete inserire un "a capo". In alternativa, potete utilizzare `fmt.Println()`.
3. Il simbolo di formattazione `%v` viene sostituito con un valore tratto dagli argomenti che seguono.
4. Le navi spaziali non procedono in linea retta, ma supponendo che sia così, il viaggio richiederebbe circa 39 giorni.

   ```
   const hoursPerDay = 24
   var speed = 100800       // km/h
   var distance = 96300000  // km
   fmt.Println(distance/speed/hoursPerDay, "giorni")
   ```

5. La parola riservata `const`, poiché si tratta di un valore che non cambia durante l'esecuzione del programma.
6. `const hoursPerDay, minutesPerHour = 24, 60`
7. `weight -= 2`
8. ```
   // Una distanza casuale fra la Terra e Marte (in km)
   var distance = rand.Intn(345000001) + 56000000
   fmt.Println(distance)
   ```
   ```

Capitolo 3

Cicli e alternative

Dopo questo capitolo saprete:

- fare in modo che il vostro computer compia delle scelte, tramite istruzioni `if` e `switch`;
- ripetere blocchi di codice, grazie all'impiego di cicli `for`;
- creare istruzioni condizionali per gestire cicli e alternative.

È raro che i programmi procedano dall'inizio alla fine come se fossero racconti. I programmi sono più simili a quei libri in cui potete scegliere avventure alternative oppure a dei film interattivi. In pratica seguono percorsi differenti in base a determinate condizioni oppure ripetono gli stessi passi fino al soddisfacimento di una condizione.
Se conoscete già l'uso delle parole riservate `if`, `else` e `for` presenti in molti linguaggi di programmazione, questo capitolo fungerà da rapida introduzione alla loro sintassi in Go.

Considerazioni iniziali

Quando Nathan era giovane, in famiglia si giocava a *Venti domande*, per far trascorrere il tempo nel corso di un lungo viaggio. Una persona pensava a qualcosa e tutti gli altri dovevano indovinare di che cosa si trattasse. Potevano porre domande la cui risposta poteva essere solo sì o no. Una domanda come "Quanto è grande?" non riceveva alcuna risposta. Al contrario, una fra le domande più comuni era: "È più grande o più piccolo di un tostapane?". I programmi operano proprio su domande sì/no. Data

In questo capitolo

una certa condizione (per esempio *più grande di un tostapane*), una CPU può rispondere procedendo lungo un percorso o saltando (`JMP`) a qualche altro punto del programma. Talvolta delle condizioni complesse devono essere suddivise in una serie di condizioni più semplici.
Considerate gli indumenti che state indossando oggi. Come avete scelto ogni singolo capo? Quali variabili erano coinvolte? Le previsioni del tempo, l'attività prevista, la disponibilità, la moda, il caso e così via? Come insegnereste a un computer a vestirsi, al mattino? Trascrivete una serie di domande per le quali sia prevista una risposta sì/no.

Vero o falso

Quando si legge un libro di avventure a scelte multiple, si incontrano righe come la seguente:

> Se decidete di uscire dalla caverna, andate a pagina 21.
>
> *Edward Packard*, The Cave of Time

Pensate di uscire dalla caverna? In Go, la vostra risposta può essere sì, vero (`true`) oppure no, falso (`false`), due costanti predichiarate. Potete utilizzarle nel seguente modo:

```
var walkOutside = true
var takeTheBluePill = false
```

NOTA

Alcuni linguaggi di programmazione impiegano una definizione piuttosto ampia di "verità". In Python e JavaScript, l'assenza di testo (`""`) è considerata sinonimo di falsità, `false`, e lo stesso vale per il numero `0`. In Ruby e Elixir quegli stessi valori sono considerati sinonimo di verità, `true`. In Go, l'unico valore "vero" è `true` e l'unico valore falso è `false`.

I valori `true` e `false` sono detti *valori booleani*. Traggono il loro nome dal matematico del diciannovesimo secolo George Boole. Sono molte le funzioni della libreria standard che restituiscono un valore booleano. Per esempio, il seguente listato utilizza la funzione `Contains` del package `strings` per scoprire se la variabile `command` contiene il testo "fuori". In effetti contiene proprio quel testo, pertanto il risultato è vero, `true`.

Listato 3.1 Una funzione che restituisce un valore booleano: contains.go.

```
package main

import (
    "fmt"
    "strings"
)

func main() {
    fmt.Println("Ti trovi in una caverna buia.")
    var command = "vai fuori"
```

```
    var exit = strings.Contains(command, "fuori")
    fmt.Println("Esci dalla caverna:", exit)      ← Scrive Uscite dalla caverna: true
}
```

TEST

Troverete le soluzioni dei test alla fine di questo capitolo.

1. Uscendo dalla caverna, i vostri occhi sono colpiti dall'accecante sole di mezzogiorno. Come dichiarereste una variabile booleana di nome `mettiOcchiali`?
2. All'ingresso della caverna trovate un cartello. Come potete determinare se `command` contiene la parola "leggi"?

Confronti

Un altro modo per ottenere un valore `true` o `false` consiste nel confrontare due valori. Go fornisce gli operatori di confronto rappresentati nella Tabella 3.1.

Tabella 3.1 Gli operatori di confronto.

==	Uguale	!=	Diverso
<	Minore di	>	Maggiore di
<=	Minore o uguale a	>=	Maggiore o uguale a

Gli operatori elencati nella Tabella 3.1 possono essere utilizzati per confrontare testo o numeri, come potete vedere nel seguente listato.

Listato 3.2 Confronto fra numeri: compare.go.

```
fmt.Println("C'è un cartello vicino all'ingresso, che dice 'Vietato ai minori'.")
var age = 41
var minor = age < 18
fmt.Printf("Ho %v anni, sono minorenne? %v\n", age, minor)
```

Il listato precedente produrrà il seguente output:

```
C'è un cartello vicino all'ingresso, che dice 'Vietato ai minori'.
Ho 41 anni, sono minorenne? false
```

NOTA

JavaScript e PHP sono dotati di uno speciale operatore *`tre-uguali`* che richiede un'uguaglianza stringente. In tale linguaggi, "1"== `1` è `true` (un concetto permissivo di uguaglianza), ma "1"=== `1` è `false` (un concetto molto più rigido). Go è dotato di un unico operatore di uguaglianza che non permette il confronto diretto fra testi e numeri. Nel Capitolo 10 vedremo come convertire dei numeri in testi e viceversa.

TEST

3. Qual è il valore maggiore fra "mela" e "banana"?

Alternative con if

Un computer può usare valori booleani o confronti per scegliere fra percorsi differenti utilizzando un'istruzione `if`, come si può vedere nel seguente listato.

Listato 3.3 Alternative: if.go.

```
package main
import "fmt"
func main() {
    var command = "vai est"
    if command == "vai est" {                  ← Se command è uguale a "vai est"...
        fmt.Println("Ti dirigi verso la montagna.")
    } else if command == "vai dentro" {        ← Altrimenti, se command è uguale a "vai dentro"..."
        fmt.Println("Entri nella caverna, nella quale trascorrerai il resto della tua vita.")
    } else {                                   ← Altrimenti, in ogni altro caso...
        fmt.Println("Non ho capito.")
    }
}
```

Il listato precedente produrrà il seguente output:

```
Ti dirigi verso la montagna.
```

Le parti `else`, `if` ed `else` sono tutte opzionali. Quando occorre considerare più percorsi, potete inserire tutti i blocchi `else` necessari.

NOTA

Go restituisce un errore se, accidentalmente, utilizzate l'operatore di assegnamento (`=`) al posto dell'operatore di uguaglianza (`==`).

TEST

4. I giochi di avventura sono suddivisi in stanze. Scrivete un programma che utilizzi `if` ed `else if` per mostrare una descrizione per ciascuna delle tre stanze: caverna, ingresso e montagna.
   Mentre scrivete il programma, assicuratevi di usare le parentesi graffe correttamente, in base allo stile che potete vedere nel Listato 3.3.

Gli operatori logici

In Go, l'operatore logico `||` significa "oppure", `OR`, e l'operatore logico `&&` significa "e", `AND`. Gli operatori logici consentono di verificare contemporaneamente più condizioni. Osservate le Figure 3.1 e 3.2 per scoprire come vengono valutati questi operatori.

	false	true
false	false	false
true	false	true

Figura 3. 1 Tabella dei risultati (true/false) per l'operatore OR (||).

	false	true
false	false	true
true	true	true

Figura 3.2 Tabella dei risultati (true/false) per l'operatore AND (&&).

Il codice presentato nel Listato 3.4 determina se l'anno 2100 sarà bisestile. Le regole per determinare un anno bisestile sono un po' più complicate di quello che si pensa:

- ogni anno divisibile per 4 ma non divisibile per 100;
- oppure ogni anno divisibile per 400.

NOTA

Ricordate che potete utilizzare l'operatore modulo (%) per ottenere il resto della divisione tra due numeri interi. Se il resto è pari a 0, significa che il divisore è divisibile per il dividendo.

Listato 3.4 Determinazione dell'anno bisestile: leap.go.

```
fmt.Println("L'anno 2100 è bisestile?")
var year = 2100
var leap = year%400 == 0 || (year%4 == 0 && year%100 != 0)
if leap {
    fmt.Println("Certamente!")
} else {
    fmt.Println("Assolutamente no.")
}
```

Il listato precedente produrrà il seguente output:

```
L'anno 2100 è bisestile?
Assolutamente no.
```

Come la maggior parte dei linguaggi di programmazione, anche Go utilizza una *logica a corto circuito*. Se la prima condizione è già vera (`true`), ovvero se l'anno è divisibile per 400, non vi è alcuna necessità di valutare ciò che segue l'operatore `||`, che pertanto verrà ignorato.

L'operatore `&&` funziona al contrario. Il risultato è `false` a meno che entrambe le condizioni siano `true`. Pertanto se l'anno non è divisibile per 4, non vi è alcuna necessità di valutare la condizione successiva.

L'operatore logico `not` (`!`) inverte un valore booleano da `false` a `true` o viceversa. Il seguente listato mostra un messaggio se il giocatore non ha una torcia o se la torcia spenta.

Listato 3.5 L'operatore not: torch.go.

```
var haveTorch = true
var litTorch = false
if !haveTorch || !litTorch {
    fmt.Println("Non si vede nulla.")        ← Scrive Non si vede nulla
}
```

TEST

5. Utilizzando carta e penna, sostituite il valore 2000 nell'anno del Listato 3.4. Calcolate tutti gli operatori modulo per scoprire i resti (potete anche usare una calcolatrice). Poi valutate le condizioni `==` e `!=` per scoprire se sono `true` o `false`. Infine valutate gli operatori logici `&&` e `||`. Il 2000 è stato un anno bisestile?
6. Avreste risparmiato tempo se aveste usato la logica a corto circuito per valutare se l'espressione `2000%400 == 0` era `true`?

Più alternative con switch

Quando dovete confrontare un valore con molti altri, Go fornisce l'istruzione `switch`, che potete utilizzare nel modo illustrato nel seguente listato.

Listato 3.6 L'istruzione switch: switch.go.

```
fmt.Println("C'è l'ingresso di una caverna e un sentiero che va a est.")
var command = "vai dentro"

switch command {      ← Confronta case con i vari casi
case "vai est":
    fmt.Println("Ti dirigi verso la montagna.")
case "entra caverna", "vai dentro":      ← Un elenco separato da virgola dei valori possibili
    fmt.Println("Ti trovi in una caverna buia.")
case "leggi cartello":
    fmt.Println("Sul cartello c'è scritto 'Vietato ai minori'.")
default:
    fmt.Println("Non ho capito.")
}
```

Il listato precedente produrrà il seguente output:

```
C'è l'ingresso di una caverna e un sentiero che va a est.
Ti trovi in una caverna buia.
```

NOTA

Potete utilizzare l'istruzione `switch` anche con i numeri.

Oppure potete utilizzare l'istruzione `switch` specificando delle condizioni per ciascun caso, un po' come se si trattasse di un `if...else`. Una caratteristica unica dello `switch` è la parola riservata `fallthrough`, utilizzata per eseguire il corpo del `case` successivo, come nel listato seguente.

Listato 3.7 L'istruzione switch: switch.go.

```
var room = "lago"

switch {                  ← Le espressioni sono in ciascun case
case room == "caverna":
    fmt.Println("Ti trovi in una caverna buia.")
case room == "lago":
    fmt.Println("Il ghiaccio sembra reggere.")
    fallthrough           ← Permette di passare al case successivo
case room == "sottacqua":
    fmt.Println("L'acqua è ghiacciata.")
}
```

Il listato precedente produrrà il seguente output:

```
Il ghiaccio sembra reggere.
L'acqua è ghiacciata.
```

NOTA

Questo è il comportamento standard dei linguaggi C, Java e JavaScript, mentre Go adotta un approccio più sicuro, chiedendo di specificare esplicitamente la parola riservata `fallthrough`.

TEST

7. Modificate il Listato 3.7 in modo da impiegare una forma più concisa di `switch`, dal momento che ogni confronto è con `room`.

Ripetizioni con i cicli

Invece di digitare più volte lo stesso codice, la parola riservata `for` consente di ripetere più volte l'esecuzione del codice. Il Listato 3. 8 ripete il ciclo finché `count` non diviene 0. Prima di ogni iterazione, l'espressione `count > 0` viene valutata per produrre un valore booleano. Se il valore è `false` (`count = 0`), il ciclo termina; altrimenti viene eseguito il corpo del ciclo (il codice compreso fra le parentesi graffe { }).

Listato 3.8 Conto alla rovescia: countdown.go.

```
package main

import (
    "fmt"
    "time"
)
```

```
func main() {
    var count = 10        ← Dichiarazione e inizializzazione

    for count > 0 {       ← La condizione
        fmt.Println(count)
        time.Sleep(time.Second)
        count--      ← Decrementa count, altrimenti il ciclo continuerebbe per sempre
    }
    fmt.Println("Decollo!")
}
```

Un ciclo infinito evita di specificare una condizione per il `for`. Ma è comunque possibile uscire da un ciclo in qualsiasi momento con `break`. Il seguente listato avvia un ciclo su 360° e poi si ferma casualmente.

Listato 3.9 Verso l'infinito e oltre: infinity.go.

```
var degrees = 0
for {
    fmt.Println(degrees)

    degrees++
    if degrees >= 360 {
        degrees = 0
        if rand.Intn(2) == 0 {
            break
        }
    }
}
```

NOTA

Il ciclo `for` prevede anche altre forme, che verranno introdotte nei Capitoli 4 e 9.

TEST

8. Non tutti i lanci vanno a buon fine. Implementate un conto alla rovescia in cui ogni secondo vi è una probabilità su 100 che il lancio fallisca e il conto alla rovescia si fermi.

Riepilogo

- I valori booleani sono gli unici valori che possono essere utilizzati nelle condizioni.
- Go fornisce funzionalità di percorsi alternativi e ripetizioni, grazie alle istruzioni `if`, `switch` e `for`.
- A questo punto avete utilizzato 12 delle 25 parole riservate di Go: `package`, `import`, `func`, `var`, `if`, `else`, `switch`, `case`, `default`, `fallthrough`, `for` e `break`.

Vediamo se avete capito tutto...

Esperimento: guess.go

Scrivete un programma "indovina il numero". Fate in modo che il computer selezioni dei numeri casuali fra 1 e 100, finché non indovinerà il numero che avete pensato, che dichiarate all'inizio del programma. Visualizzate ogni tentativo e indicate se è maggiore o minore del numero corretto.

Soluzioni dei test

1. `var mettiOcchiali = true`
2. `var read = strings.Contains(command, "leggi")`
3. La mela è naturalmente maggiore.
   `fmt.Println("mela" > "banana")` ← Scrive true
4.
```
package main
import "fmt"
func main() {
    var room = "caverna"
    if room == "caverna" {
        fmt.Println("Ti trovi in una caverna buia.")
    } else if room == "ingresso" {
        fmt.Println("C'è l'ingresso di una caverna e un sentiero che va a est.")
    } else if room == "montagna" {
        fmt.Println("C'è una scogliera. Un sentiero a ovest scende dalla montagna.")
    } else {
          fmt.Println("Qui è tutto bianco.")
    }
}
```
5. Sì, l'anno 2000 era bisestile:
```
2000%400 == 0 || (2000%4 == 0 && 2000%100 != 0)
0 == 0 || (0 == 0 && 0 != 0)
true || (true && false)
true || (false)
true
```
6. Sì, calcolare e poi trascrivere la seconda metà dell'equazione richiede tempo. I computer sono molto veloci, ma la logica a corto circuito permette loro di arrivare prima al risultato.
7.
```
switch room {
case "caverna":
    fmt.Println("Ti trovi in una caverna buia.")
case "lago":
    fmt.Println("Il ghiaccio sembra reggere.")
    fallthrough
case "sottacqua":
    fmt.Println("L'acqua è ghiacciata.")
}
```

```
8. var count = 10
   for count > 0 {
       fmt.Println(count)
       time.Sleep(time.Second)
       if rand.Intn(100) == 0 {
           break
       }
       count--
   }
   if count == 0 {
       fmt.Println("Decollo!")
   } else {
       fmt.Println("Lancio fallito.")
   }
```

Capitolo 4

Visibilità delle variabili

In questo capitolo

- **Parliamo di visibilità**
- **Dichiarazioni abbreviate**
- **Visibilità ridotta o ampia**
- **Riepilogo**

Dopo questo capitolo saprete:

- capire i vantaggi delle regole di visibilità delle variabili;
- impiegare un modo più compatto per dichiarare le variabili;
- scoprire come le regole di visibilità delle variabili interagiscono con i costrutti `for`, `if` e `switch`;
- usare un livello di visibilità maggiore o minore.

Durante l'esecuzione di un programma, molte variabili vengono utilizzate solo brevemente e poi scartate. La gestione delle variabili è facilitata grazie alle regole di visibilità del linguaggio Go.

Considerazioni iniziali

Quante cose riuscite a tenere a mente, contemporaneamente?

Si dice che la nostra memoria a breve termine sia limitata a sette elementi. Un ottimo esempio è costituito dai numeri telefonici, che sono di sette cifre.

I computer possono memorizzare molti più valori nella loro memoria a breve termine, la RAM (Random Access Memory), ma non dimenticate che il codice non viene letto solo dai computer, ma anche da esseri umani. Per questo motivo, è importante fare in modo che il codice sia il più chiaro possibile.

Se qualsiasi variabile, in qualsiasi punto del programma, potesse cambiare in qualsiasi momento e se fosse possibile accedervi da qualsiasi punto, sarebbe davvero difficile considerare che cosa accade in un grosso programma. Le regole di visibilità delle variabili ci vengono in soccorso, permettendoci di concentrarci sulle variabili effettivamente esistenti in una determinata funzione o porzione di codice, senza preoccuparci troppo delle altre.

Parliamo di visibilità

Quando una variabile viene dichiarata, diventa *visibile*, un concetto che, in inglese, usa il termine *scope*. Un frammento del programma può accedere a una variabile solo finché essa rimane nel suo campo di visibilità; una volta che ne fuoriesce, ogni tentativo di accesso alla variabile produrrà un errore.

Uno dei vantaggi di queste regole di visibilità delle variabili consiste nel fatto che si può riutilizzare lo stesso nome anche per variabili differenti. Cosa accadrebbe, infatti, se ogni singola variabile del programma dovesse avere un nome specifico? Immaginate che cosa significherebbe tutto questo per un programma di dimensioni non banali.

Le regole di visibilità aiutano anche nell'interpretazione del codice, perché evitano di dover tenere a mente tutte le variabili. Una volta che una variabile esce dal campo di visibilità, non ha più senso tenerla a mente.

In Go la visibilità, in genere, si esaurisce all'interno di una coppia di parentesi graffe, `{ }`. Nel seguente listato, la funzione `main` crea un campo di visibilità e il ciclo `for` ne crea un altro, annidato al suo interno.

Listato 4.1 Regole di visibilità: scope.go.

```
package main
import (
    "fmt"
    "math/rand"
)

func main() {
    var count = 0

    for count < 10 {  ← Apre un nuovo campo di visibilità
        var num = rand.Intn(10) + 1
        fmt.Println(num)
        count++
    }    ← Qui termina il campo di visibilità appena aperto
}
```

La variabile `count` viene dichiarata all'interno del campo di *visibilità della funzione* e dunque sarà visibile fino alla fine della funzione `main`, mentre la variabile `num` è dichiarata solo all'interno del campo di visibilità del ciclo `for`. Al termine di tale ciclo, la variabile `num` esce dal campo di visibilità: sparisce.

Il compilatore Go produrrà un errore se tenterete di accedere a `num` dopo la fine del ciclo. Potete accedere alla variabile `count` anche dopo la fine del ciclo `for`, poiché è stata dichiarata all'esterno di tale ciclo, anche se in realtà non vi era alcun motivo per farlo. Per poter confinare `count` entro il campo di visibilità di un ciclo, occorre ricorrere a un modo differente per dichiarare le variabili in Go.

TEST

Troverete le soluzioni dei test alla fine di questo capitolo.

1. Quali sono i vantaggi delle regole di visibilità delle variabili?
2. Che cosa accade a una variabile quando esce dal campo di visibilità? Modificate il Listato 4.1 per permettere di accedere al valore di `num` anche dopo la fine del ciclo e scoprite che cosa accade.

Dichiarazioni abbreviate

La dichiarazione abbreviata fornisce una sintassi alternativa per la parola riservata `var`. Le due righe seguenti sono equivalenti:

```
var count = 10
count := 10
```

Può non sembrare granché, ma questo risparmio di tre caratteri fa sì che la dichiarazione abbreviata sia molto più utilizzata rispetto a quella estesa. Ma soprattutto, la dichiarazione abbreviata trova posto là dove la dichiarazione completa, con `var`, non può entrare.

Il seguente listato mostra una variante del ciclo `for` che combina l'inizializzazione, una condizione e un'istruzione finale che decrementa `count`. Nell'utilizzo di questa forma dei cicli for, l'ordine delle istruzioni è importante: prima l'inizializzazione, poi la condizione, infine l'incremento/decremento.

Listato 4.2 Un conto alla rovescia compatto: loop.go.

```
var count = 0
for count = 10; count > 0; count-- {
    fmt.Println(count)
}
fmt.Println(count)      ← Qui count è nel campo di visibilità
```

Senza la dichiarazione abbreviata, la variabile count deve essere dichiarata all'esterno del ciclo, il che significa che rimarrà nel campo di visibilità anche dopo la fine del ciclo stesso. Utilizzando la dichiarazione abbreviata, la variabile count del prossimo listato viene dichiarata e contemporaneamente inizializzata nell'ambito del ciclo for e così esce dal campo di visibilità una volta terminato il ciclo. Se provaste ad accedere a count all'esterno del ciclo, il compilatore Go produrrebbe un errore undefined: count.

Listato 4.3 Dichiarazione abbreviata in un ciclo switch: short-switch.go.

```
for count := 10; count > 0; count-- {
    fmt.Println(count)
}    ← Qui count esce dal campo di visibilità
```

SUGGERIMENTO

Per motivi di leggibilità, dichiarate le variabili in prossimità del luogo in cui le utilizzate.

La dichiarazione abbreviata consente di dichiarare una nuova variabile in un'istruzione if. Nel seguente listato, la variabile num può essere utilizzata in ogni ramificazione dell'istruzione if.

Listato 4.4 Dichiarazione abbreviata in un'istruzione if: short-if.go.

```
if num := rand.Intn(3); num == 0 {
    fmt.Println("Space Adventures")
} else if num == 1 {
    fmt.Println("SpaceX")
} else {
    fmt.Println("Virgin Galactic")
}       ← Qui num esce dal campo di visibilità
```

La dichiarazione abbreviata può essere utilizzata anche nell'ambito di un'istruzione switch, come nel seguente listato.

Listato 4.5 Dichiarazione abbreviata in un'istruzione switch: short-switch.go.

```
switch num := rand.Intn(10); num {
case 0:
```

```
    fmt.Println("Space Adventures")
case 1:
    fmt.Println("SpaceX")
case 2:
    fmt.Println("Virgin Galactic")
default:
    fmt.Println("Random spaceline #", num)
}
```

TEST

3. Come cambierebbero le regole di visibilità di `num` se nei Listati 4.4 e 4.5 non fosse stata utilizzata la dichiarazione abbreviata?

Visibilità ridotta o ampia

Il codice del seguente listato genera e visualizza una data casuale, magari la data della partenza per Marte. Per farlo impiega varie regole di visibilità di Go e spiega perché è importante considerare la visibilità delle variabili al momento della dichiarazione.

Listato 4.6 Regole di visibilità delle variabili: scope-rules.go.

```
package main

import (
    "fmt"
    "math/rand"
)
var era = "AD"  ← La variabile era è disponibile in tutto il package

func main() {
    year := 2018  ← Qui era e year sono nel campo di visibilità

    switch month := rand.Intn(12) + 1; month {  ← Qui era, year e day sono nel campo di visibilità
    case 2:
        day := rand.Intn(28) + 1  ← Qui era, year, month e day sono nel campo di visibilità
        fmt.Println(era, year, month, day)
    case 4, 6, 9, 11:
        day := rand.Intn(30) + 1  ← È un nuovo giorno
        fmt.Println(era, year, month, day)
    default:
        day := rand.Intn(31) + 1  ← È un nuovo giorno
        fmt.Println(era, year, month, day)
    }  ← Qui month e day escono dal campo di visibilità
}  ← Qui anche year esce dal campo di visibilità
```

La variabile `era` viene dichiarata all'esterno della funzione `main` ed è visibile nell'*intero package*. Se il package `main` contenesse più funzioni, la variabile `era` sarebbe visibile a tutte queste funzioni.

NOTA

La dichiarazione abbreviata non è disponibile per le variabili dichiarate con visibilità pari all'intero package. Pertanto, era non potrebbe essere dichiarata con `era := "AD"`, nella sua attuale posizione.

La variabile `year` è visibile solo all'interno della funzione `main`. Se vi fossero anche altre funzioni, queste potrebbero vedere `era`, ma non `year`. La *visibilità all'interno* della funzione è più stretta rispetto alla visibilità all'interno dell'intero package. Essa parte dalla parola riservata `func` e termina con la corrispondente parentesi graffa chiusa.

La variabile `month` è visibile ovunque all'interno dell'istruzione `switch`, mentre al termine di tale istruzione, `month` non sarà più visibile. La sua visibilità inizia alla posizione della parola riservata `switch` e termina con la parentesi graffa chiusa dello `switch`.

Ogni `case` ha una propria visibilità, pertanto possono esistere tre variabili `day` indipendenti. Nel momento in cui termina ciascun `case`, la variabile `day` dichiarata al suo interno esce dal campo di visibilità. Questa è l'unica situazione in cui non vi è bisogno di parentesi graffe per indicare la visibilità.

Il codice nel Listato 4. 6 non è affatto perfetto. La visibilità così ristretta di `month` e `day` causa una certa duplicazione del codice (`Println`, `Println`, `Println`). Quando il codice viene duplicato, qualcuno potrebbe correggere una riga in un punto, ma dimenticarsi di farlo in altri punti in cui viene impiegata (per esempio potreste decidere di non visualizzare `era`, ma dimenticare di eseguire la modifica in un `case`). Talvolta la duplicazione del codice è giustificata, ma in generale è considerata una cattiva pratica di programmazione. Per rimuovere la duplicazione e semplificare il codice, le variabili del Listato 4.6 dovrebbero essere dichiarate con una visibilità più ampia, a livello di funzione, rendendole pertanto disponibili anche dopo l'istruzione `switch`. È il momento di eseguire una rifattorizzazione! *Rifattorizzare* significa modificare il codice senza con ciò modificarne il comportamento. Il codice del listato seguente continua a visualizzare una data casuale.

Listato 4.7 Data casuale rifattorizzata: random-date.go.

```
package main

import (
    "fmt"
    "math/rand"
)

var era = "AD"

func main() {
    year := 2018
    month := rand.Intn(12) + 1
    daysInMonth := 31
    switch month {
    case 2:
        daysInMonth = 28
    case 4, 6, 9, 11:
        daysInMonth = 30
    }
```

```
    day := rand.Intn(daysInMonth) + 1
    fmt.Println(era, year, month, day)
}
```

Anche se una visibilità più limitata spesso riduce l'affaticamento mentale, il Listato 4.6 dimostra che collocando le variabili con una visibilità troppo limitata si può produrre codice meno leggibile. Adottate, caso per caso, la rifattorizzazione appropriata, con lo scopo di migliorare il più possibile la leggibilità del vostro codice.

TEST

4. In quale modo si scopre che le variabili hanno una visibilità troppo limitata?

Riepilogo

- Una parentesi graffa aperta { introduce un nuovo campo di visibilità, che termina con la corrispondente parentesi graffa chiusa }.
- Le parole riservate `case` e `default` introducono un nuovo campo di visibilità, anche in assenza di parentesi graffe.
- La posizione in cui viene dichiarata una variabile determina il suo campo di visibilità.
- La dichiarazione abbreviata non è solo più compatta, ma può essere collocata là dove la dichiarazione completa, con `var`, non può essere specificata.
- Le variabili dichiarate sulla stessa riga di un costrutto `for`, `if` o `switch` rimangono visibili fino al termine di tale costrutto.
- In alcune situazioni, un campo di visibilità più ampio può essere più appropriato di uno troppo stretto. E viceversa.

Vediamo se avete capito tutto...

Esperimento: random-dates.go

Modificate il Listato 4.7 in modo da gestire gli anni bisestili.

- Generate un anno casuale invece di specificare sempre 2018.
- Per febbraio, assegnate alla variabile `daysInMonth` il valore 29 per gli anni bisestili e 28 per tutti gli altri anni. Suggerimento: potete anche inserire un'istruzione `if` all'interno di un blocco `case`.
- Utilizzate un ciclo `for` per generare e visualizzare dieci date casuali.

Soluzioni dei test

1. Lo stesso nome di variabile può essere utilizzato in più posizioni senza che ciò crei conflitti. Occorre tenere in considerazione solo le variabili che si trovano attualmente nel campo di visibilità.

2. La variabile non è più né visibile né accessibile. Il compilatore Go produrrà un errore `undefined: num`.
3. Non è possibile dichiarare una variabile con `var` immediatamente dopo le parole riservate `if`, `switch` o `for`. Senza la dichiarazione abbreviata, `num` dovrebbe essere dichiarata prima dell'istruzione `if/switch` e pertanto rimarrebbe visibile anche dopo il costrutto `if/switch`.
4. Il codice dell'`if` deve essere duplicato, a causa della posizione in cui sono state dichiarate le variabili.

Capitolo 5

Esercizio: un biglietto per Marte

Eccoci alla prima sfida. È il momento di mettere insieme tutto ciò che abbiamo trattato in questa prima parte del libro e di scrivere un programma. La vostra sfida consisterà nello scrivere in Go Playground un generatore di biglietti che faccia uso di variabili, costanti, `switch`, `if` e `for`. Dovrà anche utilizzare i package `fmt` e `math/rand` per visualizzare e allineare il testo e per generare dei numeri casuali.

Nella pianificazione di un viaggio per Marte, sarebbe comodo raggruppare i prezzi dei biglietti di più linee spaziali in un solo luogo. Esistono siti web che aggregano i prezzi dei biglietti per le linee aeree, ma al momento non esiste nulla per le linee spaziali. Ma questo non è un problema: potete utilizzare Go per insegnare al computer a risolvere questo genere di problemi.

Iniziate costruendo un prototipo che generi 10 biglietti casuali e li visualizzi in formato tabulare, con l'intestazione adeguata, nel seguente modo:

```
Vettore            Gg A o A/R    Spesa
======================================
Virgin Galactic    23 And./Rit.  $  96
Virgin Galactic    39 Andata     $  37
SpaceX             31 Andata     $  41
Space Adventures   22 And./Rit.  $ 100
Space Adventures   22 Andata     $  50
Virgin Galactic    30 And./Rit.  $  84
Virgin Galactic    24 And./Rit.  $  94
Space Adventures   27 Andata     $  44
Space Adventures   28 And./Rit.  $  86
SpaceX             41 And./Rit.  $  72
```

La tabella avrà pertanto quattro colonne:

- Il vettore che fornirà al servizio;
- la durata in giorni del viaggio verso Marte (una sola tratta);
- il fatto che il prezzo includa anche il ritorno;
- il prezzo in milioni di dollari.

Per ciascun biglietto, selezionate casualmente i seguenti vettori: Space Adventures, SpaceX o Virgin Galactic.

Utilizzate come data di partenza per tutti i biglietti il 13 ottobre 2020. A quell'epoca, Marte si troverà a 62.100.000 km dalla Terra.

Scegliete casualmente la velocità alla quale viaggerà la nave spaziale, da 16 a 30 km al secondo. Questo determinerà la durata del viaggio verso Marte e anche il prezzo del biglietto. Fate in modo che i viaggi più veloci siano anche i più costosi, in un intervallo compreso fra 36/50 mila dollari. Raddoppiate poi il prezzo per comprendere anche il ritorno.

Al termine, inviate la vostra soluzione sui forum *Get Programming with Go* in `forums.manning.com/forums/get-programming-with-go`. Se avete qualche problema, non esitate a porre domande ai forum o a dare un'occhiata all'Appendice, dove troverete una soluzione.

Parte II

I tipi

Il testo `"Go"` e il numero `28487` sono rappresentati dalla stessa sequenza di "`0`" e "`1`" su un computer x86: `0110111101000111`. È il *tipo* a stabilire il significato di questi bit e byte. Uno è una *stringa* di due caratteri e l'altro è un *intero* a 16 bit (ovvero 2 byte). Il tipo stringa viene utilizzato per i testi, multilingue, mentre gli interi a 16 bit sono solo uno dei tanti tipi numerici disponibili.

La Parte II presenta i tipi primitivi forniti da Go per il testo, i caratteri, i numeri e altri semplici valori. Ove appropriato, questi capitoli riveleranno i vantaggi e i difetti di questi tipi, per aiutarvi a scegliere quello più appropriato.

In questa parte

Capitolo 6

Numeri reali

Dopo questo capitolo saprete:

- usare due tipi di numeri reali;
- capire qual è il compromesso che si verifica fra memoria e precisione;
- come funzionano gli errori di arrotondamento.

I computer memorizzano e manipolano i numeri reali, come `3.14159` utilizzando numeri in virgola mobile IEEE-754. I *numeri in virgola mobile* possono essere estremamente grandi o incredibilmente minuscoli: sono adatti a rappresentare galassie ma anche atomi. Data la loro versatilità, alcuni linguaggi di programmazione, come JavaScript e Lua, usano esclusivamente numeri in virgola mobile. I computer supportano però anche i numeri *interi*, l'argomento del prossimo capitolo.

Considerazioni iniziali

Immaginate un gioco: il lancio di una pallina. Avete un recipiente più vicino, che può valere da 10 centesimi a 1 dollaro; quello un po' più lontano vale da 1 a 10 dollari; quello ancora più lontano vale da 10 a 100 dollari. Sceglie-te uno di questi recipienti e lanciate fino a 10 palline. Se, riuscendo a centrare con 4 palline il recipiente centrale, vincete 4 dollari, in quale modo potete vincerne 100?

Il fatto di rappresentare i molti numeri reali in uno spazio fisso, fa sì che un numero in virgola mobile venga rappresentato un po' come se doveste scegliere 1 recipiente su 2048 e poteste riporvi una pallina o anche svariati miliardi di palline. Alcuni bit rappresentano il recipiente e altri

In questo capitolo

- **Dichiarazione di variabili in virgola mobile**
- **Visualizzazione dei tipi in virgola mobile**
- **Precisione dei numeri in virgola mobile**
- **Confronto fra numeri in virgola mobile**
- **Riepilogo**

bit rappresentano le palline (*offset*) all'interno di tale recipiente. Un recipiente può rappresentare numeri molto piccoli e un altro rappresentare numeri giganteschi. Anche se ogni recipiente ospita lo stesso numero di palline, alcuni recipienti rappresentano un piccolo intervallo di numeri con una maggiore precisione di altri, che rappresentano un grosso intervallo di numeri con minore precisione.

Dichiarazione di variabili in virgola mobile

Ogni variabile ha un tipo. Quando si dichiara e inizializza una variabile con un numero reale, si utilizza un *tipo in virgola mobile*. Le seguenti tre righe di codice sono equivalenti, poiché il compilatore Go stabilirà che `days` è di tipo `float64`, anche se non lo specificate:

```
days := 365.2425          ← Dichiarazione abbreviata (vedi Capitolo 4)
var days = 365.2425
var days float64 = 365.2425
```

Anche se è utile sapere che `days` è di tipo `float64`, è superfluo specificare la parola riservata `float64`. Chiunque leggerà la riga di codice, compreso il compilatore Go, potrà determinare il tipo di `days` osservando il valore che volete memorizzarvi, specificato a destra. Ogni volta che il valore è un numero contenente un punto decimale, il tipo sarà `float64`.

SUGGERIMENTO

Lo strumento `golint` fornisce suggerimenti in termini di stile di programmazione. In particolare scoraggia di congestionare troppo il listato, dicendo che:

```
"Dovreste omettere il tipo float64 dalla dichiarazione della variabile days;
il tipo verrà dedotto dal valore a destra del segno di uguaglianza"
```

Se invece inizializzate una variabile con un numero intero, Go non potrà sapere se intendete utilizzare un numero in virgola mobile, a meno che indichiate esplicitamente il tipo:

```
var answer float64 = 42
```

TEST

Troverete le soluzioni dei test alla fine di questo capitolo.

1. Quale tipo verrà scelto per `answer := 42.0`?

Numeri in virgola mobile a precisione semplice

Go prevede due tipi per i numeri in virgola mobile. Il tipo standard è `float64`, un tipo in virgola mobile a 64 bit, che quindi utilizza 8 byte di memoria. Alcuni linguaggi usano per questo tipo il termine *a precisione doppia*.

Il tipo `float32` usa esattamente metà della memoria di un `float64`, ma offre una minore precisione. Questo tipo viene talvolta chiamato *a precisione semplice*. Per utilizzare il tipo `float32` dovete specificarlo in fase di dichiarazione della variabile. Il seguente listato mostra come si usa un valore di tipo `float32`.

Listato 6.1 Numeri in virgola mobile a 64 o a 32 bit: pi.go.

```
var pi64 = math.Pi
var pi32 float32 = math.Pi
fmt.Println(pi64)     ← Scrive 3.141592653589793
fmt.Println(pi32)     ← Scrive 3.1415927
```

Quando si lavora con grandi masse di dati, come le migliaia di vettori di un gioco 3D, può avere senso sacrificare la precisione in cambio di un risparmio di memoria, e utilizzare il tipo `float32`.

SUGGERIMENTO

Le funzioni presenti nel package `math` operano su valori di tipo `float64`. Pertanto preferite sempre il tipo `float64`, a meno che abbiate una buona ragione per scegliere diversamente.

TEST

2. Quanti byte di memoria utilizza il tipo numerico a precisione semplice `float32`?

Il valore zero

In Go, ogni tipo ha un valore predefinito, detto *valore zero*. Questo valore predefinito si applica quando dichiarate una variabile che tuttavia non inizializzate in alcun modo, come nel seguente listato.

Listato 6.2 Dichiarazione di una variabile senza un valore: default.go.

```
var price float64
fmt.Println(price)     ← Scrive 0
```

Il listato precedente dichiara `price` senza specificare alcun valore e pertanto Go la inizializzerà a `0`. Per Go, è come se aveste scritto:

```
price := 0.0
```

Per un programmatore, la differenza è minima. Ma se dichiarate `price := 0.0`, è un po' come se diceste che l'articolo è gratis. Se invece non specificate un valore per `price`, come nel Listato 6.2, è un po' come se diceste che il prezzo verrà specificato successivamente.

TEST

3. Qual è il valore zero per il tipo `float32`?

Visualizzazione dei tipi in virgola mobile

Quando si usa `Print` o `Println` con i tipi in virgola mobile, il comportamento predefinito consiste nel visualizzare il maggior numero possibile di cifre. Se non è quello che volete, potete utilizzare `Printf` con il codice di formattazione `%f`, per specificare il numero di cifre da mostrare, come descritto nel seguente listato.

Listato 6.3 Visualizzazione formattata dei numeri in virgola mobile: third.go.

```
third := 1.0 / 3
fmt.Println(third)              ← Scrive 0.3333333333333333
fmt.Printf("%v\n", third)       ← Scrive 0.3333333333333333
fmt.Printf("%f\n", third)       ← Scrive 0.333333
fmt.Printf("%.3f\n", third)     ← Scrive 0.333
fmt.Printf("%4.2f\n", third)    ← Scrive 0.33
```

Il codice di formattazione `%f` formatta il valore di `third` specificando la larghezza e la precisione, come illustrato nella Figura 6.1.

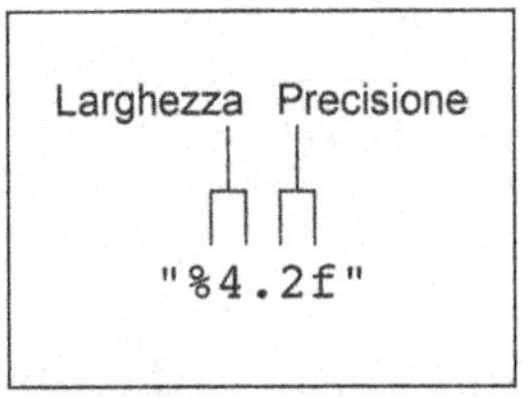

Figura 6.1 Il codice di formattazione %f.

La *precisione* specifica quante cifre devono comparire dopo il punto decimale. Per esempio due cifre per il codice `%.2f`, come illustrato nella Figura 6.2.

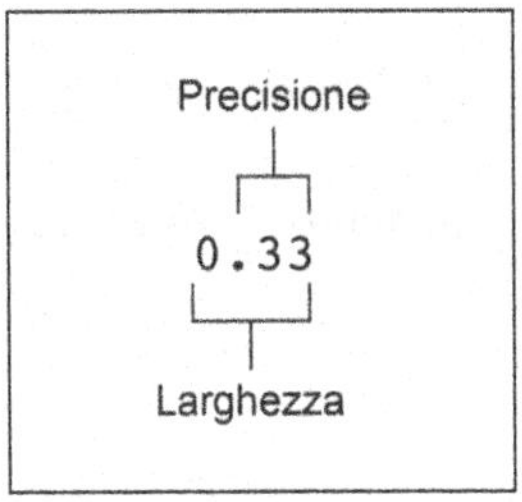

Figura 6.2 Output formattato con una larghezza di quattro caratteri e una precisione di due.

La larghezza specifica il numero minimo di caratteri da visualizzare, compreso il punto decimale e le cifre che lo precedono e lo seguono (per esempio, il numero `0.33` ha una larghezza pari a `4`). Se la larghezza è maggiore del numero di caratteri necessari, `Printf` riempirà il lato sinistro con degli spazi. Se la larghezza non viene specificata, `Printf` userà tutti i caratteri necessari per visualizzare il valore.
Per fare in modo che come caratteri di riempimento vengano utilizzati dei numeri `0` al posto degli spazi, fate precedere alla larghezza uno `0`, come nel seguente listato.

Listato 6.4 Riempimento con zeri: third.go.

```
fmt.Printf("%05.2f\n", third)   ← Scrive 00.33
```

TEST

4. Digitate il Listato 6.3 nel corpo di una funzione `main` in Go Playground. Provate a usare valori differenti per la larghezza e la precisione, all'interno dell'istruzione `Printf`.
5. Specificare la larghezza e la precisione del numero 0015.1021.

Precisione dei numeri in virgola mobile

In matematica, alcuni numeri razionali non possono essere rappresentati in modo accurato in forma decimale. Il numero `0.33` è solo un'approssimazione di un terzo. Non sorprenderà, quindi, che un calcolo eseguito su valori approssimati fornisca un risultato approssimato:

```
1/3 + 1/3 + 1/3 = 1
0.33 + 0.33 + 0.33 = 0.99
```

I numeri in virgola mobile soffrono anche di problemi di arrotondamento, a meno che l'hardware in virgola mobile utilizzi una rappresentazione binaria (solo `0` e `1`) al posto dei numeri decimali (da `0` a `9`). La conseguenza è che i computer possono anche rappresentare accuratamente il valore un terzo, ma avranno errori di arrotondamento con altri numeri, come vediamo nel seguente listato.

Listato 6.5 Imprecisioni dei calcoli in virgola mobile: float.go.

```
third := 1.0 / 3.0
fmt.Println(third + third + third)     ← Scrive 1

piggyBank := 0.1
piggyBank += 0.2
fmt.Println(piggyBank)     ← Scrive 0.30000000000000004
```

Come potete vedere, i numeri in virgola mobile non sono la scelta migliore per rappresentare importi in denaro. Un'alternativa consiste nel memorizzare il numero di centesimi con un tipo intero, come descritto nel prossimo capitolo.
D'altra parte, se dovesse mancare un centesimo in `piggyBank`, forse non ve ne accorgerete neanche. E anche se avete accantonato quanto basta per comprarvi un biglietto per Marte, non dovreste avere problemi. Per mantenere gli errori di arrotondamento sotto il livello di guardia, potete utilizzare `Printf` con una precisione di 2 cifre.
Per minimizzare gli errori di arrotondamento, vi consigliamo di eseguire una moltiplicazione prima della divisione. In tal modo il risultato tenderà a essere più accurato, come illustrato dagli esempi di conversione fra temperature dei due prossimi listati.

Listato 6.6 Prima la divisione: rounding-error.go.

```
celsius := 21.0
fmt.Print((celsius/5.0*9.0)+32, "° F\n")    ← Scrive 69.80000000000001° F
fmt.Print((9.0/5.0*celsius)+32, "° F\n")    ←
```

Listato 6.7 Prima la moltiplicazione: temperature.go.

```
celsius := 21.0
fahrenheit := (celsius * 9.0 / 5.0) + 32.0
fmt.Print(fahrenheit, "° F")    ← Scrive 69.8° F
```

TEST

6. Qual è il modo migliore per evitare gli errori di arrotondamento?

Confronto fra numeri in virgola mobile

Nel Listato 6.5, `piggyBank` conteneva `0.30000000000000004` invece del valore desiderato `0.30`. Tenetelo a mente quando avrete bisogno di confrontare dei numeri in virgola mobile:

```
piggyBank := 0.1
piggyBank += 0.2
fmt.Println(piggyBank == 0.3)    ← Scrive false
```

Invece di confrontare direttamente dei numeri in virgola mobile, determinate la differenza assoluta fra i due numeri e assicuratevi che sia minima. Per calcolare il valore assoluto di un `float64`, il package `math` fornisce la funzione `Abs`:

```
fmt.Println(math.Abs(piggyBank-0.3) < 0.0001)    ← Scrive true
```

SUGGERIMENTO

Il limite superiore per un errore in virgola mobile in una singola operazione è detto *epsilon* della macchina, equivalente a 2^{-52} per il tipo `float64` e 2^{-23} per il tipo `float32`. Sfortunatamente, gli errori si accumulano con una certa rapidità nei numeri in virgola mobile. Aggiungete 11 monete da 10 centesimi a un nuovo `piggyBank` e l'errore di arrotondamento superererà 2^{-52}, rispetto al valore $1.10. Questo significa che fareste meglio a selezionare una tolleranza specifica della vostra applicazione, in questo caso 0.0001.

TEST

7. Se sommate 11 volte 10 centesimi a un `piggyBank` vuoto di tipo `float64`, quale sarà il saldo totale?

Riepilogo

- Go è in grado di scegliere da solo il tipo dei dati. In particolare, Go impiegherà il tipo `float64` per tutte le variabili inizializzate con numeri reali.
- I tipi in virgola mobile sono versatili, ma non sempre precisi.
- Finora avete usato 2 dei 15 tipi numerici offerti da Go (`float64`, `float32`).

Vediamo se avete capito tutto...

Esperimento: piggy.go

Mettete da parte dei soldi per comprare un regalo per un amico. Scrivete un programma che inserisca a caso monetine da 5, 10 e 20 centesimi in un salvadanaio, finché non conterrà almeno 20 euro. Dopo ogni deposito, mostrate il saldo del salvadanaio, e formattatelo in modo appropriato in termini di larghezza e precisione.

Soluzioni dei test

1. Tutti i numeri reali vengono memorizzati come `float64`.
2. Il tipo `float32` utilizza 4 byte (32 bit).
3. Il valore predefinito è 0 (0.0).
4.
```
third := 1.0 / 3
fmt.Printf("%f\n", third)        ← Scrive 0.333333
fmt.Printf("%7.4f\n", third)     ← Scrive 0.3333
fmt.Printf("%06.2f\n", third)    ← Scrive 000.33
```
5. La larghezza è pari a 9 e la precisione è pari a 4, con riempimento di zeri: "%09.4f".
6. Non usare un numero in virgola mobile.
7.
```
piggyBank := 0.0
for i := 0; i < 11; i++ {
    piggyBank += 0.1
}
fmt.Println(piggyBank)     ← Scrive 1.0999999999999999
```

Capitolo 7

Numeri interi

Dopo questo capitolo saprete:

- usare dieci tipi di numeri interi;
- scegliere il tipo più adatto;
- usare le rappresentazioni esadecimale e binaria.

Go offre dieci diversi tipi di numeri interi. I numeri interi presentano il vantaggio di non soffrire dei problemi di precisione dei numeri in virgola mobile, ma non sono in grado di memorizzare numeri razionali e hanno un intervallo limitato. Il tipo intero da scegliere dipende dalla gamma di valori richiesta dalla specifica situazione.

In questo capitolo

- **Dichiarazione di variabili intere**
- **Il tipo uint8 per i colori a 8 bit**
- **Comportamento degli interi oltre il limite dei valori ammessi**
- **Riepilogo**

Considerazioni iniziali

Quanti numeri potete rappresentare con due gettoni? Se i due gettoni sono identificabili singolarmente in base alla posizione, esistono quattro possibili permutazioni: entrambi i gettoni, nessun gettone, un gettone o l'altro gettone. In pratica potete rappresentare quattro numeri. I computer si basano su bit. Un bit può essere spento o acceso, 0 o 1. Otto bit consentono di rappresentare 256 valori distinti. Pertanto, quanti bit sarebbero necessari per rappresentare il numero 4.000.000.000?

Dichiarazione di variabili intere

Cinque dei dieci tipi interi sono dotati di segno (*signed*), ovvero sono in grado di rappresentare numeri interi positivi e anche negativi. Il più comune dei tipi interi è dotato di segno ed è abbreviato con `int`:

```
var year int = 2018
```

Gli altri cinque tipi interi sono senza segno (*unsigned*), ovvero sono atti a contenere solo numeri interi positivi. L'abbreviazione usata per i numeri interi senza segno è `uint`:

```
var month uint = 2
```

Grazie al meccanismo di inferenza del tipo, Go sceglie quasi sempre il tipo `int` per un numero intero letterale. Pertanto le tre righe seguenti sono equivalenti:

```
year := 2018
var year = 2018
var year int = 2018
```

SUGGERIMENTO

Come per i tipi in virgola mobile presentati nel Capitolo 6, è preferibile non specificare il tipo `int` quando si può contare sull'intervento automatico del meccanismo di inferenza.

TEST

Troverete le soluzioni dei test alla fine di questo capitolo.

1. Avendo a che fare con un bicchiere, mezzo pieno, quale tipo intero usereste per rappresentare il numero di millilitri presenti in un bicchiere?

Tipi interi per ogni occasione

Gli interi, con o senza segno, vengono offerti con una certa varietà di dimensioni. Tali dimensioni determinano i valori minimo e massimo memorizzabili e l'occupazione di memoria. Esistono otto tipi indipendenti dall'architettura, selezionabili con un suffisso in base al numero di bit richiesti, come indicato nella Tabella 7.1.

Tabella 7.1 Tipi interi indipendenti dall'architettura.

Tipo	Intervallo	Spazio occupato
`int8`	da –128 a 127	8-bit (1 byte)
`uint8`	da 0 a 255	
`int16`	da –32768 a 32767	16-bit (2 byte)
`uint16`	da 0 a 65535	
`int32`	da –2147483648 a 2147483647	32-bit (4 byte)
`uint32`	da 0 a 4294967295	
`int64`	da –9223372036854775808 a 9223372036854775807	64-bit (8 byte)
`uint64`	da 0 a 18446744073709551615	

In pratica avete davvero molti tipi fra i quali scegliere. Più avanti, sempre in questo capitolo, vedremo alcuni esempi in cui ha senso impiegare uno specifico tipo intero e anche che cosa accade nel caso in cui il programma superi l'intervallo messo a disposizione da tale tipo.

La Tabella 7.1 tralascia però due tipi interi. I tipi `int` e `uint` sono quelli ottimali per il dispositivo in uso. Go Playground, Raspberry Pi 2 e gli smartphone meno recenti forniscono un ambiente a 32 bit, dove `int` e `uint` sono valori, per l'appunto, a 32 bit. Ogni computer recente impiega invece un ambiente a 64 bit, dove `int` e `uint` sono valori a 64 bit.

SUGGERIMENTO

Se dovete gestire numeri superiori ai 2 miliardi e pensate che il vostro codice possa trovarsi a operare su un hardware a 32 bit, ricordatevi di utilizzare i tipi `int64` o `uint64` al posto di `int` e `uint`.

NOTA

Sarebbe facile presumere che il tipo `int` sia corrispondente a un `int32` su alcuni dispositivi e a un `int64` su altri dispositivi, ma si tratta di tre tipi distinti. In altre parole, il tipo `int` non può essere considerato sinonimo di un altro tipo.

TEST

2. Quali tipi interi supportano il valore –20151021?

Scoprire il tipo

Se volete sapere quale tipo è stato scelto dal compilatore Go in base al meccanismo di inferenza, la funzione `Printf` fornisce il codice di formattazione `%T` per visualizzare il tipo della variabile, come indicato nel seguente listato.

Listato 7.1 Ispezionare il tipo di una variabile: inspect.go.

```
year := 2018
fmt.Printf("Usa il tipo %T per %v\n", year, year)    ← Scrive Usa il tipo int per 2018
```

Invece di ripetere due volte il nome della variabile, potete chiedere a `Printf` di utilizzare il primo argomento `[1]` per il secondo codice di formattazione:

```
days := 365.2425
fmt.Printf("Usa il tipo %T per %[1]v\n", days)    ← Scrive Usa il tipo float64 per 365.2425
```

TEST

3. Quali tipi verranno scelti dal meccanismo di inferenza di Go per un testo fra apici, un numero intero, un numero reale e la parola `true` (senza apici)? Estendete il Listato 7.1 in modo da dichiarare delle variabili contenenti valori differenti e poi eseguite il programma per scoprire i tipi attribuiti dal compilatore Go.

Il tipo uint8 per i colori a 8 bit

In CSS (*Cascading Style Sheets*), i colori sullo schermo vengono specificati sotto forma di triplette di valori rosso, verde e blu, ognuno dei quali si estende per un intervallo compreso fra 0 e 255. È la situazione perfetta per utilizzare il tipo `uint8`, un intero senza segno a 8 bit in grado di rappresentare proprio i valori compresi fra 0 e 255:

```
var red, green, blue uint8 = 0, 141, 213
```

Ecco i vantaggi legati all'uso di `uint8` invece di `int` in questo specifico caso:

- con `uint8`, le variabili sono costrette a rimanere entro valori validi, eliminando oltre 4 miliardi di possibilità errate, rispetto a un intero a 32 bit;
- se occorre memorizzare sequenzialmente una grande quantità di colori, come nel caso di un'immagine non compressa, otterrete un significativo risparmio di memoria utilizzando interi a 8 bit.

Numeri esadecimali in Go

In CSS, i colori vengono specificati sotto forma di codici esadecimali e non decimali. In *esadecimale*, i numeri vengono rappresentati in base 16, al contrario dei numeri decimali che sono rappresentati in base 10. In esadecimale, le prime dieci cifre sono le stesse usate dal sistema decimale, da 0 a 9, mentre le sei cifre successive sono rappresentate dalle lettere da A a F. A, in esadecimale, è equivalente al numero 10 decimale, B è equivalente a 11 e così via fino a F, equivalente a 15.

Il sistema decimale è ottimo per tutti gli organismi dotati di dieci dita ma il sistema esadecimale è più adatto ai computer. Una singola cifra esadecimale consuma solo 4 bit (un'entità chiamata *nibble*). Due cifre esadecimali richiedono esattamente 8 bit, ovvero 1 byte e pertanto i numeri esadecimali sono perfetti per specificare valori del tipo `uint8`.

La seguente tabella mostra alcuni numeri esadecimali e il loro valore corrispondente in decimali.

Valori esadecimali e decimali.

Esadecimali	Decimali
A	10
F	15
10	16
FF	255

Per distinguere fra decimale ed esadecimale, Go richiede il prefisso `0x` per i numeri esadecimali. Le due righe di codice seguenti sono equivalenti:

```
var red, green, blue uint8 = 0, 141, 213
var red, green, blue uint8 = 0x00, 0x8d, 0xd5
```

Per visualizzare i numeri in esadecimale, si possono usare i codici di formattazione `%x` o `%X` di `Printf`:

```
fmt.Printf("%x %x %x", red, green, blue)     ← Scrive 0 8d d5
```

Per produrre un colore adatto per un file .css, i valori esadecimali richiedono alcune operazioni di riempimento. Come per i codici di formattazione `%v` e `%f`, potete specificare un numero minimo di cifre (2) e lo riempimento con valori a 0 utilizzando il codice `%02x`:

```
fmt.Printf("color: #%02x%02x%02x;", red, green, blue)     ← Scrive color #008dd5;
```

TEST

4. Quanti byte sono necessari per memorizzare un valore di tipo `uint8`?

Comportamento degli interi oltre il limite dei valori ammessi

Gli interi sono esenti dagli errori di arrotondamento che rendono imprecisi i numeri in virgola mobile, ma tutti i tipi interi soffrono di un altro problema: un intervallo limitato. Quando si supera tale intervallo, i numeri che "fuoriescono" da un'estremità, rientrano dall'altra, un comportamento chiamato *wrap around*.

Un esempio: un intero senza segno a 8 bit (`uint8`) può ospitare un numero nell'intervallo 0-255. Volendo incrementare di una unità il numero 255, si "rientra" all'estremità opposta dell'intervallo, da 0. Il seguente listato incrementa dei numeri interi a 8 bit con e senza segno, per mostrare l'intervento di questo meccanismo.

Listato 7.2 Comportamento degli interi agli estremi: integers-wrap.go.

```
var red uint8 = 255
red++
```

```
fmt.Println(red)        ← Scrive 0

var number int8 = 127
number++
fmt.Println(number)     ← Scrive -128
```

Osservare i bit

Per capire il perché di questo strano comportamento di "a capo" degli interi agli estremi, osserviamo come si comportano i bit. Il codice di formattazione `%b` mostra i singoli bit che compongono un valore intero. Come altri codici di formattazione, anche `%b` può essere riempito di zeri fino a una lunghezza minima, come potete vedere nel seguente listato.

Listato 7.3 Visualizzare i bit: bits.go.

```
var green uint8 = 3
fmt.Printf("%08b\n", green)    ← Scrive 00000011
green++
fmt.Printf("%08b\n", green)    ← Scrive 00000100
```

TEST

Usate Go Playground per sperimentare il comportamento agli estremi dei numeri interi.

5. Nel Listato 7.2, il codice incrementa `red` e `number` di 1. Che cosa accade sommando un numero più grande a queste due variabili?
6. Considerate il lato opposto. Che cosa accade se decrementate `red` quando è uguale a `0` o `number` quando è uguale a `-128`?
7. Questo comportamento riguarda anche i tipi interi a 16, 32 e 64 bit. Che cosa accade se dichiarate un valore di tipo `uint16`, gli assegnate il valore massimo `65535` e poi eseguite un incremento di `1` unità?

SUGGERIMENTO

Il package math definisce `math.MaxUint16` come `65535` ed esistono costanti simili per i valori minimo e massimo per ciascun tipo intero indipendente dall'architettura. Ricordate sempre che i tipi `int` e `uint` possono essere a 32 o a 64 bit a seconda dell'hardware utilizzato.

Nel Listato 7.3, l'incremento di `green` provoca il riporto di `1`, lasciando degli `0` a destra. Il risultato è `00000100` in binario o `4` in esadecimale, come potete vedere nella Figura 7.1.

```
       1 1
 00000011
+00000001
 --------
 00000100
```

Figura 7.1 Riporto di 1 nella somma binaria.

Accade lo stesso quando si incrementa `255`, con una differenza fondamentale: avendo a disposizione solo 8 bit, il riporto di `1` non ha alcun posto in cui andare e pertanto il valore di `blue` viene lasciato a `0`, come si può vedere nel Listato 7.4 e nella Figura 7.2.

Listato 7.4 Comportamento dei bit agli estremi dei numeri interi: bits-wrap.go.

```
var blue uint8 = 255
fmt.Printf("%08b\n", blue)    ← Scrive 11111111
blue++
fmt.Printf("%08b\n", blue)    ← Scrive 00000000
```

```
 1 1 1 1 1 1 1 1
  11111111
 +00000001
  00000000
```

Figura 7.2 Dove finirà il riporto?

Questo comportamento può essere esattamente ciò di cui avete bisogno in alcune situazioni, ma non in tutte. Il modo più semplice per evitare questo meccanismo consiste nell'utilizzare un tipo intero di dimensioni sufficienti per contenere i valori che prevedete di memorizzarvi.

TEST

8. Quale codice di formattazione permette di osservare il contenuto dei bit?

Evitare il meccanismo di wrapping per i valori che rappresentano il tempo

Sui sistemi operativi basati su UNIX, il tempo è rappresentato come il numero di secondi trascorsi dal giorno 1 gennaio 1970, ora 00:00:00 UTC (Coordinated Universal Time). Nell'anno 2038, il numero di secondi trascorsi dal primo gennaio 1970 supererà i due miliardi, la capacità di un valore `int32`.

Fortunatamente, il tipo `int64` può supportare anche le date successive al 2038. Questa però è una situazione in cui i tipi `int32` e `int`, semplicemente, non possono funzionare. Solo i tipi interi `int64` e `uint64` sono in grado di memorizzare numeri ben superiori ai due miliardi su tutte le piattaforme hardware.

Il codice presente nel Listato 7.5 usa la funzione `Unix` del package `time`. Tale funzione accetta due parametri `int64`, corrispondenti al numero di secondi e al numero di nanosecondi trascorsi dal giorno 1 gennaio 1970. Utilizzando un valore di dimensioni appropriate (oltre 12 miliardi) si mostra come in Go possano essere utilizzate date che vanno ben oltre il 2038.

Listato 7.5 Interi a 64 bit: time.go.

```
package main

import (
    "fmt"
    "time"
)

func main() {
    future := time.Unix(12622780800, 0)
    fmt.Println(future)      ← Scrive 2370-01-01 00:00:00 +0000 UTC in Go Playground
}
```

TEST

9. Quale tipo intero si dovrebbe scegliere per evitare le operazioni di wrapping?

Riepilogo

- I tipi interi più comuni sono `int` e `uint`, ma alcune situazioni richiedono l'impiego di tipi più compatti o più estesi.
- I tipi interi devono essere scelti con cura, per evitare di incorrere nel meccanismo di wrapping, a meno che sia esattamente ciò di cui avete bisogno.
- A questo punto abbiamo esaminato altri 10 dei 15 tipi numerici disponibili in Go: `int`, `int8`, `int16`, `int32`, `int64`, `uint`, `uint8`, `uint16`, `uint32`, `uint64`.

Vediamo se avete capito tutto...

Esperimento: piggy.go

Scrivete un nuovo programma salvadanaio che utilizzi gli interi per registrare il numero di centesimi. Inserite casualmente monetine da 5, 10 e 20 centesimi in un salvadanaio vuoto, fino a raggiungere almeno 20 euro.
Mostrate il saldo corrente del salvadanaio dopo ciascun deposito (per esempio 1.05 euro).

SUGGERIMENTO

Se avete bisogno di conoscere il resto della divisione fra due numeri, utilizzate l'operatore di modulo (%).

Soluzioni dei test

1. Il tipo `uint` (*unsigned integer*), che è perfetto per memorizzare solo interi positivi.
2. Possono essere utilizzati i tipi `int32`, `int64` e `int`.

3. a := "text"

```
fmt.Printf("Usa il tipo %T per %[1]v\n", a)     ← Scrive Usa il tipo string per text
b := 42
fmt.Printf("Usa il tipo %T per %[1]v\n", b)     ← Scrive Usa il tipo int per 42
c := 3.14
    fmt.Printf("Usa il tipo %T per %[1]v\n", c)  ← Scrive Usa il tipo float64 per 3.14
    d := true
    fmt.Printf("Usa il tipo %T per %[1]v\n", d)  ← Scrive Usa il tipo bool per true
```

4. Un intero senza segno a 8 bit richiede un unico byte.
5. // somma un numero maggiore di 1

```
var red uint8 = 255
red += 2
fmt.Println(red)       ← Scrive 1
var number int8 = 127
number += 3
fmt.Println(number)    ← Scrive -126
```

6. // rientra dalla parte opposta

```
red = 0
red--
fmt.Println(red)       ← Scrive 255
number = -128
number--
fmt.Println(number)    ← Scrive 127
```

7. // wrapping con un intero senza segno a 16 bit

```
var green uint16 = 65535
green++
fmt.Println(green)     ← Scrive 0
```

8. Il codice di formattazione %, che produce in output i numeri interi in base 2.
9. Utilizzate un tipo intero di dimensioni sufficienti per contenere i valori che prevedete di memorizzare.

Capitolo 8

Numeri grandi

Dopo questo capitolo saprete:

- semplificare le cose, grazie agli esponenti;
- usare il package `big` di Go per numeri davvero grandi;
- usare costanti e valori letterali di grandi dimensioni.

In questo capitolo

La programmazione costringe talvolta a scendere a compromessi. I tipi in virgola mobile possono memorizzare numeri di qualsiasi dimensione, ma talvolta mancano di precisione. I numeri interi sono precisi, ma offrono intervalli limitati. Come fare, allora per memorizzare in modo accurato numeri di dimensioni davvero ingenti? Questo capitolo esplora due alternative ai tipi nativi `float64` e `int`.

Considerazioni iniziali

Le CPU dei computer sono ottimizzate per svolgere calcoli fra interi e numeri in virgola mobile, ma accettano anche altre rappresentazioni. Quando dovete memorizzare numeri davvero grossi, Go ha una soluzione.

Quali potrebbero essere le situazioni in cui gli interi sono troppo compatti, i numeri in virgola mobile troppo imprecisi e un altro tipo numerico sarebbe più appropriato?

Oltre il massimo

Se provate a pensarci, i tipi interi a 64 bit possono contenere numeri estremamente grandi: molto più grandi rispetto ai corrispondenti tipi a 32 bit.
Per dare un'idea, la stella più vicina a noi, *Alpha Centauri*, si trova a 41,3 bilioni di km di distanza. Un bilione è un 1 seguito da dodici 0, ovvero 10^{12}. Invece di digitare ogni singolo 0 del numero, potete scrivere questo numero in Go utilizzando un esponente, nel seguente modo:

```
var distance int64 = 41.3e12
```

I tipi `int32` e `uint32` non possono contenere un numero così grande, ma un `int64` può farlo senza battere ciglio. A questo punto potete procedere con i calcoli, magari calcolando quanti giorni sarebbero necessari per raggiungere *Alpha Centauri*, un compito svolto dal seguente listato.

Listato 8.1 Giorni necessari per raggiungere Alpha Centauri: alpha.go.

```
const lightSpeed = 299792 // km/s
const secondsPerDay = 86400

var distance int64 = 41.3e12
fmt.Println("Alpha Centauri è a", distance, "km.")      ← Scrive Alpha Centauri è a
                                                          41300000000000 km

days := distance / lightSpeed / secondsPerDay
fmt.Println("Ci vogliono", days, "giorni, alla velocità della luce.")
                              ↑ Scrive ci vogliono 1594 giorni, alla velocità della luce
```

Ma per quanto possano essere grandi gli interi a 64 bit, c'è qualcosa di ancora più grande: lo spazio. La galassia di Andromeda dista da noi ben 24 trilioni (10^{18}) di km. Anche il più grande fra gli interi senza segno (`uint64`) può contenere solo numeri fino a 18 trilioni. Ogni tentativo di dichiarare una variabile che superi tale limite produrrà un errore di overflow:

```
var distance uint64 = 24e18      ← 24000000000000000000 supera i limiti di un uint64
```

Ma tranquilli: abbiamo ancora qualche opzione. Per esempio possiamo usare la matematica in virgola mobile. Non sarebbe una cattiva idea, e sapete già come funzionano i numeri in virgola mobile. Ma esiste anche un altro modo. Il prossimo paragrafo di questo capitolo si occupa del package `big` di Go.

NOTA

Se per una variabile non viene specificato esplicitamente un tipo, il meccanismo di inferenza di Go assegna il tipo `float64` ai numeri contenenti esponenti.

TEST

Troverete le soluzioni dei test alla fine di questo capitolo.

1. La distanza fra Marte e la Terra oscilla fra i 56 e i 401 milioni di km. Esprimete questi due valori sotto forma di interi con la sintassi a esponente (e).

Il package big

Il package big fornisce tre tipi:

- big.Int è rivolto agli interi di grandi dimensioni, quando 18 trilioni non sono sufficienti;
- big.Float è rivolto ai numeri in virgola mobile di precisione arbitraria;
- big.Rat è rivolto alle frazioni, come 1/3.

NOTA

Nel codice potete anche dichiarare nuovi tipi, ma questo sarà l'argomento del Capitolo 13.

Il tipo big.Int può tranquillamente memorizzare e gestire la distanza fra noi e la galassia di Andromeda, pari a circa 24 trilioni di km.
Per poter usare il tipo big.Int, dovrete impiegarlo ovunque nell'equazione, anche per le costanti preesistenti. Per farlo potete usare la funzione NewInt, che prende un valore int64 e restituisce un valore big.Int:

```
lightSpeed := big.NewInt(299792)
secondsPerDay := big.NewInt(86400)
```

NewInt non sarà molto utile per un numero come 24 trilioni. Tale valore non entrerà in un int64, pertanto dovrete creare un valore big.Int, a partire da una stringa:

```
distance := new(big.Int)
distance.SetString("24000000000000000000", 10)
```

Dopo aver creato un nuovo valore di tipo big.Int, potete assegnargli un valore di 24 trilioni richiamando il metodo SetString. Il numero 24 trilioni è in base 10 (decimale), pertanto il secondo argomento è 10.

NOTA

I metodi sono simili alle funzioni. Parleremo dei metodi nel Capitolo 13. La funzione new opera sui puntatori, argomento trattato nel Capitolo 26.

Ora che abbiamo tutti i valori al loro posto, il metodo Div esegue la divisione richiesta, in modo da poter visualizzare il risultato, come nel seguente listato.

Listato 8.2 Giorni necessari per raggiungere la galassia di Andromeda: andromeda.go.

```
package main
import (
    "fmt"
    "math/big"
)

func main() {
    lightSpeed := big.NewInt(299792)
    secondsPerDay := big.NewInt(86400)
```

```
    distance := new(big.Int)
    distance.SetString("24000000000000000000", 10)
    fmt.Println("La galassia di Andromeda è a", distance, "km.")    ← Scrive La galassia di
                                                    Andromeda è a 24000000000000000000 km.
    seconds := new(big.Int)
    seconds.Div(distance, lightSpeed)
    days := new(big.Int)
    days.Div(seconds, secondsPerDay)
    fmt.Println("Ci vogliono", days, "giorni, alla velocità della luce.")    ← Scrive
}                                         Ci vogliono 926568346 giorni, alla velocità della luce.
```

Come potete vedere, gestire questi tipi di grandi dimensioni è più complicato rispetto ai semplici tipi `int` e `float64`. Sono anche tipi più lenti. Si tratta dei compromessi ai quali scendere per rappresentare in modo accurato numeri di qualsiasi dimensione.

TEST

2. Quali sono i due modi per creare un valore `big.Int` contenente il numero `86400`?

Costanti di dimensioni insolite

Le costanti possono essere dichiarate con un tipo, esattamente come le variabili. Ed esattamente come le variabili, una costante di tipo `uint64` non può contenere un numero come 24 trilioni:

```
const distance uint64 = 24000000000000000000   ← La costante 24000000000000000000
                                                  oltrepassa i limiti di uint64
```

Le cose si fanno interessanti quando si dichiara una costante senza un tipo. Per le variabili, Go utilizza un meccanismo di inferenza del tipo e, nel caso di 24 trilioni, il valore supera i limiti del tipo `int`. Le costanti sono differenti. Invece di inferire un tipo, le costanti possono rimanere *senza tipo*. La seguente riga non provoca alcun errore di overflow:

```
const distance = 24000000000000000000
```

Le costanti vengono dichiarate con la parola riservata `const`, ma anche ogni valore letterale usato dal programma è una costante. Questo significa che numeri di dimensioni insolite possono essere utilizzati anche direttamente, come si può vedere nel seguente listato.

Listato 8.3 Letterali di dimensioni insolite: constant.go.

```
fmt.Println("La galassia di Andromeda è a", 24000000000000000000/299792/86400, "giorni luce.")
```

↑ Scrive La galassia di Andromeda è a 926568346 giorni luce.

I calcoli su costanti e letterali vengono eseguiti durante la compilazione e non durante l'esecuzione del programma. Il compilatore Go è scritto in Go. Dietro le quinte, le costanti numeriche senza tipo vengono gestite dal package `big`, che permette tutte le classiche operazioni sui numeri, anche se questi superano i 18 trilioni, come si può vedere dal seguente listato.

Listato 8.4 Costanti di dimensioni insolite: constant.go.

```
const distance = 24000000000000000000
const lightSpeed = 299792
const secondsPerDay = 86400

const days = distance / lightSpeed / secondsPerDay

fmt.Println("La galassia di Andromeda è a", days, "giorni luce.")
```

← Scrive La galassia di Andromeda è a 926568346 giorni luce

I valori costanti possono essere assegnati alle variabili, sempre che vi rientrino. Una variabile di tipo `int` non può contenere 24 trilioni, ma non ha problemi con 926568346:

```
km := distance
days := distance / lightSpeed / secondsPerDay
```

← La costante 24000000000000000000 supera la capacità di un `int` (prima riga)

← 926568346 può rientrare in un valore `int` (seconda riga)

Vi è un piccolo problema nell'uso di costanti di dimensioni insolite. Il compilatore Go utilizza il package `big` per le costanti numeriche senza tipo, ma costanti e valori `big.Int` non sono intercambiabili. Il Listato 8.2 ha mostrato un `big.Int` contenente 24 trilioni, tuttavia non potete visualizzare la costante `distance`, a causa di un errore di overflow:

```
fmt.Println("La galassia di Andromeda è a", distance, "km.")
```

↑ La costante 24000000000000000000 supera la capacità di un `int`

Le costanti di grandi dimensioni sono certamente utili, ma non possono sostituire il package `big`.

TEST

3. Quando vengono eseguiti i calcoli sulle costanti e i letterali?

Riepilogo

- Dove i tipi nativi non arrivano, potete ricorrere al package `big`.
- È possibile fare grandi cose con le costanti senza tipo; e tutti i letterali numerici sono costanti senza tipo.
- Le costanti senza tipo devono essere convertite in variabili con un tipo ben preciso nel momento in cui devono essere passate a una funzione.

Vediamo se avete capito tutto...

Esperimento: canis.go

La nana ellittica del Cane Maggiore è la galassia più vicina alla Terra, a 236.000 bilioni di km di distanza dal Sole. Utilizzate le costanti per convertire questa distanza in anni luce.

Soluzioni dei test

1. ```
   var distance int = 56e6
   distance = 401e6
   ```
2. Costruite un `big.Int` con la funzione `NewInt`:

   ```
   secondsPerDay := big.NewInt(86400)
   ```

   oppure utilizzate il metodo `SetString`:

   ```
   secondsPerDay := new(big.Int)
   secondsPerDay.SetString("86400", 10)
   ```
3. Il compilatore Go semplifica le equazioni, calcolando le costanti e i letterali durante la compilazione.
   ```

Capitolo 9

Testo multilingue

In questo capitolo

- **Dichiarazione di variabili stringa**
- **Caratteri, codici, rune e byte**
- **Gestione delle stringhe**
- **Manipolazione dei caratteri con il cifrario di Cesare**
- **Decodifica di stringhe in rune**
- **Riepilogo**

Dopo questo capitolo saprete:

- estrarre e manipolare le singole lettere;
- cifrare e decifrare messaggi segreti;
- scrivere programmi per un mondo multilingue.

Fin dall'esempio `"Hello, playground"` all'inizio del libro, avete sempre utilizzato del testo nei vostri programmi. Le singole lettere, le cifre e i simboli sono chiamati, indistintamente, *caratteri*. Quando i caratteri sono posti l'uno di seguito all'altro, e racchiusi da una coppia di apici, formano stringhe letterali.

Considerazioni iniziali

Sappiamo che i computer rappresentano i numeri con sequenze di `1` e `0`. Se foste un computer, come rappresentereste l'alfabeto umano?
Se avete risposto tramite numeri, avete ragione. Ai caratteri dell'alfabeto vengono attribuiti dei valori numerici e questo significa che possiamo manipolarli come faremmo con i numeri.
Le cose, però, non sono così semplici. I caratteri impiegati nel mondo da ogni singola lingua e le innumerevoli emoji raggiungono le migliaia di caratteri. C'è bisogno di qualche stratagemma per rappresentare il testo in modo efficiente e flessibile.

Dichiarazione di variabili stringa

Il meccanismo di inferenza di Go fa sì che i valori letterali racchiusi fra una coppia di apici siano di tipo `string`. Pertanto le seguenti tre righe sono equivalenti:

```
peace := "peace"
var peace = "peace"
var peace string = "peace"
```

Se dichiarate una variabile senza fornire un valore, questa verrà inizializzata al valore zero del suo tipo. Il *valore zero* per il tipo `string` è una stringa vuota, `""`:

```
var blank string
```

Letterali stringa grezzi

I letterali stringa possono contenere *sequenze di escape*, come il codice `\n` menzionato nel Capitolo 2. Per evitare che `\n` mandi il testo successivo su una nuova riga, potete inserire tutto il testo fra apici inversi (`) invece degli apici doppi ("), come nel seguente listato. La presenza degli apici inversi, caratterizza un letterale stringa *grezzo*.

Listato 9.1 Letterali stringa grezzi: raw.go.

```
fmt.Println("La pace sia con voi\nandate in pace")
fmt.Println(`Con la sequenza \n le stringhe possono estendersi su più righe`)
```

Il listato precedente produce il seguente output:

```
La pace sia con voi
andate in pace
Con la sequenza \n le stringhe possono estendersi su più righe
```

A differenza dei letterali stringa convenzionali, i letterali stringa grezzi possono occupare più righe di codice, come illustrato nel seguente listato.

Listato 9.2 Letterali stringa grezzi su più righe: raw-lines.go.

```
fmt.Println(`
La pace sia con voi
andate in pace`)
```

Eseguendo il Listato 9.2, verrà prodotto il seguente output, comprese le tabulazioni utilizzate per l'indentazione:

```
        La pace sia con voi
        andate in pace
```

I letterali stringa e le stringhe grezze sono comunque entrambi stringhe, come illustrato dal seguente listato.

Listato 9.3 Il tipo di una stringa: raw-type.go.

```
fmt.Printf("%v è di tipo %[1]T\n", "stringa")           ← Scrive stringa è di tipo string
fmt.Printf("%v è di tipo %[1]T\n", `stringa grezza`)    ← Scrive stringa grezza è di tipo string
```

TEST

Troverete le soluzioni dei test alla fine di questo capitolo.

1. Per il percorso Windows `C:\go`, usereste un letterale stringa o un letterale stringa grezzo? Perché?

Caratteri, codici, rune e byte

Il consorzio Unicode assegna dei valori numerici, dei *codici* a oltre un milione di singoli caratteri. Per esempio, `65` è il codice della lettera A e `128515` è il codice del simbolo ☺. Per rappresentare un singolo codice Unicode, Go fornisce il tipo `rune`, che è sinonimo del tipo `int32`.

Un `byte` è un alias del tipo `uint8`. È dedicato ai dati binari, anche se `byte` può essere utilizzato per i caratteri definiti dallo standard ASCII, un vecchio sottoinsieme di Unicode contenente i primi 128 caratteri.

Alias per i tipi

Un alias è un nome alternativo, un sinonimo per un determinato tipo; pertanto `rune` e `int32` sono intercambiabili. Anche se `byte` e `rune` sono presenti in Go fin dagli inizi, Go 1.9 ha introdotto la possibilità di dichiarare anche nuovi alias per i tipi. La loro sintassi ha il seguente aspetto:

```
type byte = uint8
type rune = int32
```

Sia byte sia rune si comportano come i tipi interi cui rimandano, come si può vedere nel seguente listato.

Listato 9.4 rune e byte: rune.go.

```
var pi rune = 960
var alpha rune = 940
var omega rune = 969
var bang byte = 33

fmt.Printf("%v %v %v %v\n", pi, alpha, omega, bang)      ← Scrive 960 940 969 33
```

Per visualizzare i caratteri al posto dei loro valori numerici, si può specificare il codice di formattazione %c di Printf:

```
fmt.Printf("%c%c%c%c\n", pi, alpha, omega, bang)      ← Scrive πάω!
```

SUGGERIMENTO

Il codice %c funziona con ogni tipo intero, ma l'alias rune indica che il numero 960 rappresenta in realtà un carattere.

Invece di memorizzare i codici Unicode, Go fornisce un letterale a caratteri. Basta racchiudere un carattere fra apici semplici, come in 'A'. Se non viene specificato alcun tipo, Go considererà per inferenza che si tratti di un tipo rune; pertanto le tre righe seguenti sono equivalenti:

```
grade := 'A'
var grade = 'A'
var grade rune = 'A'
```

La variabile grade contiene comunque un valore numerico, in questo caso 65, il codice della lettera maiuscola 'A'. I letterali a caratteri possono essere utilizzati anche con l'alias byte:

```
var star byte = '*'
```

TEST

2. Quanti caratteri offre la codifica ASCII?
3. Il tipo byte di quale altro tipo è sinonimo? E rune, invece?
4. Quali sono i codici dei caratteri "*", "☺" ed "é"?

Gestione delle stringhe

In Go una variabile può essere assegnata a più stringhe, ma le stringhe in quanto tali non possono essere modificate:

```
peace := "shalom"
peace = "salām"
```

Il programma può accedere ai singoli caratteri, ma non può modificarli. Il seguente listato usa delle parentesi quadre [] per specificare un indice all'interno della stringa per accedere a un singolo byte (un carattere ASCII). L'indice parte da 0.

Listato 9.5 Indicizzazione all'interno di una stringa: index.go.

```
message := "shalom"
c := message[5]
fmt.Printf("%c\n", c)      ← Scrive m
```

In Go le stringhe sono *immutabili*, così come lo sono in Python, Java e JavaScript. A differenza delle stringhe in Ruby e degli array di caratteri in C, non è possibile modificare una stringa in Go:

```
message[5] = 'd'      ← Non è possibile eseguire questo assegnamento a message[5]
```

TEST

5. Scrivete un programma per mostrare ciascun byte (carattere ASCII) della parola `shalom`, un carattere per riga.

Manipolazione dei caratteri con il cifrario di Cesare

Un modo efficace per inviare un messaggio segreto, qualche secolo fa, consisteva nello spostare ciascuna lettera, in modo che `'a'` diventasse `'d'`, `'b'` diventasse `'e'` e così via. Il risultato poteva passare per incomprensibile o in una lingua straniera:

Yhql. Ylgl. Ylfl!

Come potete immaginare, la manipolazione di caratteri sotto forma di valori numerici è davvero semplice per i computer, come si può vedere nel seguente listato.

Listato 9.6 Manipolazione di un singolo carattere: caesar.go.

```
c := 'a'
c = c + 3
fmt.Printf("%c", c)    ← Scrive d
```

Il codice del Listato 9.6 presenta però un problema con tutti i messaggi che parlano di xilofoni, yak o zebre. Per risolvere questa esigenza, il cifrario di Cesare ricominciava dall'inizio, e pertanto `'x'` diventava `'a'`, `'y'` diventava `'b'` e `'z'` diventava `'c'`. Con i 26 caratteri dell'alfabeto inglese, la cosa è molto semplice:

```
if c > 'z' {
    c = c - 26
}
```

Per decifrare questo codice di Cesare, basta sottrarre tre posizioni, anziché sommarne tre. Ma dovrete tenere in considerazione che `c < 'a'` sommando 26. Non è divertente.

TEST

6. Qual è il risultato dell'espressione `c = c - 'a' + 'A'` se c è `'g'`?

Una variante moderna

ROT13 (*rotate 13*) è una variante del cifrario di Cesare aggiornata al ventesimo secolo. Presenta una differenza: somma 13 al posto di 3. Con ROT13, la cifratura e la decifratura sono operazioni comode.
Supponete che, nella sua ricerca di comunicazioni aliene, l'Istituto SETI avesse ricevuto una trasmissione con il seguente messaggio:

```
message := "fnyir fgnmvbar fcnmvnyr vagreanmvbanyr"
```

Possiamo sospettare che questo messaggio sia in realtà testo, cifrato con ROT13. Ma prima di provare a decifrarlo, c'è una cosa che potete fare. Questo messaggio è lungo 38 caratteri, cosa che può essere determinata con la funzione interna `len`:

```
fmt.Println(len(message))    ← Scrive 38
```

NOTA

Go offre una manciata di funzioni interne che non richiedono alcuna istruzione di importazione. La funzione `len` può determinare la lunghezza di una certa varietà di tipi. In questo caso, `len` restituisce la lunghezza in byte di una stringa.

Il seguente listato decifra un messaggio proveniente dallo spazio. Provate a eseguirlo in Go Playground per scoprire che cosa hanno da dirci gli alieni.

Listato 9.7 Cifratura ROT13: rot13.go.

```
message := "fnyir fgnmvbar fcnmvnyr vagreanmvbanyr"

for i := 0; i < len(message); i++ {     ← Itera l'elaborazione su tutti i caratteri ASCII
    c := message[i]
    if c >= 'a' && c <= 'z' {     ← Non cambia gli spazi e i segni di punteggiatura
        c = c + 13
        if c > 'z' {
            c = c - 26
        }
    }
fmt.Printf("%c", c)
}
```

Notate che l'implementazione ROT13 del listato precedente è prevista solo per i caratteri ASCII (in byte). Si confonderebbe se dovesse leggere un messaggio contenente accentate o caratteri cirillici. Il prossimo paragrafo cercherà di risolvere questo problema.

TEST

7. Che cosa restituisce la funzione `len` quando le si passa una stringa?
8. Digitate il Listato 9.7 in Go Playground. Qual è il contenuto del messaggio?

Decodifica di stringhe in rune

Le stringhe, in Go, vengono codificate in formato UTF-8, una delle tante codifiche Unicode. UTF-8 è una codifica a lunghezza variabile dove un codice può usare 8, 16 o 32 bit. Utilizzando una codifica a lunghezza variabile, UTF-8 semplifica la transizione da ASCII, poiché i caratteri ASCII sono identici alle loro controparti in codifica UTF-8.

NOTA

UTF-8 è la codifica di caratteri che predomina nel Web. È stata inventata nel 1992 da Ken Thompson, uno degli ideatori di Go.

Il programma ROT13 presentato nel Listato 9.7 accedeva ai singoli byte (8 bit) della stringa `message` senza considerare i caratteri che sono lunghi multipli di 1 byte (16 o 32 bit) . Questo è il motivo per cui funziona bene per i normali caratteri ASCII, ma produce risultati incomprensibili per i cirillici e le accentate. Bisogna fare di meglio.

Il primo passo per supportare altre lingue consiste nel decodificare i caratteri nel tipo `rune` prima di manipolarli. Fortunatamente, Go offre delle funzioni e delle funzionalità del linguaggio che hanno l'esatto scopo di decodificare le stringhe in codifica UTF-8. Il package `utf8` fornisce delle funzioni per determinare la lunghezza di una stringa in rune invece che in byte e per decodificare il primo carattere di una stringa. La funzione `DecodeRuneInString` restituisce il primo carattere e il numero di byte occupati da tale carattere, come illustrato nel Listato 9.8.

NOTA

A differenza di quanto accade in molti linguaggi di programmazione, in Go le funzioni possono restituire più valori. Questo argomento verrà trattato nel Capitolo 12.

Listato 9.8 Il package utf8: spanish.go.

```
package main

import (
    "fmt"
    "unicode/utf8"
)

func main() {
    question := "¿Cómo estás?"

    fmt.Println(len(question), "byte")      ← Scrive 15 byte
    fmt.Println(utf8.RuneCountInString(question), "rune")      ← Scrive 12 rune

    c, size := utf8.DecodeRuneInString(question)
    fmt.Printf("Prima runa: %c - %v byte", c, size)      ← Scrive Prima runa: ¿ - 2 byte
}
```

Il linguaggio Go fornisce la parola riservata `range` per eseguire un'iterazione su vari tipi di raccolte (ne riparleremo nella Parte IV). Inoltre può decodificare le stringhe in codifica UTF-8, come illustrato nel seguente listato.

Listato 9.9 Decodifica del tipo rune: spanish-range.go.

```
question := "¿Cómo estás?"

for i, c := range question {
    fmt.Printf("%v %c\n", i, c)
}
```

A ciascuna iterazione, alle variabili `i` e `c` viene assegnato un indice della stringa e il codice (`rune`) presente in tale posizione.
Se non avete bisogno di un indice, l'identificatore vuoto (un segno di _) consente di ignorarlo:

```
for _, c := range question {
    fmt.Printf("%c ", c)      ← ¿ C ó m o e s t á s ?
}
```

TEST

9. Quante rune ci sono nell'alfabeto inglese `"abcdefghijklmnopqrstuvwxyz"`? Quanti byte?
10. Quanti byte occupa la runa `'¿'`?

Riepilogo

- Le sequenze di escape come `\n` vengono ignorate nei letterali stringa grezzi (`).
- Le stringhe sono immutabili. È possibile accedere ai singoli caratteri, i quali non possono però essere modificati.
- Le stringhe usano una codifica di lunghezza variabile, chiamata UTF-8, dove ciascun carattere può occupare da 1 a 4 byte.
- 1 byte è un sinonimo del tipo `uint8` e 1 `rune` è un sinonimo del tipo `int32`.
- La parola riservata `range` può decodificare in rune una stringa che è in codifica UTF-8.

Vediamo se avete capito tutto...

Esperimento: caesar.go

Decifrate la seguente frase di Giulio Cesare:

Yhql. Ylgl. Ylfl!

Il programma dovrà far scorrere a sinistra le lettere maiuscole e minuscole di tre posizioni. Ricordate che `'a'` diviene `'x'`, `'b'` diviene `'y'` e `'c'` diviene `'z'` e così via per tutte le lettere.

Esperimento: international.go

Cifrate il messaggio spagnolo `"Hola Estación Espacial Internacional"` in codifica ROT13. Modificate il Listato 9.7 in modo da utilizzare la parola riservata `range`. Ora, quando utilizzate ROT13 sul testo spagnolo, verranno preservati anche i caratteri accentati.

Soluzioni dei test

1. Usate un letterale stringa grezzo, `` `C:\go` ``, perché `"C:\go"` produrrebbe un errore a causa di una sequenza di escape ignota.
2. 128 caratteri.
3. `byte` è sinonimo del tipo `uint8`. `rune` è sinonimo del tipo `int32`.
4.
```
var star byte = '*'
fmt.Printf("%c %[1]v\n", star)       ← Scrive 42

smile := '☺'
fmt.Printf("%c %[1]v\n", smile)      ← Scrive ☺ 128515

acute := 'é'
fmt.Printf("%c %[1]v\n", acute)      ← Scrive é 233
```
5.
```
message := "shalom"
    for i := 0; i < 6; i++ {
        c := message[i]
```

```
        fmt.Printf("%c\n", c)
    }
```

6. La lettera viene convertita in maiuscola:

```
c := 'g'
c = c - 'a' + 'A'
fmt.Printf("%c", c)      ← Scrive G
```

7. La funzione `len` restituisce la lunghezza di una stringa, in byte.
8. Il messaggio è: *salve stazione spaziale internazionale.*
9. Nell'alfabeto inglese ci sono 26 rune e 26 byte.
10. La runa '¿' occupa 2 byte.

Capitolo 10

Conversioni di tipo

Dopo questo capitolo saprete:

- convertire numeri, stringhe e valori booleani.

I capitoli precedenti hanno parlato di numeri booleani, stringhe e di una decina di tipi numerici. Se avete delle variabili di tipo differente, dovrete convertirne i valori nello stesso tipo, prima di poterle usare insieme.

Considerazioni iniziali

Supponete di essere al supermercato con la lista della spesa. Il primo articolo è il latte, ma dovrete prendere latte vaccino, di capra o di soia? Deve essere biologico, scremato, parzialmente scremato, intero, in polvere, condensato? E poi, in quale formato? Dovreste telefonare a casa per capire cosa prendere oppure acquistare qualcosa a vostra scelta?

A casa non vi diranno di smetterla di chiamare per sapere se l'insalata deve essere lattuga o iceberg? Quale tipo di patate acquistare? E poi un sacchetto da tre chili o da cinque chili? D'altra parte, andare per intuito e poi portare a casa latte al cioccolato e patatine fritte potrebbe non essere la scelta più appropriata.

Se chi ha compilato la lista della spesa è il programmatore e chi sta facendo la spesa è il compilatore, quale pensate che dovrebbe essere l'approccio scelto da Go?

In questo capitolo

I tipi non vanno d'accordo

Il *tipo* di una variabile stabilisce il comportamento per il quale è più appropriata. I numeri possono essere sommati, le stringhe possono essere concatenate. Per concatenare due stringhe, potete utilizzare l'operatore +:

```
countdown := "Lancio fra " + "10 secondi."
```

Se tentate di concatenare un numero a una stringa, il compilatore Go produrrà un errore:

```
countdown := "Lancio fra " + 10 + " secondi."   ← Operazione errata: non si possono
                                                  sommare stringhe e valori int
```

Tipi misti nei vari linguaggi

Quando hanno a che fare con due o più tipi differenti, alcuni linguaggi di programmazione cercano di indovinare quali potrebbero essere le intenzioni del programmatore. Pertanto, sia JavaScript sia PHP possono sottrarre il numero `1` dalla stringa `"10"`:

```
"10" - 1     ← Il risultato è 9 in JavaScript e PHP
```

Il compilatore Go, invece, rifiuta un `"10" - 1` con un errore di tipo. In Go, dovrete innanzitutto convertire `"10"` in un intero. Per eseguire la conversione si utilizza la funzione `Atoi` del package `strconv`, la quale però restituirà un errore nel caso in cui la stringa non contenesse un numero valido. Per poter gestire gli errori, la versione Go si allunga di ben quattro righe, che non è esattamente il massimo. Detto questo, se `"10"` è un input utente o proviene da una fonte esterna, le versioni JavaScript e PHP dovrebbero sempre controllare se si tratta di un numero valido.
Nei linguaggi che *convertono automaticamente* i tipi, il comportamento del codice è meno prevedibile da parte di chi non abbia ben presente la miriade di comportamenti impliciti. L'operatore di somma (+), in Java e JavaScript converte automaticamente i numeri in stringhe, che possono essere concatenate; al contrario, PHP converte i valori in numeri ed esegue l'operazione matematica:

```
"10" + 2     ← Il risultato è "102" in JavaScript e Java, mentre è 12 in PHP
```

Ancora una volta, Go risponderà con un errore di mancata corrispondenza dei tipi.

Un altro esempio di mancata corrispondenza dei tipi si verifica quando si tenta un calcolo utilizzando un mix di valori interi e in virgola mobile. I numeri reali come `365.2425` sono rappresentati con un numero in virgola mobile e, d'altra parte, per Go i numeri senza decimali sono interi:

```
age := 41               ← age e marsDays sono interi
marsDays := 687  ←
earthDays := 365.2425  ← earthDays è un numero in virgola mobile
fmt.Println("Avrei", age*earthDays/marsDays, "anni su Marte.")   ← Operazione errata:
                                                                   errore nei tipi
```

Se tutte e tre le variabili fossero intere, il calcolo avrebbe successo, ma allora `earthDays` dovrebbe essere `365`, invece del più preciso `365.2425`. Alternativamente, il calcolo avrebbe successo se `age` e `marsDays` fossero tipi in virgola mobile (rispettivamente `41.0` e `687.0`). Go non può sapere quale condizione sia preferibile per voi, ma comunque potete eseguire una conversione esplicita fra i tipi, argomento trattato nel prossimo paragrafo.

TEST

Troverete le soluzioni dei test alla fine di questo capitolo.

1. Che cosa accade chiedendo a Go di calcolare `"10" - 1`?

Conversioni di tipo fra i numeri

La *conversione di tipo* è un'operazione immediata. Se avete bisogno che la variabile intera `age` diventi un valore in virgola mobile per un calcolo, potete farlo nel seguente modo:

```
age := 41
marsAge := float64(age)
```

Nei calcoli non possono essere utilizzate variabili di tipo differente, ma con questa conversione di tipo, il calcolo presente nel seguente listato funziona.

Listato 10.1 Età marziana: mars-age.go.

```
age := 41
marsAge := float64(age)

marsDays := 687.0
earthDays := 365.2425
marsAge = marsAge * earthDays / marsDays
fmt.Println("Avrei", marsAge, "anni su Marte.")     ← Scrive Avrei 21.797587336244543
                                                      anni su Marte.
```

Potete anche eseguire una conversione dal tipo in virgola mobile a un intero, tuttavia sappiate che le cifre dopo il punto decimale verranno troncate, senza alcun arrotondamento:

```
fmt.Println(int(earthDays))     ← Scrive 365
```

Le conversioni di tipo sono necessarie anche fra tipi interi con e senza segno e anche fra tipi di dimensioni differenti. È inoltre opportuno convertire sempre verso un tipo avente l'intervallo più ampio, per esempio da `int8` a `int32`. Le altre conversioni fra tipi interi possono comportare dei rischi. Il tipo `uint32` può contenere il valore 4 miliardi, mentre il tipo `int32` supporta solo numeri fino a 2 miliardi. Analogamente, il tipo `int` può contenere un numero negativo, mentre `uint` no.

Vi è motivo per cui Go richiede che le conversioni di tipo vengano eseguite esplicitamente nel codice. Ogni volta che si usa una conversione di tipo, considerate le possibili conseguenze.

TEST

2. Qual è il codice da utilizzare per convertire la variabile `red` in un intero a 8 bit senza segno?
3. Qual è il risultato del confronto `age > marsAge`?

Eseguite le conversioni di tipo con cautela

Nel 1996, il vettore senza pilota Ariane 5 andò fuori rotta, si danneggiò ed esplose 40 secondi dopo il lancio. Si scoprì che la causa fu un errore di conversione di tipo da `float64` a `int16` che riguardava un numero che superava il valore `32767`, il massimo valore che può essere inserito in un `int16`. Questo fallimento lasciò il sistema di controllo di volo senza dati di orientamento e ciò fece in modo che il missile andasse fuori rotta, si danneggiasse e, alla fine, si autodistruggesse.

Non abbiamo visto il codice dell'Ariane 5, né siamo ingegneri aerospaziali, ma vediamo il modo in cui Go gestisce questa stessa conversione di tipo. Se il valore è nell'intervallo, come nel seguente listato, non vi è alcun problema.

Listato 10.2 Conversioni di tipo per il missile Ariane: ariane.go.

```
var bh float64 = 32767
var h = int16(bh)          ← Da migliorare: studiare
fmt.Println(h)               ingegneria aerospaziale
```

Se il valore di `bh` è `32768`, che è troppo grande per un `int16`, il risultato è quello che possiamo aspettarci per gli interi in Go: ciò che esce da una parte rientra dall'estremità opposta, diventando il più basso valore possibile per un `int16`, ovvero `-32768`.

Il linguaggio Ada impiegato dall'Ariane 5 si è comportato in modo differente. La conversione di tipo da `float64` a `int16` con un valore fuori gamma ha causato un'eccezione

software. Secondo i rapporti, questo specifico calcolo era corretto solo prima del decollo e pertanto l'approccio di Go sarebbe stato migliore in questo caso, ma normalmente è meglio evitare l'impiego di dati errati.
Per rilevare se la conversione di un tipo in `int16` produrrà un valore non valido, il package `math` fornisce le costanti min/max:

```
if bh < math.MinInt16 || bh > math.MaxInt16 {
    // gestione di un valore fuori gamma
}
```

NOTA

Queste costanti min/max sono senza tipo e pertanto permettono di confrontare `bh`, un valore in virgola mobile, con `MaxInt16`. Il Capitolo 8 ha già introdotto le costanti senza tipo.

TEST

4. Quale codice determina se la variabile v rientra nell'intervallo di un intero senza segno a 8 bit?

Conversione di stringhe

Per convertire un valore `rune` o `byte` in una `string`, potete utilizzare la stessa sintassi di conversione di tipo già vista per le conversioni numeriche, come illustrato nel seguente listato. Questo fornisce lo stesso risultato che si avrebbe con il codice di formattazione `%c` introdotto nel Capitolo 9 per visualizzare i tipi `rune` e `byte` come caratteri.

Listato 10.3 Conversione di rune in string: rune-convert.go.

```
var pi rune = 960
var alpha rune = 940
var omega rune = 969
var bang byte = 33

fmt.Print(string(pi), string(alpha), string(omega), string(bang))    ← Scrive πάω!
```

La conversione di un codice numerico in una stringa funziona allo stesso modo di un qualsiasi tipo intero. Dopo tutto, `rune` e `byte` non sono altro che alias dei tipi `int32` e `uint8`.
Per convertire le cifre in una `string`, ogni cifra deve essere convertita in un codice, partendo da 48 per il carattere `1` a 57 per il carattere `9`. Fortunatamente, la funzione `Itoa` del package `strconv` (*string conversion*) è in grado di farlo per voi, come potete vedere nel seguente listato.

Listato 10.4 Da numeri interi a codici ASCII: itoa.go.

```
countdown := 10

str := "Lancio fra " + strconv.Itoa(countdown) + " secondi."
fmt.Println(str)    ← Scrive Lancio fra 10 secondi
```

NOTA

Il nome Itoa è l'abbreviazione di *integer to ASCII*. Il codice Unicode è un sovrainsieme del vecchio standard ASCII. I primi 128 codici sono gli stessi e comprendono le cifre (utilizzate in questo caso), le lettere dell'alfabeto inglese e i più comuni segni di punteggiatura.

Un altro modo per convertire un numero in una stringa consiste nell'utilizzare `Sprintf`. Simile a `Printf`, restituisce una `string` invece di visualizzarla:

```
countdown := 9

str := fmt.Sprintf("Lancio fra %v secondi.", countdown)
fmt.Println(str)      ← Scrive Lancio fra 9 secondi
```

Per procedere al contrario, il package `strconv` fornisce la funzione `Atoi` (*ASCII to integer*). Poiché una stringa può contenere qualsiasi cosa o un numero troppo grande, la funzione `Atoi` può restituire un errore:

```
countdown, err := strconv.Atoi("10")
if err != nil {
    // Oh no, qualcosa è andato storto
}
fmt.Println(countdown)      ← Scrive 10
```

Il valore `nil` per `err` indica che non si è verificato alcun errore e che è tutto ok. Il Capitolo 28 si occupa proprio del problema degli errori.

TEST

5. Nominate due funzioni di conversione da un'intero a una stringa.

I tipi sono statici

In Go, una volta dichiarata la variabile, questa avrà un tipo che non potrà essere modificato. Si parla pertanto di *tipizzazione statica*, che può essere ottimizzata con maggiore facilità dal compilatore; questo si traduce in una maggiore rapidità di esecuzione dei programmi. Ma il tentativo di utilizzare una variabile con un valore di tipo differente produrrà un errore da parte del compilatore Go:

```
var countdown = 10
countdown = 0.5
countdown = fmt.Sprintf("%v secondi", countdown)
```

Errore: countdown può solo conservare valori interi

Linguaggi come JavaScript, Python e Ruby usano invece la *tipizzazione dinamica*. In tali linguaggi, a ogni valore è associato un tipo e le variabili possono contenere valori di qualsiasi tipo. In tal modo il tipo di `countdown` può anche cambiare durante l'esecuzione del programma.

Go prevede una via d'uscita per le situazioni in cui il tipo non è sicuro. Per esempio, la funzione `Println` può accettare sia stringhe, sia valori numerici. Il Capitolo 12 esplora più in dettaglio la funzione `Println`.

Conversione di valori booleani

La famiglia di funzioni `Print` visualizza i valori booleani `true` e `false` sotto forma di testo. Per questo motivo, il prossimo listato utilizza la funzione `Sprintf` per convertire la variabile booleana `launch` in un testo. Se volete convertirla in valori numerici o in altri testi, dovrete introdurre una semplice istruzione `if`.

Listato 10.5 Conversione di un valore booleano in una stringa: launch.go.

```
launch := false

launchText := fmt.Sprintf("%v", launch)
fmt.Println("Pronti per il lancio:", launchText)    ← Scrive Pronti per il lancio: false

var yesNo string
if launch {
    yesNo = "sì"
} else {
    yesNo = "no"
}
fmt.Println("Pronti per il lancio:", yesNo)    ← Scrive Pronti per il lancio: no
```

La conversione inversa richiede meno codice, perché potete assegnare il risultato di una condizione direttamente a una variabile, come nel seguente listato.

Listato 10.6 Conversione di una stringa in un valore booleano: tobool.go.

```
yesNo := "no"

launch := (yesNo == "sì")
fmt.Println("Pronti per il lancio:", launch)    ← Scrive Pronti per il lancio: false
```

Il compilatore Go produrrà un errore se tentate di convertire un valore booleano con `string(false)`, `int(false)` o qualcosa di simile e analogamente per `bool(1)` o `bool("sì")`.

NOTA

Nei linguaggi di programmazione che non hanno un tipo `bool` dedicato, i valori `1` e `0` spesso stanno, rispettivamente, per `true` e `false`. In Go, i valori booleani non hanno equivalenti valori numerici.

TEST

6. Come convertireste un valore booleano in un intero (`1` per `true` e `0` per `false`)?

Riepilogo

- La conversione di tipo è esplicita, per evitare ambiguità.
- Il pacchetto `strconv` fornisce funzioni per la conversione di stringhe da e verso altri tipi.

Vediamo se avete capito tutto...

Esperimento: input.go

Scrivete un programma che converta le stringhe in valori booleani:

- le stringhe `"true"`, `"sì"` o `"1"` sono `true`,
- le stringhe `"false"`, `"no"` o `"0"` sono `false`,
- e visualizzi un messaggio di errore appropriato per gli altri valori.

SUGGERIMENTO

L'istruzione `switch` accetta più valori per `case`, come descritto nel Capitolo 3.

Soluzioni dei test

1. Un errore di compilazione: l'operazione non è valida in quanto impiega insieme una strinfa e un `int`.
2. La conversione di tipo sarebbe `uint8(red)`.
3. `mismatched types int and float64`.
4.
```
v := 42
    if v >= 0 && v <= math.MaxUint8 {
    v8 := uint8(v)
    fmt.Println("convertita:", v8)      ← Scrive convertita: 42
}
```
5. Sia `Itoa` sia `Sprintf` sono in grado di convertire un numero intero in una stringa.
6. Basta utilizzare una semplice istruzione:
```
launch := true

var oneZero int
if launch {
    oneZero = 1
} else {
    oneZero = 0
}
fmt.Println("Pronti per il lancio:", oneZero)      ← Scrive Pronti per il lancio: 1
```

Capitolo 11

Esercizio: il cifrario di Vigenère

Il cifrario di Vigenère (vedi `https://it.wikipedia.org/wiki/Cifrario_di_Vigenère`) è una variante del XVI secolo del cifrario di Cesare. Per questo esercizio, scrivete un programma in grado di decifrare il testo utilizzando una parola riservata.

Prima di descrivere il cifrario di Vigenère, torniamo al cifrario di Cesare, che abbiamo appena visto. Con il cifrario di Cesare, un messaggio in chiaro viene cifrato facendo scorrere ciascuna lettera avanti di tre posizioni. Per decifrare il messaggio, è sufficiente invertire la direzione dello scorrimento.

Assegnate a ciascuna lettera dell'alfabeto un valore numerico, dove A = 0, B = 1, fino a Z = 25. Detto questo, uno scorrimento di tre posizioni può essere rappresentato dalla lettera D (D = 3).

Per decifrare il testo della Tabella 11.1, partite dalla lettera L e fatela scorrere di D. Poiché L = 11, il risultato di 11 - 3 è 8, ovvero la lettera I. Per decifrare la lettera A, dovrete rientrare dalla parte opposta e ottenere X, come abbiamo già visto nel Capitolo 9.

Tabella 11.1 Il cifrario di Cesare.

Y	H	Q	L	Y	L	G	L	Y	L	F	L
D	D	D	D	D	D	D	D	D	D	D	D

Le cifrature di Cesare e ROT13 sono sensibili alla cosiddetta analisi della frequenza. Le lettere che si presentano frequentemente, per esempio "e", compariranno con la stessa frequenza anche nel testo cifrato. Osservando questi schemi nel testo cifrato, il codice può essere facilmente violato.

Per ingannare chi volesse violare il codice, il cifrario di Vigenère fa scorrere ciascuna lettera sulla base di una parola chiave continuamente ripetuta, invece che di una costante, come 3 o 13. La parola chiave si ripete fino alla fine del messaggio, come si può vedere nella parola chiave `GOLANG` della Tabella 11.2.

Ora che sapete che cos'è il cifrario di Vigenère, potete notare che tale cifratura con la parola chiave D è equivalente alla cifratura di Cesare. Analogamente, ROT13 usa la parola chiave N (N = 13). Per avere reali vantaggi, occorre impiegare parole chiave più lunghe.

Tabella 11.2 Il cifrario di Vigenère.

C	W	W	L	V	T	M	I	L	G	T	O	U	U	Z
G	O	L	A	N	G	G	O	L	A	N	G	G	O	L

Esperimento: decipher.go

Scrivete un programma per decifrare il testo cifrato presentato nella Tabella 11.2. Per semplificare le cose, tutti i caratteri sono lettere maiuscole dell'alfabeto inglese, sia per il testo, sia per la parola chiave:

```
cipherText := "CWWLVTMILGTOUUZ"
keyword := "GOLANG"
```

- Può essere comodo impiegare la funzione `strings.Repeat`. Provate a usarla, ma completate questo esercizio anche senza importare alcun package (a parte `fmt` per visualizzare il messaggio decifrato).
- Provate questo esercizio utilizzando `range` in un ciclo e poi di nuovo senza. Ricordate che la parola chiave `range` suddivide una stringa in `rune`, mentre un indice come `keyword[0]` produrrebbe 1 byte.

SUGGERIMENTO

Potete eseguire operazioni solo sullo stesso tipo, ma potete sempre convertire un tipo nell'altro (`string`, `byte`, `rune`).

- Per passare all'estremità opposta, ai margini dell'alfabeto, il cifrario di Cesare impiegava un confronto. Risolvete questo esercizio senza alcuna istruzione `if`, ma utilizzando l'operatore modulo (`%`).

SUGGERIMENTO

Se ricordate, l'operatore modulo fornisce il resto della divisione fra due numeri. Per esempio, `27 % 26` è uguale a 1, mantenendo pertanto i numeri nell'intervallo 0-25. Fate attenzione, però, ai numeri negativi: `-3 % 26` è ancora -3.

Dopo aver completato questo esercizio, date un'occhiata allo soluzione presente nell'Appendice. Come vi sembra il confronto? Utilizzate il pulsante *Share* di Go Playground e inviate la vostra soluzione al forum *Get Programming with Go*.
La cifratura del testo con Vigenère non è più difficile della decifratura. Basta sommare le lettere della parola chiave alle lettere del messaggio in chiaro, invece di sottrarle.

Esperimento: cipher.go

Per inviare messaggi cifrati, scrivete un programma che esegua la cifratura del testo utilizzando una parola chiave:

```
plainText := "SCRIVETE IL VOSTRO MESSAGGIO"
keyword := "GOLANG"
```

Bonus: invece di scrivere il messaggio di testo in chiaro tramite lettere tutte maiuscole, utilizzate le funzioni `strings.Replace` e `strings.ToUppe` per rimuovere gli spazi e le lettere maiuscole dalla stringa prima di cifrarla.
Dopo aver cifrato un messaggio di testo in chiaro, provate il vostro lavoro decifrando il testo cifrato con la stessa parola chiave.
Utilizzate la parola chiave `"GOLANG"` per cifrare un messaggio e inviatelo ai forum di *Get Programming with Go* su `forums.manning.com/forums/get-programming-with-go`.

NOTA

La cifratura di Vigenère è divertente, ma non è affatto segreta: non usatela per proteggere nulla di veramente serio. Nel XXI secolo esistono modi molto più sicuri per inviare messaggi riservati.

Parte III

Gli elementi costitutivi del linguaggio

> Programmare significa suddividere un grosso compito, impossibile da svolgere, in tanti piccoli compiti, tutti semplici.
>
> *Jazzwant*

Le *funzioni* sono gli elementi costitutivi dei programmi. Per esempio la funzione `Printf` permette di formattare e visualizzare dei valori. I pixel che vengono presentati sullo schermo sono in realtà indirizzati uno per uno da strati e strati di funzioni, messe a disposizione da Go e dal sistema operativo. Ma anche voi potete scrivere le vostre funzioni. Le funzioni aiutano a organizzare il codice, a riutilizzare determinate funzionalità e ad affrontare un problema suddividendolo in componenti più piccole. Ma non solo: imparando a dichiarare funzioni e metodi in Go, sarete in grado di esplorare la ricca gamma di funzionalità fornite dalla libreria standard e documentate in `golang.org/pkg`.

In questa parte

Capitolo 12

Funzioni

Dopo questo capitolo saprete:

- identificare le varie parti della dichiarazione di una funzione;
- scrivere funzioni riutilizzabili, per comporre grossi programmi.

Questo capitolo inizia esaminando la documentazione della libreria standard relativa alle funzioni che sono state utilizzate nei capitoli precedenti.
Una volta che avrete familiarizzato con la sintassi da impiegare per la dichiarazione delle funzioni, proverete a scrivere alcune funzioni per il programma di gestione di una stazione meteorologica. Il veicolo Rover Environmental Monitoring Station (REMS) raccoglie infatti dati meteorologici sulla superficie di Marte. Scriverete delle funzioni che potrebbero far parte di un programma della REMS, come per esempio quelle per la conversione delle temperature.

In questo capitolo

Considerazioni iniziali

Preparatevi un sandwich. Sembra semplice, ma per completare il compito occorrono molti passi. Occorre lavare la lattuga, affettare un pomodoro e così via. Potreste anche spingervi oltre, fino a pensare di coltivare il grano, macinarlo per produrre la farina e poi cuocere il pane, magari queste funzionalità vi possono essere fornite da un contadino e da un fornaio.
Imparate a suddividere un grosso processo in funzioni, passo dopo passo. Successivamente, se dovrete affettare un pomodoro per preparare una caprese, potrete riutilizzare quella stessa funzione. Quale altra attività della vostra vita quotidiana può essere suddivisa in funzioni?

Dichiarazione di funzioni

La documentazione sui package di Go in `golang.org/pkg` elenca le funzioni dichiarate in ogni singolo package della libreria standard. Si tratta di una grande quantità di comode funzioni (impossibile elencarle tutte anche in un libro come questo).
Per utilizzare queste funzioni in un vostro progetto, vi troverete frequentemente a leggere la dichiarazione della funzione nella documentazione, per sapere come richiamare tale funzione. Dopo aver esaminato le dichiarazioni delle funzioni `Intn`, `Unix`, `Atoi`, `Contains` e `Println`, sarete in grado di applicare le vostre nuove conoscenze nell'esplorazione di tutte le altre funzioni e anche nella realizzazione di nuove funzioni.
Nel Capitolo 2 abbiamo usato la funzione `Intn` per generare dei numeri pseudocasuali. Raggiungete la pagina `golang.org/pkg` e poi il package `math/rand` e troverete la funzione `Intn`. Potete anche utilizzare la casella di ricerca per cercare direttamente `Intn`.
La dichiarazione di `Intn` nel package `rand` ha il seguente aspetto:

```
func Intn(n int) int
```

Come ripasso, ecco un esempio d'uso della funzione `Intn`:

```
num := rand.Intn(10)
```

La Figura 12.1 identifica le varie parti della dichiarazione, come pure la sintassi da impiegare per richiamare la funzione `Intn`. La parola riservata `func` fa sapere a Go che questa è la dichiarazione di una funzione. Poi si deve specificare il nome della funzione, `Intn`, che deve sempre iniziare con una lettera maiuscola.

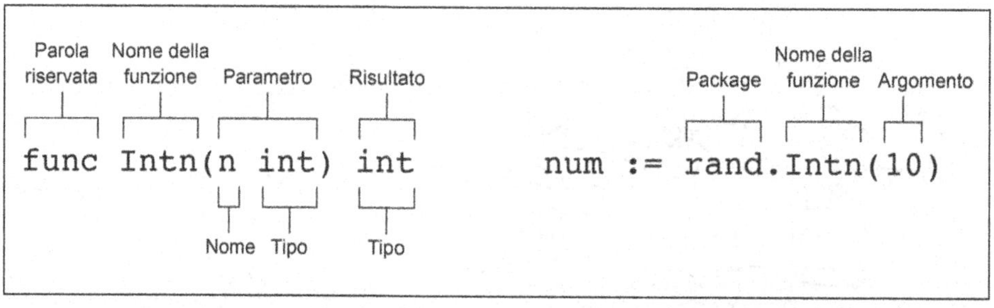

Figura 12.1 A sinistra la dichiarazione e a destra la chiamata della funzione Intn.

In Go, le funzioni, le variabili e gli altri identificatori che iniziano con una lettera maiuscola vengono *esportati* e risultano disponibili anche ad altri package. Il package `rand` contiene alcune funzioni che iniziano con una lettera minuscola, le quali, al contrario, non saranno accessibili dal package `main`.
La funzione `Intn` accetta un unico *parametro*, circondato da parentesi. Il parametro è un nome di variabile seguito da un tipo, coerente pertanto con le dichiarazioni delle variabili:

```
var n int
```

Nella chiamata della funzione `Intn`, l'intero 10 viene passato come argomento unico, circondato da parentesi. Quell'unico argomento corrisponde all'unico parametro che si aspetta la funzione `Intn`. Se non viene passato alcun argomento, o se l'argomento non è di tipo `int`, il compilatore Go reagisce con un errore.

SUGGERIMENTO

I termini "parametro" e "argomento" sono tipici dei matematici e hanno una lieve differenza. Una funzione accetta dei parametri e viene richiamata con degli argomenti, ma spesso questi due termini vengono impiegati l'uno al posto dell'altro, in modo intercambiabile.

La funzione `Intn` restituisce un unico risultato, un intero pseudocasuale di tipo `int`. Il risultato viene poi restituito al chiamante, il quale lo utilizza per inizializzare la variabile appena dichiarata, `num`.
La funzione `Intn` accetta un unico parametro, ma in generale le funzioni possono accettare più parametri, tutti separati da una virgola. Se vi ricordate, nel Capitolo 7 la funzione `Unix` del package `time` accetta due parametri di tipo `int64`, corrispondenti al numero di secondi e al numero di nanosecondi trascorsi dal primo gennaio 1970. La dichiarazione tratta dalla documentazione ha il seguente aspetto:

```
func Unix(sec int64, nsec int64) Time
```

Ecco infatti un esempio di chiamata della funzione `Unix` con due argomenti, corrispondenti, rispettivamente, ai parametri `sec` e `nsec`:

```
future := time.Unix(12622780800, 0)
```

Il risultato restituito dalla funzione `Unix` è di tipo `Time`. Grazie al meccanismo di inferenza del tipo, il codice che richiama `Unix` non ha bisogno di specificare il tipo del risultato, che sarebbe molto più prolisso.

NOTA

Nel Capitolo 13 vedremo come dichiarare nuovi tipi, come `time.Time` e `big.Int`.

Il package `time` dichiara ed esporta il tipo `Time`, che inizia con una lettera maiuscola, esattamente come la funzione `Unix`. Grazie al fatto che si usa una lettera maiuscola per indicare ciò che viene esportato, è evidente che il tipo `Time` può essere accessibile anche da altri package.

La funzione `Unix` accetta due parametri dello stesso tipo, documentati nel seguente modo:

```
func Unix(sec int64, nsec int64) Time
```

Ma quando i parametri vengono elencati in una dichiarazione di funzione, occorre specificare il tipo solo quando esso cambia; pertanto la funzione potrebbe essere scritta nel seguente modo:

```
func Unix(sec, nsec int64) Time
```

Questa scorciatoia è opzionale, ma viene impiegata in varie situazioni; per esempio la funzione `Contains` del package `strings` accetta due parametri di tipo `string`:

```
func Contains(s, substr string) bool
```

SUGGERIMENTO

La documentazione in golang.org/pkg contiene vari esempi che possono essere estesi e troverete ulteriori esempi in gobyexample.com. Se pensate di sviluppare dei vostri progetti mentre imparate a programmare in Go, questi esempi possono rivelarsi preziosi.

Molti linguaggi di programmazione offrono funzioni che accettano più parametri, ma le funzioni Go possono anche restituire più risultati. Come abbiamo visto nel Capitolo 10, la funzione `Atoi` converte una stringa in un numero e restituisce due risultati, che qui vengono assegnati a `countdown` ed `err`:

```
countdown, err := strconv.Atoi("10")
```

La documentazione per il package `strconv` dichiara `Atoi` nel seguente modo:

```
func Atoi(s string) (i int, err error)
```

Vengono specificati due risultati fra parentesi, come se si trattasse di un elenco di parametri, con un nome seguito da un tipo per ciascun risultato. Nelle dichiarazioni di funzioni potete anche specificare il tipo del risultato senza specificare alcun nome:

```
func Atoi(s string) (int, error)
```

NOTA

Il tipo `error` è un tipo interno dedicato agli errori, argomento di cui parleremo nel Capitolo 28.

Una funzione che avete cominciato a utilizzare fin dall'inizio di questo libro è `Println`. È una funzione un po' speciale, in quanto può accettare uno, due o più di due parametri. Può anche accettare parametri di tipo differente, fra cui interi e stringhe:

```
fmt.Println("Hello, playground")
fmt.Println(186, "secondi")
```

La dichiarazione della funzione nella documentazione può sembrare un po' strana, poiché utilizza funzionalità che non abbiamo ancora affrontato:

```
func Println(a ...interface{}) (n int, err error)
```

La funzione `Println` accetta un unico parametro, `a`, ma come abbiamo già visto, è possibile passarle anche più argomenti. In particolare, è possibile passare alla funzione `Println` un numero variabile di argomenti, una funzionalità indicata dalla presenza dei puntini (`...`). Esiste un nome speciale per indicare questo tipo di funzioni: si dice che `Println` è una funzione *variadica*. Il parametro `a` è una raccolta degli argomenti passati alla funzione. Torneremo sull'argomento delle funzioni variadiche nel Capitolo 18.
Il tipo del parametro `a` è `interface{}`, chiamato *interfaccia vuota*. Non parleremo delle interfacce prima del Capitolo 24, ma per il momento vi basti sapere che si tratta di un tipo speciale che consente a `Println` di accettare un valore `int`, `float64`, `string`, `time.Time` o di qualsiasi altro tipo senza che il compilatore Go produca un errore.
La combinazione delle funzioni variadiche e dell'interfaccia vuota, ovvero della sequenza `...interface{}`, significa che è possibile passare a `Println` un numero qualsiasi di argomenti di qualsiasi tipo. In pratica la funzione è in grado di visualizzare qualsiasi cosa le venga fornito.

NOTA

Per il momento abbiamo ignorato i due risultati restituiti da `Println`, anche se ignorare gli errori è considerato qualcosa di negativo. Le tecniche consigliate di gestione degli errori sono trattate nel Capitolo 28.

TEST

Troverete le soluzioni dei test alla fine di questo capitolo.

1. Una funzione si richiama con argomenti o parametri?
2. Una funzione accetta argomenti o parametri?
3. Che differenza c'è fra una funzione con l'iniziale maiuscola (`Contains`) e una funzione con l'iniziale minuscola (`contains`)?
4. Che cosa indica il simbolo dei puntini (`...`) nella dichiarazione di una funzione?

Scrittura di una funzione

Finora, abbiamo sempre inserito il codice all'interno della funzione `main`. Quando però si devono scrivere applicazioni più estese, come per esempio un programma di monitoraggio delle condizioni meteorologiche, è importante riuscire a suddividere il problema in sezioni più compatte. L'organizzazione del codice in più funzioni facilita la comprensione, il riutilizzo e la manutenzione.
I dati sulla temperatura rilevati da un sensore devono essere specificati in valori che abbiano un qualche significato per noi terrestri. I sensori forniscono i dati in una scala kelvin, dove 0 °K è lo zero assoluto, la minima temperatura teoricamente concepibile. Una funzione, presentata nel prossimo listato, converte le temperatura in gradi Celsius. Una volta che avrete scritto questa funzione, potrete riutilizzarla ogni volta che avrete bisogno di convertire un valore di temperatura.

Listato 12.1 Da gradi kelvin a gradi Celsius: kelvin.go.

```
package main

import "fmt"
// kelvinToCelsius converte °K in °C
func kelvinToCelsius(k float64) float64 {   ← Dichiara una funzione che accetta un parametro
    k -= 273.15                                 e restituisce un risultato
    return k
}

func main() {
    kelvin := 294.0                             Richiama la funzione passandole
    celsius := kelvinToCelsius(kelvin)       ← kelvin come primo argomento
    fmt.Print(kelvin, "° K sono ", celsius, "° C")   ← Scrive 294° K è 20.850000000000023° C
}
```

La funzione `kelvinToCelsius` del Listato 12.1 accetta un parametro di nome `k` e di tipo `float64`. In base alle convenzioni di Go, il commento per `kelvinToCelsius` inizia con il nome della funzione seguito da una breve descrizione.
Questa funzione restituisce un valore di tipo `float64`. Il risultato del calcolo viene restituito al chiamante tramite la parola riservata `return`; tale risultato viene poi utilizzato per inizializzare una nuova variabile `celsius` nella funzione `main`.
Notate che le funzioni dello stesso package possono essere richiamate senza specificare il nome del package stesso.

L'isolamento può essere una buona cosa

La funzione `kelvinToCelsius` del Listato 12.1 risulta isolata rispetto alle altre funzioni. Il suo unico input è il parametro che essa accetta e il suo unico output è il risultato che essa restituisce. Non svolge alcuna modifica dello stato esterno. Tali funzioni, esenti da effetti collaterali, sono le più facili da comprendere, collaudare e riutilizzare.
La funzione `kelvinToCelsius` modifica la variabile `k`, ma `k` e `kelvin` sono variabili completamente indipendenti e quindi assegnando un nuovo valore a `k` all'interno della funzione non si ha alcun impatto sulla variabile `kelvin` presente in `main`. Questo comportamento è detto di *passaggio per valore*, perché il parametro `k` viene inizializzato con il valore dell'argomento `kelvin`. Il passaggio per valore facilita l'isolamento delle funzioni.
Abbiamo dato alle variabili due nomi differenti, ma il passaggio per valore si applica anche se gli argomenti e i parametri hanno lo stesso identico nome.
Inoltre, la variabile `k` in `kelvinToCelsius` è completamente indipendente da ogni variabile chiamata `k` eventualmente presente in altre funzioni, grazie al fatto che ha una visibilità corrispondente alla propria esistenza. La visibilità è trattata nel Capitolo 4, ma come ripasso, i parametri nella dichiarazione di una funzione e le variabili dichiarate all'interno del corpo della funzione hanno una visibilità interna alla funzione stessa. Le variabili dichiarate in altre funzioni sono completamente indipendenti, anche se hanno lo stesso nome.

TEST

5. Quali sono i vantaggi del suddividere il codice in più funzioni?

Riepilogo

- Le funzioni si dichiarano tramite un nome, un elenco di parametri e un elenco di risultati.
- Quando le funzioni e i tipi hanno un nome con l'iniziale maiuscola, significa che possono essere utilizzati da altri package.
- Ogni parametro o risultato è un nome seguito da un tipo; i tipi possono essere tralasciati nel caso in cui più parametri o più risultati siano dello stesso tipo. Infine i risultati possono essere elencati indicando solamente il tipo, senza specificare alcun nome.
- Le chiamate a funzione devono avere come prefisso il nome del package nel quale è stata dichiarata la funzione, a meno che la funzione sia dichiarata nello stesso package in cui viene richiamata.
- Le funzioni vengono richiamate tramite argomenti che corrispondono ai parametri che accettano. I risultati vengono restituiti al chiamante tramite la parola riservata `return`.

Vediamo se avete capito tutto...

Esperimento: functions.go

Usate Go Playground in `play.golang.org` per digitare il Listato 12.1 e dichiarate anche altre funzioni per la conversione della temperatura.

- Riutilizzate la funzione `kelvinToCelsius` per convertire 233° kelvin in celsius.
- Scrivete e utilizzate una funzione `celsiusToFahrenheit` per la conversione della temperatura. Suggerimento: la formula per la conversione in fahrenheit è `(c * 9.0 / 5.0) + 32.0`.
- Scrivete una funzione `kelvinToFahrenheit` e verificate che converta 0° kelvin in circa -459,67 °F.

Avete usato `kelvinToCelsius` e `celsiusToFahrenheit` nella vostra nuova funzione o avete scritto una funzione indipendente con una nuova formula? Entrambi gli approcci sono perfettamente validi.

Soluzioni dei test

1. Argomenti.
2. Parametri.

3. In minuscole si scrivono le funzioni che possono essere utilizzate solo all'interno del package in cui sono dichiarate; l'iniziale maiuscola fa sì che le funzioni vengano esportate per poter essere utilizzate altrove.
4. Che la funzione è variadica. In altre parole che è possibile passarle un numero variabile di argomenti.
5. Le funzioni sono riutilizzabili: garantiscono l'isolamento delle variabili, grazie alla visibilità a livello della funzione e forniscono un nome per l'azione che svolgono, cosa che migliora la comprensibilità del programma.

Capitolo 13

Metodi

In questo capitolo

- **Dichiarazione di nuovi tipi**
- **Creazione di un nuovo tipo**
- **Aggiunta di comportamenti ai tipi, grazie ai metodi**
- **Riepilogo**

Dopo questo capitolo saprete:

- dichiarare nuovi tipi;
- riscrivere le funzioni come metodi.

I *metodi* sono come funzioni, ma hanno lo scopo di estendere i tipi fornendo loro dei comportamenti aggiuntivi. Prima di poter dichiarare un metodo, occorre pertanto dichiarare un nuovo tipo. Questo capitolo prende la funzione `kelvinToCelsius` del Capitolo 12 e la trasforma in un tipo dotato di metodi. A prima vista, può sembrare che i metodi non siano altro che una sintassi in più per fare quello che le funzioni già fanno benissimo e, in effetti, le cose sono così. Ma i metodi forniscono un modo differente per organizzare il codice, come vedremo negli esempi di questo capitolo. Nei prossimi capitoli, in particolare in quelli della Parte V, vedremo come combinare i metodi con altre caratteristiche del linguaggio per creare nuove funzionalità.

Considerazioni iniziali

Quando digitate dei numeri su una calcolatrice, invece che su una macchina per scrivere, il comportamento che vi aspettate è piuttosto differente. Go è dotato di una funzionalità interna (+) che consente di operare sui numeri e sul testo in modi particolari, come abbiamo visto nel Capitolo 10.

Come fare per rappresentare un nuovo tipo di oggetti dotati di specifici comportamenti? Il tipo `float64` è troppo generico per rappresentare in modo adeguato un termometro e d'altra parte il *collo* che sorregge la testa non ha molto a che fare con un *collo* che compone una spedizione. Le funzioni hanno una loro specifica collocazione, ma i tipi e i loro metodi forniscono un altro modo utile per organizzare il codice e per rappresentare il mondo circostante.

Prima di iniziare questo capitolo, guardatevi attorno e considerate quanti tipi di oggetti vedete e come potreste modellarne i comportamenti.

Dichiarazione di nuovi tipi

Go dichiara un certo numero di tipi, molti dei quali sono stati trattati nel Capitolo 2. Talvolta questi tipi non descrivono adeguatamente i valori che possono contenere. Una temperatura non è un `float64`, che tuttavia può esserne la rappresentazione sottostante. La temperatura è una misura in gradi Celsius, Fahrenheit o Kelvin. Il fatto di dichiarare nuovi tipi, non solo chiarisce il significato del codice, ma aiuta a prevenire gli errori. Per dichiarare un nuovo tipo con un suo nome e un suo tipo di base, si utilizza la parola riservata `type`, come illustrato nel seguente listato.

Listato 13.1 Un tipo per i gradi Celsius: celsius.go.

```
type celsius float64          ← Il tipo sottostante è loat64

var temperature celsius = 20

fmt.Println(temperature)     ← Scrive 20
```

Il valore numerico letterale `20`, come tutti i letterali numerici, è una costante *senza tipo*. Può essere assegnata a una variabile di tipo `int`, `float64` o di qualsiasi altro tipo numerico. Il tipo `celsius` è un nuovo tipo numerico che ha lo stesso comportamento e la stessa rappresentazione di un `float64` e pertanto l'assegnamento del listato precedente funziona. Potete anche sommare dei valori di temperatura e usarli come se si trattasse di `float64`, come nel seguente listato.

Listato 13.2 Il tipo celsius si comporta come un float64: celsius-addition.go.

```
type celsius float64

const degrees = 20
var temperature celsius = degrees

temperature += 10
```

`celsius` è un tipo a sé stante, non un sinonimo come quelli menzionati nel Capitolo 9. Se tentate di utilizzarlo con un valore `float64`, otterrete un errore di errata corrispondenza dei tipi:

```
var warmUp float64 = 10
temperature += warmUp  ← Operazione non valida: tipi differenti
```

Per sommare `warmUp`, occorre innanzitutto convertirlo nel tipo `celsius`. Ecco la versione che funziona:

```
var warmUp float64 = 10
temperature += celsius(warmUp)
```

La possibilità di definire nuovi tipi può essere incredibilmente utile per migliorare la leggibilità e anche l'affidabilità del codice. Il seguente listato mostra che i tipi `celsius` e `fahrenheit` non possono essere confrontati o combinati accidentalmente.

Listato 13.3 Non è possibile utilizzare insieme tipi differenti.

```
type celsius float64
type fahrenheit float64

var c celsius = 20
var f fahrenheit = 20

if c == f {   ← Operazioni non valide: celsius e fahrenheit sono tipi differenti
}             ↙

c += f
```

TEST

Troverete le soluzioni dei test alla fine di questo capitolo.

1. Quali sono alcuni dei vantaggi della dichiarazione di nuovi tipi, per esempio `celsius` `fahrenheit`?

Creazione di un nuovo tipo

Il paragrafo precedente ha dichiarato i nuovi tipi `celsius` e `fahrenheit`, consentendo al codice di operare nel dominio delle temperature, togliendo nel contempo l'accento sulla rappresentazione sottostante dei valori. Che una temperatura sia rappresentata come un `float64` o un `float32`, infatti, non ci dice molto a proposito del valore contenuto nella variabile, mentre tipi come `celsius`, `fahrenheit` e `kelvin` forniscono maggiori informazioni sullo scopo per il quale è stata creata la variabile.

Una volta dichiarato un tipo, lo si può usare ovunque si possa usare un tipo predefinito di Go (`int`, `float64`, `string` e così via), perfino nei parametri e nei risultati di una funzione, come si può vedere nel seguente listato.

Listato 13.4 Funzioni con tipi personalizzati: temperature-types.go.

```
package main

import "fmt"

type celsius float64
type kelvin float64
```

```
// kelvinToCelsius converte °K in °C
func kelvinToCelsius(k kelvin) celsius {
    return celsius(k - 273.15)    ← È necessaria una conversione di tipo
}

func main() {
    var k kelvin = 294.0  ← L'argomento deve essere di tipo kelvin
    c := kelvinToCelsius(k)
    fmt.Print(k, "° K sono ", c, "° C")    ← Scrive 294° K sono 20.850000000000023° C
}
```

La funzione `kelvinToCelsius` accetterà solo un argomento di tipo `kelvin`, il che aiuta a prevenire gli errori. Non accetterà mai un argomento di tipo errato, come per esempio `fahrenheit`, `kilometers` o perfino `float64`. Go è però un linguaggio pragmatico e pertanto rimane comunque possibile passare un valore letterale o una costante senza tipo. Invece di scrivere `kelvinToCelsius(kelvin(294))`, si può tranquillamente scrivere `kelvinToCelsius(294)`. Il risultato restituito dalla funzione `kelvinToCelsius` deve essere di tipo `celsius`, non `kelvin` e pertanto il tipo deve essere convertito in `celsius` prima di poter essere restituito.

TEST

2. Scrivete una funzione `celsiusToKelvin` che utilizzi i tipi `celsius` e `kelvin` definiti nel Listato 13.4. Utilizzatela poi per convertire 127 °C, la temperatura della superficie lunare illuminata dal Sole, in gradi kelvin.

Aggiunta di comportamenti ai tipi, grazie ai metodi

Anche se può sembrare follia, c'è del metodo in tutto questo.
Shakespeare, Amleto

Per decenni i linguaggi a oggetti classici ci hanno insegnato che i metodi appartengono alle classi. Go è differente. Non ha classi e neppure oggetti e tuttavia offre i metodi. Questo può sembrare strano, anche un po' folle, ma i metodi di Go, in realtà, sono più flessibili rispetto a quelli presenti nei linguaggi del passato.

Funzioni come `kelvinToCelsius`, `celsiusToFahrenheit`, `fahrenheitToCelsius` e `celsiusToKelvin` sono certamente in grado di svolgere il loro lavoro, ma possiamo fare di meglio. Dichiarando alcuni metodi nella posizione corretta, il codice di conversione delle temperature diventa più compatto e "parlante".

Potete associare i metodi a ogni tipo dichiarato dello stesso package, ma non ai tipi predichiarati (`int`, `float64` e così via). Avete già visto come si dichiara un tipo:

```
type kelvin float64
```

Il tipo `kelvin` ha lo stesso comportamento del suo tipo sottostante, `float64`. Quindi potete sommare, moltiplicare e svolgere altre operazioni su valori `kelvin`, così come fareste per i numeri in virgola mobile. Dichiarare un metodo per convertire valori `kelvin` in `celsius` è semplice quanto dichiarare una funzione. Entrambi iniziano con la parola riservata `func` e il corpo della funzione è identico al corpo del metodo:

```
func kelvinToCelsius(k kelvin) celsius {   ← La funzione kelvinToCelsius
    return celsius(k - 273.15)
}

func (k kelvin) celsius() celsius {   ← Il metodo celsius di tipo kelvin
    return celsius(k - 273.15)
}
```

Il metodo `celsius` non accetta alcun parametro, ma ha qualcosa che somiglia a un parametro prima del nome. È chiamato *ricevitore*, come si può vedere nella Figura 13.1. I metodi e le funzioni possono entrambi accettare più parametri, ma i metodi devono avere un unico ricevitore. All'interno del corpo del metodo `celsius`, il ricevitore si comporta come ogni altro parametro.

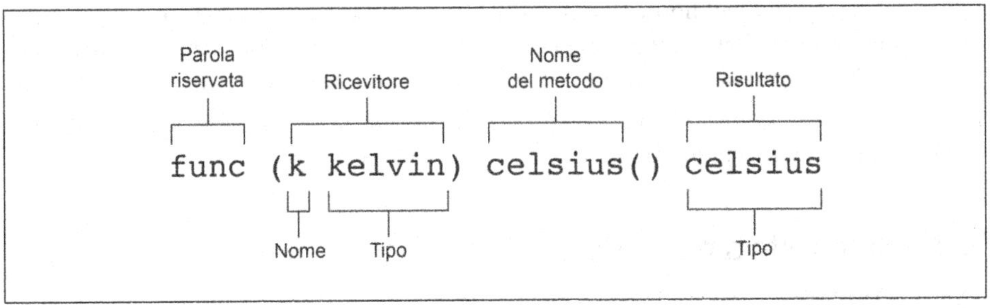

Figura 13.1 La dichiarazione di un metodo.

La sintassi per utilizzare un metodo è però differente rispetto alla chiamata di una funzione:

```
var k kelvin = 294.0
var c celsius
```

```
c = kelvinToCelsius(k)     ← Richiama la funzione kelvinToCelsius
c = k.celsius()            ← Richiama il metodo celsius
```

I metodi vengono richiamati con la *notazione a punto*, che abbiamo già visto per richiamare una funzione contenuta in un altro package. Ma in questo caso la variabile, di tipo appropriato, è seguita da un punto e dal nome del metodo.
Ora che la conversione della temperatura è un metodo del tipo `kelvin`, un nome "parlante" come `kelvinToCelsius` diventa superfluo. Un package può contenere un'unica funzione con un determinato nome, il quale nome non può essere lo stesso di un tipo, pertanto non è possibile realizzare una funzione `celsius` che restituisca un valore di tipo `celsius`. Al contrario ogni tipo di temperatura può fornire un metodo `celsius`, pertanto, per esempio, il tipo `fahrenheit` può essere migliorato nel seguente modo:

```
type fahrenheit float64

// celsius converte °F in °C
func (f fahrenheit) celsius() celsius {
    return celsius((f - 32.0) * 5.0 / 9.0)
}
```

Questo crea un'ottima simmetria, grazie alla quale ogni tipo di temperatura può avere un metodo `celsius` per la conversione in gradi Celsius.

TEST

3. Identificate il ricevitore nella seguente dichiarazione di un metodo: `func (f fahrenheit) celsius() celsius`

Riepilogo

- La dichiarazione di nuovi tipi può migliorare la leggibilità e l'affidabilità del codice.
- I metodi sono come funzioni, ma sono associate a un tipo per mezzo di un ricevitore, specificato prima del nome del metodo. I metodi possono accettare più parametri e restituire più risultati, esattamente come le funzioni, ma devono avere un unico ricevitore. Nel corpo di un metodo, il ricevitore si comporta come ogni altro parametro.
- La sintassi di chiamata dei metodi utilizza la notazione a punto, con una variabile di tipo appropriato seguita da un punto, dal nome del metodo e da eventuali argomenti.

Vediamo se avete capito tutto...

Esperimento: methods.go

Scrivete un programma con i tipi `celsius`, `fahrenheit` e `kelvin` e i metodi necessari per eseguire ogni tipo di conversione della temperatura.

Soluzioni dei test

1. Il nuovo tipo può descrivere meglio il valore che contiene, come nel caso di `celsius` invece di `float64`. Il fatto di avere tipi specifici aiuta a evitare tanti piccoli errori, come il tentativo di sommare un valore Fahrenheit a un valore Celsius.
2.
```
func celsiusToKelvin(c celsius) kelvin {
return kelvin(c + 273.15)
}

func main() {
    var c celsius = 127.0
    k := celsiusToKelvin(c)
    fmt.Print(c, "° C sono ", k, "° K")      ← Scrive 127° C sono 400.15° K
}
```
3. Il ricevitore è `f`, di tipo `fahrenheit`.

Capitolo 14

Funzioni di prima classe

Dopo questo capitolo saprete:

- assegnare delle funzioni alle variabili;
- passare delle funzioni ad altre funzioni;
- scrivere funzioni che creano funzioni.

In Go è possibile assegnare funzioni alle variabili, passare funzioni a funzioni e perfino scrivere funzioni che restituiscono altre funzioni. Le funzioni sono elementi di *prima classe*, ovvero possono essere utilizzate in tutti i i punti in cui possono essere inseriti numeri interi, stringhe ed elementi di altro tipo. Questo capitolo esplora alcuni utilizzi potenziali delle funzioni di prima classe, nell'ambito di un teorico programma Rover Environmental Monitoring Station (REMS) che trae dati (fittizi) da una serie di sensori di temperatura.

In questo capitolo

- **Assegnamento di funzioni a variabili**
- **Passaggio di funzioni ad altre funzioni**
- **Dichiarazione di vari tipi di funzioni**
- **Closure e funzioni anonime**
- **Riepilogo**

Considerazioni iniziali

Per preparare i tacos, ci vuole la salsa. Per prepararla potete andare alla pagina *xx* di un libro di ricette oppure potete aprire un vasetto di salsa acquistata al supermercato. Le funzioni di prima classe sono come i tacos che richiedono la presenza della salsa. Parlando in termini di codice, la funzione `preparaTacos` ha bisogno di una chiamata a una funzione per la salsa, indipendentemente dal fatto che si tratti di `preparaSalsa` o `apriSalsa`. Le funzioni per la salsa possono però essere utilizzate anche in modo indipendente, tuttavia non si possono preparare i tacos senza avere la salsa.

Oltre alle ricette e ai sensori di temperatura, vi vengono in mente altri esempi di una funzione che possa essere personalizzata tramite un'altra funzione?

Assegnamento di funzioni a variabili

I sensori meteo della stazione forniscono dati sulla temperatura in un intervallo compreso fra i 150 e i 300° kelvin. Potete creare delle funzioni in grado di convertire tali valori in altre unità, una volta ottenuti i dati, ma a meno che il sensore sia connesso al computer (o a un Raspberry Pi), l'ottenimento dei dati può essere un po' problematico.
Per il momento, accontentiamoci di un sensore fittizio, in grado di restituire un numero pseudocasuale, ma poi avrete bisogno di utilizzare indifferentemente un sensore vero (`realSensor`) oppure un sensore fittizio (`fakeSensor`). Il seguente listato svolge proprio questo compito. Progettando il programma in questo modo, è possibile connettere al sistema vari tipi di sensori per monitorare, per esempio, la temperatura del suolo e la temperatura dell'aria.

Listato 14.1 Funzioni per sensori intercambiabili: sensor.go.

```
package main

import (
    "fmt"
    "math/rand"
)

type kelvin float64

func fakeSensor() kelvin {
    return kelvin(rand.Intn(151) + 150)
}

func realSensor() kelvin {
    return 0  ← Da fare: implementazione di un vero sensore
}

func main() {
    sensor := fakeSensor  ← Assegna una funzione a una variabile
    fmt.Println(sensor())
    sensor = realSensor
    fmt.Println(sensor())
}
```

Nel listato precedente, alla variabile `sensor` è stata assegnata la funzione `fakeSensor`, non il risultato della chiamata alla funzione. Le chiamate a funzioni e i metodi hanno sempre una coppia di parentesi, come in `fakeSensor()`, ma qui usiamo una tecnica differente. Qui, richiamando `sensor()`, in effetti verrà richiamata `realSensor` oppure `fakeSensor`, a seconda della funzione che è stata assegnata a `sensor`.

La variabile `sensor` è di tipo funzione, dove la funzione non accetta parametri e restituisce un risultato `fakeSensor`. Non contando sull'inferenza dei tipi, la variabile `sensor` verrebbe dichiarata nel seguente modo:

```
var sensor func() kelvin
```

NOTA

Potete riassegnare `sensor` a `realSensor` nel Listato 14.1, poiché essa corrisponde alla "firma" della funzione (*function signature*) di `fakeSensor`. Entrambe le funzioni hanno lo stesso numero e lo stesso tipo di parametri e di valori restituiti.

TEST

Troverete le soluzioni dei test alla fine di questo capitolo.

1. Come si distingue l'assegnamento di una funzione a una variabile dall'assegnamento alla variabile del risultato della chiamata a una funzione?
2. Se esistesse una funzione `groundSensor` che restituisse una temperatura in gradi `celsius`, potrebbe essere assegnata alla variabile `sensor` nel Listato 14.1?

Passaggio di funzioni ad altre funzioni

Le variabili possono far riferimento a funzioni e le variabili possono essere passate alle funzioni, il che significa che Go consente di passare funzioni ad altre funzioni.
Per registrare i dati relativi alla temperatura, il Listato 14.2 dichiara una nuova funzione `measureTemperature` che accetta come parametro una funzione `sensor`. Poi richiama periodicamente la funzione `sensor`, indipendentemente dal fatto che si tratti di `fakeSensor` o `realSensor`.
La possibilità di passare intere funzioni offre un modo molto potente per organizzare il codice. Se non fosse per le funzioni di prima classe, probabilmente finireste con avere funzioni `measureRealTemperature` e `measureFakeTemperature`, contenenti codice praticamente identico.

Listato 14.2 Una funzione come parametro: function-parameter.go.

```
package main

import (
    "fmt"
    "math/rand"
    "time"
)

type kelvin float64

func measureTemperature(samples int, sensor func() kelvin) {  ← measureTemperature accetta
    for i := 0; i < samples; i++ {                               una funzione come secondo parametro
        k := sensor()
```

```
        fmt.Printf("%v° K\n", k)
        time.Sleep(time.Second)
    }
}

func fakeSensor() kelvin {
    return kelvin(rand.Intn(151) + 150)
}

func main() {
    measureTemperature(3, fakeSensor)      ← Passa a una funzione il nome di un'altra funzione
}
```

La funzione `measureTemperature` accetta due parametri, dove il secondo parametro è di tipo `func() kelvin`. Questa dichiarazione somiglia alla dichiarazione di una variabile di quello stesso tipo:

```
var sensor func() kelvin
```

La funzione `main` è in grado di passare il nome di una funzione a `measureTemperature`.

TEST

3. Quali vantaggi offre la possibilità di passare funzioni ad altre funzioni?

Dichiarazione di vari tipi di funzioni

È possibile dichiarare un nuovo tipo per una funzione in modo da sintetizzare e chiarire il codice che vi fa riferimento. Avete usato il tipo `kelvin` per esplicitare meglio l'idea che esso rappresenta una temperatura rispetto alla sua rappresentazione sottostante. Lo stesso può essere fatto per le funzioni passate ad altre funzioni:

```
type sensor func() kelvin
```

Invece di parlare di una funzione che non accetta parametri e restituisce un valore `kelvin`, il codice considera funzioni `sensor`. Questo tipo può essere utilizzato per rendere più compatto e parlante il codice, in modo che la dichiarazione

```
func measureTemperature(samples int, s func() kelvin)
```

possa essere riscritta nel seguente modo:

```
func measureTemperature(samples int, s sensor)
```

In questo esempio, il vantaggio si nota appena, perché adesso occorre sapere che cosa sia `sensor` quando si osserva questa riga di codice. Ma se `sensor` venisse usata in più punti, o se il tipo della funzione avesse più parametri, questa tipizzazione ridurrebbe significativamente la congestione del codice.

TEST

4. Riscrivete la seguente signature di funzione in modo da farle utilizzare un tipo funzione:

```
func drawTable(rows int, getRow func(row int) (string, string))
```

Closure e funzioni anonime

Una *funzione anonima*, chiamata più precisamente *funzione letterale* in Go, è una funzione che non è dotata di un nome. A differenza delle normali funzioni, le funzioni letterali sono "chiusure", poiché mantengono i riferimenti alle variabili circostanti nel loro livello di visibilità.

Potete assegnare una funzione anonima a una variabile e poi utilizzare tale variabile come ogni altra funzione, come si può vedere nel seguente listato.

Listato 14.3 Una funzione anonima: masquerade.go.

```
package main

import "fmt"

var f = func() {   ← Assegna a una variabile una funzione anonima
    fmt.Println("Indossa la maschera.")
}

func main() {
    f()    ← Scrive Indossa la maschera
}
```

La variabile che viene dichiarata può trovarsi al livello di visibilità del package o della funzione, come si può vedere nel listato che segue.

Listato 14.4 Una funzione anonima: funcvar.go.

```
package main

import "fmt"

func main() {
    f := func(message string) {  ← Assegna a una variabile una funzione anonima
        fmt.Println(message)
    }
    f("Vai alla festa.")    ← Scrive Vai alla festa
}
```

È anche possibile dichiarare e anche richiamare una funzione anonima in un solo passo, come si può vedere nel seguente listato.

Listato 14.5 Funzione anonima: anonymous.go.

```
package main

import "fmt"

func main() {
    func() {  ← Dichiara una funzione anonima
        fmt.Println("Functions anonymous")
    }()     ← Richiama la funzione
}
```

Le funzioni anonime possono essere molto comode ogni volta che occorre creare una funzione al volo. Una di queste situazioni si verifica quando si deve restituire una funzione da un'altra funzione. Anche se è possibile che una funzione restituisca una funzione dotata di nome, è molto più comodo dichiarare e poi restituire una nuova funzione anonima. Nel Listato 14.6, la funzione `calibrate` corregge gli errori nelle letture della temperatura dell'aria. Utilizzando le funzioni di prima classe, `calibrate` accetta come parametro un sensore reale o fittizio e restituisce una funzione di sostituzione. Ogni volta che viene richiamata la nuova funzione `sensor`, viene in realtà richiamata la funzione originaria e la lettura avviene corretta da un offset.

Listato 14.6 Calibrazione del sensore: calibrate.go.

```
package main

import "fmt"

type kelvin float64

// tipo funzione sensor
type sensor func() kelvin
func realSensor() kelvin {
```

```
    return 0  ← Da fare: implementazione di un vero sensore
}

func calibrate(s sensor, offset kelvin) sensor {
    return func() kelvin {  ← Dichiara e restituisce una funzione anonima
        return s() + offset
    }
}

func main() {
    sensor := calibrate(realSensor, 5)
    fmt.Println(sensor())    ← Scrive 5
}
```

La funzione anonima del listato precedente impiega la closure. Fa riferimento alle variabili `s` e `offset` che la funzione `calibrate` accetta come parametri. Anche dopo che la funzione `calibrate` termina restituendo un valore, le variabili catturate dalla closure sopravvivono, pertanto le chiamate a `sensor` continueranno ad avere accesso a queste variabili. In pratica la funzione anonima *racchiude* le variabili in un certo campo di visibilità, il che spiega l'uso del termine closure (*chiusura*).

Dato che una closure mantiene un *riferimento* alle variabili circostanti invece di una copia del loro valore, ogni modifica a queste variabili si riflette nelle chiamate alla funzione anonima:

```
var k kelvin = 294.0

sensor := func() kelvin {
    return k
}
fmt.Println(sensor())     ← Scrive 294

k++
fmt.Println(sensor())     ← Scrive 295
```

Ricordate il funzionamento di questo meccanismo, in particolare quando userete le closure all'interno di cicli `for`.

TEST

5. In quale modo vengono chiamate in Go le funzioni anonime?
6. Che cosa forniscono in più le closure rispetto alle normali funzioni?

Riepilogo

- Quando le funzioni vengono trattate come funzioni di prima classe, si aprono nuove possibilità per la suddivisione e il riutilizzo del codice.
- Per creare nuove funzioni al volo, utilizzate funzioni anonime e closure.

Vediamo se avete capito tutto...

Esperimento: calibrate.go

Digitate il Listato 14.6 in Go Playground e osservatelo in azione.

- Invece di passare `5` come argomento a `calibrate`, dichiarate e passate una variabile. Modificate la variabile e noterete che le chiamate a `sensor()` avranno come risultato sempre `5`. Questo accade perché il parametro `offset` è una copia dell'argomento (avviene un passaggio per valore).
- Usate `calibrate` con la funzione `fakeSensor` del Listato 14.2 per creare una nuova funzione `sensor`. Richiamate la nuova funzione `sensor` più volte e notate come ogni volta venga richiamata la funzione `fakeSensor` originaria, che produce valori casuali.

Soluzioni dei test

1. Le chiamate a funzioni e metodi hanno sempre una coppia di parentesi (per esempio `fn()`), mentre la funzione stessa può essere assegnata specificandone solo il nome, senza parentesi.
2. No. I parametri e i valori restituiti devono essere dello stesso tipo per poter riassegnare la variabile sensor. Il compilatore Go presenterà un errore: non è possibile usare `groundSensor` in un assegnamento.
3. Le funzioni di prima classe offrono un modo alternativo per suddividere e riutilizzare il codice.
4. ```
   type getRowFn func(row int) (string, string)
   func drawTable(rows int, getRow getRowFn)
   ```
5. In Go una funzione anonima viene anche chiamata funzione letterale.
6. Le closure mantengono dei riferimenti alle variabili esistenti nel campo di visibilità circostante.
   ```

Capitolo 15

Esercizio: tabelle delle temperature

Scrivete un programma che visualizzi delle tabelle di conversione delle temperature. Le tabelle dovrebbero usare i segni "grafici" uguale (=) e | (pipe) per tracciare le linee, con una sezione di intestazione:

```
======================
| °C        | °F       |
======================
| -40.0     | -40.0    |
| ...       | ...      |
======================
```

Il programma dovrebbe produrre due tabelle. La prima tabella di due colonne, con i gradi Celsius nella prima e i gradi Fahrenheit nella seconda. Create un ciclo fra -40° Celsius e 100° Celsius a passi di 5° compilando le due colonne tramite i metodi di conversione della temperatura preparati nel Capitolo 13.

Dopo aver completato una tabella, implementate una seconda tabella con le colonne invertite, per eseguire le conversioni da gradi Fahrenheit a gradi Celsius.

Il tracciamento di linee e le operazioni di riempimento degli spazi dovrebbero essere elementi riutilizzabili per tutti i dati che devono essere visualizzati in una tabella di due colonne. Usate delle funzioni per separare il codice di tracciamento della tabella dal codice che calcola le temperature, riga per riga.

Implementate una funzione `drawTable` che prenda come parametro una funzione di prima classe e la richiami per ottenere i dati per ciascuna riga disegnata.

Il passaggio di una funzione differente a `drawTable` dovrebbe produrre la visualizzazione di dati differenti.

Parte IV

Le collezioni

Le *collezioni* sono gruppi di elementi. Probabilmente avete una collezione di brani musicali. Ciascun album contiene una raccolta di brani musicali, anch'essa a suo modo una "collezione"; e naturalmente ogni brano è formato da un insieme di note musicali, ancora un'altra collezione. Ebbene, anche i linguaggi di programmazione hanno un loro concetto di collezione.
In Go, potete utilizzare i tipi primitivi trattati nella Parte II per comporre dei *tipi compositi*. I tipi compositi consentono di raggruppare insieme più valori, offrendo pertanto nuovi meccanismi per raggruppare i dati e poi accedervi.

In questa parte

Capitolo 16

Array

Dopo questo capitolo saprete:

- dichiarare e inizializzare gli array;
- assegnare valori agli elementi di un array;
- eseguire iterazioni sugli array.

Gli *array* sono collezioni ordinate di elementi di lunghezza fissa. In questo capitolo gli array verranno utilizzati per memorizzare il nome dei pianeti del sistema solare, ma naturalmente potete creare collezioni di qualsiasi cosa.

Considerazioni iniziali

Avete una collezione o avete mai collezionato qualcosa in passato? Magari francobolli, monete, adesivi, libri, scarpe, trofei, film o qualcos'altro?
Gli array sono fatti per raccogliere più elementi dello stesso tipo. Quali collezioni pensate di poter rappresentare con un array?

In questo capitolo

- **Come dichiarare array e accedere ai loro elementi**
- **Non uscite dai limiti**
- **Inizializzazione degli array con letterali compositi**
- **Iterazione sugli elementi di un array**
- **Eseguire copie di un array**
- **Array di array**
- **Riepilogo**

Come dichiarare array e accedere ai loro elementi

Il seguente array `planets` contiene esattamente otto elementi:

```
var planets [8]string
```

Ogni elemento di un array è dello stesso tipo. In questo caso, `planets` è un array di stringhe. L'accesso ai singoli elementi di un array può avvenire attraverso l'uso di parentesi quadre, `[]`, dove l'indice parte da `0`, come illustrato nella Figura 16.1 e poi nel Listato 16.1.

Listato 16.1 Un array di pianeti: array.go.

```
var planets [8]string

planets[0] = "Mercurio"   ← Assegna un pianeta all'elemento con indice 0
planets[1] = "Venere"
planets[2] = "Terra"

earth := planets[2]      ← Legge il nome del pianeta che si trova all'indice 2
fmt.Println(earth)       ← Scrive Terra
```

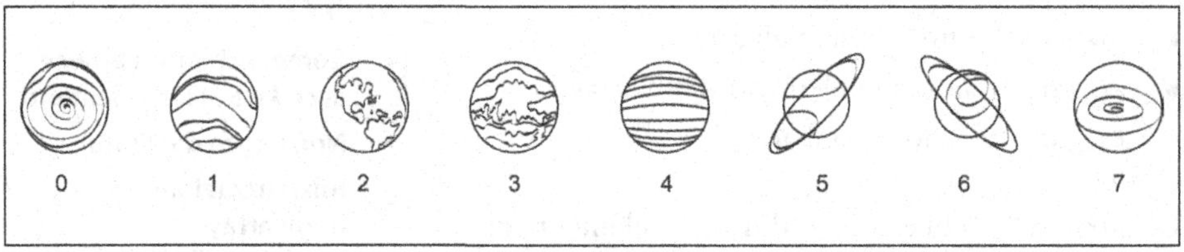

Figura 16.1 I pianeti, con i rispettivi indici da 0 a 7.

Anche se il listato assegna solo i primi tre pianeti, l'array `planets` è costituito da otto elementi. La lunghezza di un array può essere determinata tramite la funzione interna `len`. Gli altri elementi contengono il valore zero del relativo tipo, una stringa vuota:

```
fmt.Println(len(planets))       ← Scrive 8
fmt.Println(planets[3] == "")   ← Scrive true
```

NOTA

Go è dotato di tutta una serie di funzioni interne, il cui uso non richiede alcuna istruzione `import`. La funzione `len` determina la lunghezza di vari tipi. In questo caso restituisce la lunghezza dell'array.

TEST

Troverete le soluzioni dei test alla fine di questo capitolo.

1. Come si accede al primo elemento dell'array `planets`?
2. Qual è il valore predefinito degli elementi di un nuovo array di interi?

Non uscite dai limiti

Un array di otto elementi ha degli indici che vanno da 0 a 7. Il compilatore Go produrrà un errore nel caso si tentasse di accedere a un elemento che si trova all'esterno di questo intervallo:

```
var planets [8]string
planets[8] = "Plutone"   ← 8 è un indice non valido per l'array
pluto := planets[8]      ← (esce dai limiti di un array di otto elementi)
```

Se il compilatore Go non fosse in grado di rilevare l'errore, il programma opporrà un `panic` durante il suo funzionamento:

```
var planets [8]string
i := 8
planets[i] = "Plutone"   ← Errore Runtime:
pluto := planets[i]      ← indice fuori intervallo
```

Un errore di questo tipo blocca il programma, il che è sempre meglio rispetto ad andare a modificare un'area di memoria che non appartiene all'array `planets`, conducendo a comportamenti imprevedibili (come accade nel linguaggio di programmazione C).

TEST

3. L'istruzione `planets[11]` provocherebbe un errore in fase di compilazione o di esecuzione (runtime)?

Inizializzazione degli array con letterali compositi

Un *letterale composito* è una sintassi compatta per inizializzare un tipo composito con i valori desiderati. Invece di dichiarare un array e di assegnare a tale array degli elementi uno per uno, la sintassi a letterale composito di Go consente di dichiarare e inizializzare un array in un unico passo, come si può vedere nel seguente listato.

Listato 16.2 Un array di planetologi: dwarfs.go.

```
dwarfs := [5]string{"Cerere", "Plutone", "Haumea", "Makemake", "Eris"}
```

Le parentesi graffe { } contengono cinque stringhe separate da una virgola, le quali popolano gli elementi del nuovo array.

Nel caso di array di maggiori dimensioni, la suddivisione del letterale composito su più righe rende il tutto più leggibile. E per comodità, potete chiedere al compilatore Go di contare gli elementi contenuti nel letterale composito specificando i puntini (...) invece di un numero. L'array `planets` del seguente listato ha comunque una lunghezza fissa.

Listato 16.3 Un array di pianeti: composite.go.

```
planets := [...]string{   ← Qui è il compilatore Go a contare gli elementi
    "Mercurio",
    "Venere",
    "Terra",
    "Marte",
    "Giove",
```

```
    "Saturno",
    "Urano",
    "Nettuno",  ← Questa virgola finale è obbligatoria
}
```

TEST

4. Quanti pianeti vi sono nel Listato 16.3? Usate la funzione interna len per scoprirlo.

Iterazione sugli elementi di un array

L'iterazione su ciascun elemento di un array somiglia a un'iterazione su ciascun carattere di una stringa, argomento già affrontato nel Capitolo 9, come potete vedere nel seguente listato.

Listato 16.4 Un ciclo su un array: array-loop.go.

```
dwarfs := [5]string{"Cerere", "Plutone", "Haumea", "Makemake", "Eris"}

for i := 0; i < len(dwarfs); i++ {
    dwarf := dwarfs[i]
    fmt.Println(i, dwarf)
}
```

La parola riservata range fornisce un indice e un valore per ciascun elemento di un array impiegando meno codice e riducendo anche le possibilità di errore, come si può vedere nel seguente listato.

Listato 16.5 Iterazione su un array con range: array-range.go.

```
dwarfs := [5]string{"Cerere", "Plutone", "Haumea", "Makemake", "Eris"}

for i, dwarf := range dwarfs {
    fmt.Println(i, dwarf)
}
```

I Listati 16.4 e 16.5 producono entrambi lo stesso risultato:

```
0 Cerere
1 Plutone
2 Haumea
3 Makemake
4 Eris
```

NOTA

Ricordate che potete utilizzare l'identificatore vuoto (_) se non avete bisogno di utilizzare la variabile indice fornita da range.

TEST

5. Quali errori possono essere evitati utilizzando la parola riservata `range` per eseguire un'iterazione su un array?
6. Quale sarebbe un uso appropriato di un ciclo `for` convenzionale al posto di `range`?

Eseguire copie di un array

L'assegnamento di un array a una nuova variabile o il suo passaggio a una funzione crea una nuova copia del suo contenuto, come potete vedere nel seguente listato.

Listato 16.6 Gli array sono valori: array-value.go.

```
planets := [...]string{
    "Mercurio",
    "Venere",
    "Terra",
    "Marte",
    "Giove",
    "Saturno",
    "Urano",
    "Nettuno",
}
planetsMarkII := planets       ← Copia l'array planets
planets[2] = "whoop"           ← Rende possibile una scorciatoia interstellare
fmt.Println(planets)           ← Scrive [Mercurio Venere whoop Marte Giove Saturno Urano Nettuno]
fmt.Println(planetsMarkII)     ← Scrive [Mercurio Venere Terra Marte Giove Saturno Urano Nettuno]
```

SUGGERIMENTO

Nel caso doveste sfuggire alla distruzione della Terra, probabilmente vorrete installare Go sul vostro computer. Trovate le istruzioni necessarie in golang.org.

Gli array sono valori e le funzioni eseguono passaggi di valori, il che significa che la funzione `terraform` del seguente listato è completamente inefficace.

Listato 16.7 Passaggio di array per valore: terraform.go.

```
package main

import "fmt"

// La funzione terraform in realtà non fa nulla
func terraform(planets [8]string) {
    for i := range planets {
        planets[i] = "New " + planets[i]
    }
}

func main() {
```

```
    planets := [...]string{
        "Mercurio",
        "Venere",
        "Terra",
        "Marte",
        "Giove",
        "Saturno",
        "Urano",
        "Nettuno",
    }
    terraform(planets)
    fmt.Println(planets)        ← Scrive [Mercurio Venere Terra Marte Giove Saturno Urano Nettuno]
}
```

La funzione `terraform` opera su una copia dell'array `planets`, quindi ogni modifica che apporterà all'array non si rifletterà poi sull'array `planets` della funzione `main`.
Inoltre, è importante notare che la lunghezza di un array fa parte del suo tipo. Per esempio, `[8]string` e `[5]string` sono entrambe collezioni di stringhe, ma sono tipi differenti. Il compilatore Go opporrà un errore se tentaste di passare un array di lunghezza differente:

```
dwarfs := [5]string{"Cerere", "Plutone", "Haumea", "Makemake", "Eris"}
terraform(dwarfs) ← Non potete usare dwarfs (type [5]string) come type [8]string
                    in un argomento per terraform
```

Per questi motivi, gli array non vengono usati come parametri di funzione con la stessa frequenza delle *slice*, argomento del prossimo capitolo.

TEST

7. Come è sopravvissuta la Terra in `planetsMarkII` nel Listato 16.6?
8. Come potete modificare il Listato 16.7 in modo da modificare l'array `planets` in `main`?

Array di array

Avete visto come si usano degli array di stringhe, ma potete anche creare array di interi, array di numeri in virgola mobile e perfino array di array. La scacchiera del seguente listato è, per l'appunto, un array di array di stringhe.

Listato 16.8 Una scacchiera: chess.go.

```
var board [8][8]string  ← Un array di otto array di otto stringhe

board[0][0] = "t"
board[0][7] = "t"  ← Colloca una torre alla coordinata [row][column]

for column := range board[1] {
    board[1][column] = "p"
}

fmt.Print(board)
```

TEST

9. Considerate il gioco sudoku. Quale sarebbe la dichiarazione per una griglia di 9 x 9 interi?

Riepilogo

- Gli array sono collezioni ordinate di elementi di lunghezza fissa.
- I letterali compositi forniscono un modo comodo per inizializzare gli array.
- La parola riservata `range` permette di eseguire iterazioni sugli array.
- Quando si accede agli elementi di un array, occorre rimanere entro i limiti dell'array stesso.
- Gli array vengono copiati ogni volta che vengono assegnati o passati a funzioni.

Vediamo se avete capito tutto...

Esperimento: chess.go

- Estendete il Listato 16.8 per visualizzare tutti i pezzi degli scacchi alle loro posizioni iniziali utilizzando i caratteri `kqactp` per i pezzi neri lungo il margine superiore e i caratteri maiuscoli `KQACTP` per i pezzi bianchi lungo il margine inferiore.
- Scrivete una funzione che consenta di visualizzare opportunamente la scacchiera.
- Invece delle stringhe, usate `[8][8]rune` per rappresentare la scacchiera. Ricordate che i letterali `rune` sono circondati da singoli apici e possono essere stampati utilizzando il codice di formattazione `%c`.

Soluzioni dei test

1. planets[0]
2. Gli elementi di un array ricevono inizialmente il valore zero del tipo dell'array, ovvero `0` nel caso di un array di interi.
3. Sarà il compilatore Go a rilevare l'indice errato dell'array.
4. L'array `planets` contiene otto elementi `[8]`.
5. Con la parola riservata `range`, il ciclo è più semplice ed evita errori, come la possibilità di uscire fuori dei limiti (per esempio `i <= len(dwarfs)`).
6. Quando si ha bisogno di qualcosa di personalizzato, come un'iterazione all'inverso o l'accesso a un elemento sì e uno no.
7. La variabile `planetsMarkII` ha ricevuto una copia dell'array `planets`; pertanto si tratta di due array indipendenti.
8. La funzione `terraform` potrebbe restituire l'array riveduto `[8]string`, in modo che `main` possa riassegnare i pianeti al nuovo valore. Il Capitolo 17 sulle slice e il Capitolo 26 sui puntatori presenteranno altre alternative.
9. `var grid [9][9]int`

Capitolo 17

Slice: una finestra dentro gli array

Dopo questo capitolo saprete:

- usare le slice per osservare il sistema solare attraverso una finestra;
- ordinare in senso alfabetico le slice grazie alla libreria standard.

I pianeti del sistema solare sono classificati come terrestri, giganti gassosi e giganti ghiacciati, come indicato nella Figura 17.1. Potete concentrarvi su quelli di tipo terrestre "affettando" con una slice i primi quattro elementi dell'array `planets` utilizzando `planets[0:4]`. La definizione di una *slice* non altera l'array `planets`; crea semplicemente una finestra o una "vista" all'interno dell'array. Questa vista è un tipo, chiamato, per l'appunto, *slice*.

Considerazioni iniziali

Se avete una collezione, l'avete organizzata in qualche modo particolare? Per esempio i libri sullo scaffale possono essere ordinati in base al cognome dell'autore. Questa disposizione vi consente di concentrarvi anche sugli altri libri dello stesso autore.

Allo stesso modo le slice consentono di concentrarsi solo su una parte di una collezione.

In questo capitolo

- **Slice di array**
- **Letterali compositi per le slice**
- **Le potenzialità delle slice**
- **Slice dotate di metodi**
- **Riepilogo**

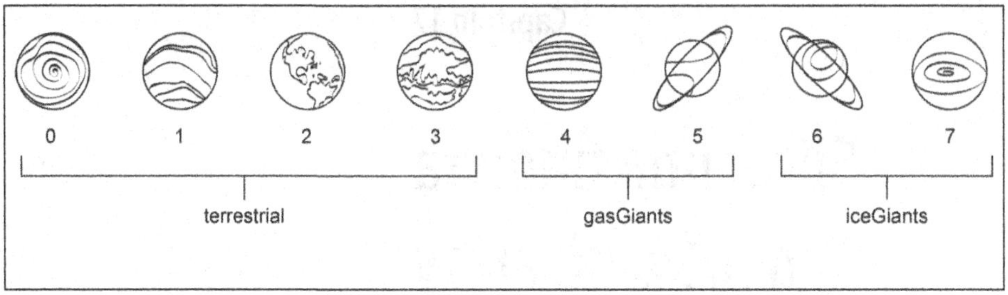

Figura 17.1 Applicazione di slice al sistema solare.

Slice di array

L'applicazione di una slice viene espressa tramite l'impiego di un *intervallo semiaperto*. Per esempio, nel seguente listato, `planets[0:4]` inizia dal pianeta avente l'indice 0 e procede fino al pianeta avente l'indice 4 (escluso).

Listato 17.1 Slice di un array: slicing.go.

```
planets := [...]string{
    "Mercurio",
    "Venere",
    "Terra",
    "Marte",
    "Giove",
    "Saturno",
    "Urano",
    "Nettuno",
}

terrestrial := planets[0:4]
gasGiants := planets[4:6]
iceGiants := planets[6:8]

fmt.Println(terrestrial, gasGiants, iceGiants)     ← Scrive [Mercurio Venere Terra Marte]
                                                     [Giove Saturno ] [Urano Nettuno]
```

Anche se `terrestrial`, `gasGiants` e `iceGiants` sono tre slice, potete comunque indicizzarle come se fossero array:

```
fmt.Println(gasGiants[0])     ← Scrive Giove
```

È perfino possibile creare una slice di un array e poi una slice della slice risultante:

```
giants := planets[4:8]
gas := giants[0:2]
ice := giants[2:4]
fmt.Println(giants, gas, ice)     ← Scrive [Giove Saturno Urano Nettuno]
                                    [Giove Saturno] [Urano Nettuno]
```

Le slice `terrestrial`, `gasGiants`, `iceGiants`, `giants`, `gas` e `ice` sono tutte viste differenti dello stesso array `planets`. L'assegnamento di un nuovo valore a un elemento di una slice modifica anche l'array `planets` sottostante. Tale intervento sarà visibile anche utilizzando le altre slice:

```
iceGiantsMarkII := iceGiants   ← Copia la slice iceGiants (una vista dell'array planets)
iceGiants[1] = "Poseidone"
fmt.Println(planets)    ← Scrive [Mercurio Venere Terra Marte Giove Saturno Urano Poseidone]
fmt.Println(iceGiants, iceGiantsMarkII, ice)    ← Scrive [Urano Poseidone]
                                                   [Urano Poseidone] [Urano Poseidone]
```

TEST

Troverete le soluzioni dei test alla fine di questo capitolo.

1. Che cosa si ottiene generando una slice di un array?
2. Una slice come `planets[4:6]`, quanti elementi contiene?

Indici predefiniti per le slice

Quando si crea una slice di un array, l'omissione del primo indice sta a significare l'inizio dell'array. Analogamente, l'omissione dell'ultimo indice sta a significare la fine dell'array. Questo consente di scrivere le slice del Listato 17.1 come nel seguente listato.

Listato 17.2 Uso degli indici predefiniti: slicing-default.go.

```
terrestrial := planets[:4]
gasGiants := planets[4:6]
iceGiants := planets[6:]
```

NOTA

Le slice non possono usare indici negativi.

Probabilmente immaginate che cosa significhi omettere entrambi gli indici. La variabile `allPlanets` è una slice contenente tutti gli otto pianeti:

```
allPlanets := planets[:]
```

Slice e stringhe

La sintassi delle slice non vale solo per gli array, ma funziona anche sulle stringhe:

```
neptune := "Nettuno"
tune := neptune[3:]
fmt.Println(tune)     ← Scrive tuno
```

Il risultato della creazione di una slice su una stringa è un'altra stringa. Tuttavia l'assegnamento di un nuovo valore a neptune non cambierà il valore di tune o viceversa:

```
neptune = "Poseidone"
fmt.Println(tune)    ← Scrive tuno
```

Fate attenzione al fatto che gli indici indicano il numero di byte, non di rune:

```
question := "¿Cómo estás?"
fmt.Println(question[:6])    ← Scrive ¿Cóm
```

TEST

3. Se Terra e Marte fossero gli unici due pianeti colonizzati, come potreste produrre la slice colonized a partire da terrestrial?

Letterali compositi per le slice

Molte funzioni Go operano su slice esattamente come fanno sugli array. Se avete bisogno di una slice che mostri ogni elemento dell'array sottostante, una possibilità consiste nel dichiarare un array e poi una slice con [:], nel seguente modo:

```
dwarfArray := [...]string{"Cerere", "Plutone", "Haumea", "Makemake", "Eris"}
dwarfSlice := dwarfArray[:]
```

La creazione di una slice di un array è solo uno dei modi per creare una slice, ma è anche possibile dichiarare una slice direttamente. Una slice di stringhe è di tipo []string, senza alcun valore fra le parentesi quadre. Questa dichiarazione è differente rispetto alla dichiarazione di un array, che specifica sempre una lunghezza fissa o dei puntini di sospensione fra le parentesi quadre.

Nel seguente listato, dwarfs è una slice inizializzata con l'ormai nota sintassi dei letterali compositi.

Listato 17.3 Partite con una slice: dwarf-slice.go.

```
dwarfs := []string{"Cerere", "Plutone", "Haumea", "Makemake", "Eris"}
```

Vi è sempre un array sottostante. Dietro le quinte, Go dichiara un array di cinque elementi e poi crea una slice che contiene tutti i suoi elementi.

TEST

4. Utilizzate il codice di formattazione `%T` per confrontare i tipi delle slice `dwarfArray` e `dwarfs`.

Le potenzialità delle slice

E se fosse possibile piegare la struttura dello spazio-tempo, per viaggiare istantaneamente da un mondo all'altro? Utilizzando la libreria standard di Go e un po' di ingegno, la funzione `hyperspace` del Listato 17.4 modifica una slice di `worlds`, rimuovendo lo "spazio" che li separa.

Listato 17.4 Unire i mondi: hyperspace.go.

```
package main

import (
    "fmt"
    "strings"
)

// hyperspace rimuove lo spazio che circonda i vari mondi
func hyperspace(worlds []string) {  ← Questo argomento è una slice, non un array
    for i := range worlds {
        worlds[i] = strings.TrimSpace(worlds[i])
    }
}

func main() {
    planets := []string{" Venere ", "Terra ", " Marte"}  ← Pianeti circondati da spazi
    hyperspace(planets)
    fmt.Println(strings.Join(planets, ""))     ← Scrive VenereTerraMarte
}
```

Sia `worlds` sia `planets` sono slice, e anche se `worlds` è una copia, entrambi puntano allo stesso array sottostante.

Anche se `hyperspace` dovesse modificare la posizione in cui la slice `worlds` punta, inizia o termina, tali modifiche non avranno alcun impatto sulla slice `planets`. Ma `hyperspace` è in grado di raggiungere l'array sottostante cui punta `worlds` e di modificarne gli elementi. Tali modifiche saranno visibili anche per le altre slice dell'array.

Le slice sono più versatili degli array anche per altri motivi. Le slice hanno una lunghezza, ma a differenza degli array, tale lunghezza non entra a far parte del tipo. È possibile passare alla funzione `hyperspace` una slice di qualsiasi dimensione:

```
dwarfs := []string{" Cerere ", " Plutone"}
hyperspace(dwarfs)
```

È raro che gli array vengano usati direttamente. I programmatori Go preferiscono le slice per la loro versatilità, specialmente nel passaggio di argomenti alle funzioni.

TEST

5. Cercate `TrimSpace` e `Join` nella documentazione di Go in golang.org/pkg. Quali funzionalità forniscono?

Slice dotate di metodi

In Go, potete definire un tipo basato su una slice o su un array. Una volta ottenuto un tipo, diventa possibile collegarvi dei metodi. La capacità di Go di dichiarare metodi nei tipi si dimostra più versatile rispetto al meccanismo delle classi offerto da altri linguaggi. Il package `sort` della libreria standard dichiara un tipo `StringSlice`:

```
type StringSlice []string
```

Connesso a questo tipo `StringSlice` troviamo il metodo `Sort`:

```
func (p StringSlice) Sort()
```

Per ordinare i pianeti in senso alfabetico, il seguente listato converte `planets` nel tipo `sort.StringSlice` e poi richiama il metodo `Sort`.

Listato 17.5 Ordinamento di una slice di stringhe: sort.go.

```
package main

import (
    "fmt"
    "sort"
)

func main() {
    planets := []string{
        "Mercurio", "Venere", "Terra", "Marte",
        "Giove", "Saturno", "Urano", "Nettuno",
    }
    sort.StringSlice(planets).Sort()    ← Ordina alfabeticamente i pianeti
    fmt.Println(planets)    ← Scrive [Giove Marte Mercurio Nettuno Saturno Terra Urano Venere]
}
```

Per semplificare ulteriormente le cose, il package `sort` è dotato di una funzione di supporto `Strings` che svolge la conversione di tipo e richiama automaticamente il metodo `Sort`:

```
sort.Strings(planets)
```

TEST

6. Che cosa fa `sort.StringSlice(planets)`?

Riepilogo

- Le slice sono finestre o viste all'interno di un array.
- Per eseguire iterazioni sulle slice si usa la parola riservata `range`.
- Le slice condividono gli stessi dati sottostanti quando ricevono un assegnamento o vengono passate a funzioni.
- I letterali compositi rappresentano un modo molto comodo per inizializzare le slice.
- Le slice possono essere dotate di metodi.

Vediamo se avete capito tutto...

Esperimento: terraform.go

Scrivete un programma di terraformazione per una slice di stringhe che faccia precedere al nome di ciascun pianeta il prefisso `"New "`. Utilizzate il programma di terraformazione per i pianeti Marte, Urano e Nettuno.
La prima iterazione può utilizzare una funzione di terraformazione, mentre l'implementazione finale dovrebbe introdurre un tipo `Planets` dotato di un metodo di terraformazione, simile a `sort.StringSlice planets`.

Soluzioni dei test

1. Una slice.
2. Due.
3. `colonized := terrestrial[2:]`
4. `fmt.Printf("array %T\n", dwarfArray)` ← Scrive array [5]string
   `fmt.Printf("slice %T\n", dwarfs)` ← Scrive slice []string
5. `TrimSpace` restituisce una slice escludendo gli spazi iniziali e finali.
   `Join` concatena una slice di elementi, frapponendo un separatore.
6. La variabile `planets` viene convertita dal tipo `[]string` al tipo `StringSlice`, che è dichiarato nel package `sort`.

Capitolo 18

Ancora sulle slice

In questo capitolo

Dopo questo capitolo saprete:

- aggiungere nuovi elementi alle slice;
- i concetti di lunghezza e capacità.

Gli array possono contenere un numero fisso di elementi e le slice non sono altro che viste all'interno di questi array di lunghezza fissa. Spesso però i programmatori hanno bisogno di un array di lunghezza variabile, che possa crescere in base alle necessità. Combinando insieme le slice e una funzione interna chiamata `append`, Go fornisce le funzionalità di un array a lunghezza variabile. Questo capitolo ne descrive il funzionamento.

Considerazioni iniziali

Vi è mai capitato che i libri non entrassero tutti negli scaffali o che la famiglia non entrasse tutta in casa o in auto? Esattamente come gli scaffali, gli array hanno una determinata capacità, ben misurabile. Una slice può concentrare l'attenzione su una porzione dell'array in cui si trovano i "libri" e crescere fino a raggiungere la capacità dello "scaffale". Se lo "scaffale" si riempie completamente, potete sostituirlo con uno nuovo, più lungo e trasferirvi tutti i vostri "libri". A questo punto, potrete far puntare la slice ai "libri" del nuovo "scaffale", che ha una capacità maggiore.

La funzione append

L'unione astronomica internazionale (IAU) riconosce cinque pianeti nani (*dwarf planet*) nel nostro sistema solare, ma sicuramente potrebbero esservene molti di più. Per aggiungere nuovi elementi alla slice `dwarfs`, utilizzate la funzione interna `append`, nel modo illustrato dal seguente listato.

Listato 18.1 Più spazio per i pianeti: append.go.

```
dwarfs := []string{"Cerere", "Plutone", "Haumea", "Makemake", "Eris"}

dwarfs = append(dwarfs, "Orco")
fmt.Println(dwarfs)     ← Scrive Cerere Plutone Haumea Makemake Eris Orco
```

La funzione `append` è *variadica*, come `Println`, ovvero consente il passaggio di più elementi contemporaneamente:

```
dwarfs = append(dwarfs, "Salacia", "Quaoar", "Sedna")
fmt.Println(dwarfs)     ← Scrive Cerere Plutone Haumea Makemake Eris Orco Salacia Quaoar Sedna
```

La slice `dwarfs` è nata come una vista su un array di cinque elementi, ma il codice precedente vi aggiunge altri quattro elementi. Come è possibile? Per scoprirlo, occorre comprendere il concetto di *capacità* e parlare della funzione interna `cap`.

TEST

Troverete le soluzioni dei test alla fine di questo capitolo.

1. Quanti pianeti nani (dwarf) vi sono nel Listato 18.1? Quale funzione potete utilizzare per determinarlo?

Lunghezza e capacità

Il numero di elementi visibili all'interno di una slice ne determina la lunghezza. Se una slice si basa su un array di maggiori dimensioni, tale slice avrà comunque la *capacità* di crescere. Il seguente listato dichiara una funzione per stampare la lunghezza e la capacità di una slice.

Listato 18.2 Le funzioni len e cap: slice-dump.go.

```
package main

import "fmt"

// Mostra la lunghezza, la capacità e il contenuto della slice
func dump(label string, slice []string) {
    fmt.Printf("%v: lungh. %v, capacità %v %v\n", label, len(slice), cap(slice), slice)
}
```

```
func main() {
    dwarfs := []string{"Cerere", "Plutone", "Haumea", "Makemake", "Eris"}
    dump("nani", dwarfs)    ← Scrive nani: lungh. 5, capacità 5 [Cerere Plutone Haumea
                              Makemake Eris]
    dump("nani[1:2]", dwarfs[1:2])    ← Scrive nani[1:2]: lungh. 1, capacità 4 [Plutone]
}
```

La slice creata da `dwarfs[1:2]` ha lunghezza `1`, ma la capacità di contenere `4` elementi.

TEST

2. Perché la slice `dwarfs[1:2]` ha una capacità pari a `4`?

Approfondimenti sulla funzione append

Utilizzando la funzione `dump` del Listato 18.2, il prossimo listato mostra il modo in cui `append` può influenzare la capacità.

Listato 18.3 Uso di append nelle slice: slice-append.go.

```
dwarfs1 := []string{"Cerere", "Plutone", "Haumea", "Makemake", "Eris"}  ← Lunghezza 5,
                                                                          capacità 5
dwarfs2 := append(dwarfs1, "Orco")    ← Lunghezza 6, capacità 10
dwarfs3 := append(dwarfs2, "Salacia", "Quaoar", "Sedna")    ← Lunghezza 9, capacità 10
```

L'array `dwarfs1` non ha abbastanza spazio (capacità) per aggiungere *Orco*, pertanto `append` copia il contenuto di `dwarfs1` in un nuovo array che ha una capacità doppia, come illustrato nella Figura 18.1. La slice `dwarfs2` punta all'array appena allocato. La nuova capacità, maggiore, offre spazio sufficiente per la prossima operazione di `append`.

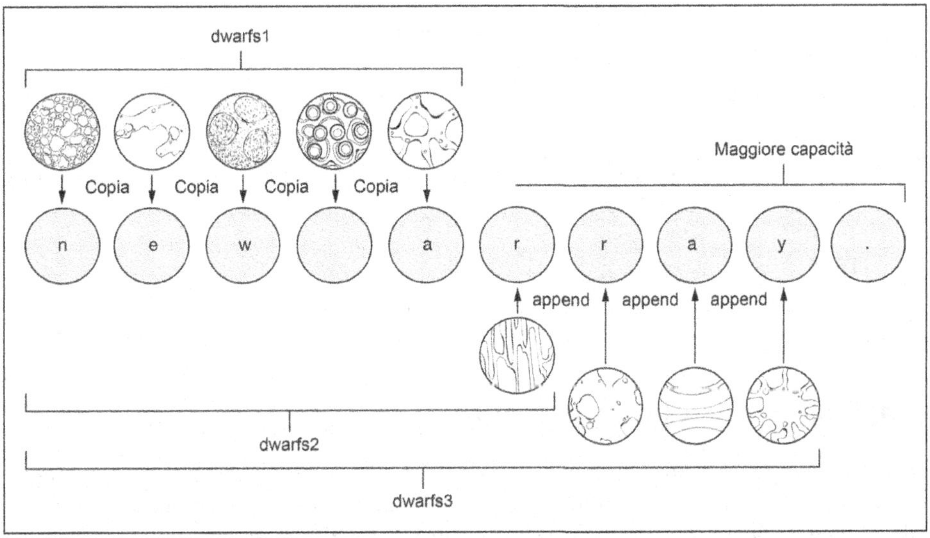

Figura 18.1 append alloca un nuovo array dotato di una capacità maggiore.

Per mostrare che `dwarfs2` e `dwarfs3` puntano ad array differenti rispetto a `dwarfs1`, basta modificare un elemento e poi stampare il contenuto delle tre slice.

TEST

3. Modificando in questo modo un elemento di `dwarfs3` nel Listato 18.3, che cosa cambia: `dwarfs2` o `dwarfs1`?

```
dwarfs3[1] = "Plutone!"
```

Slice a tre indici

La versione 1.2 di Go ha introdotto le *slice a tre indici* per limitare la capacità della slice risultante. Nel nuovo listato, `terrestrial` ha una lunghezza e una capacità pari a `4`. L'aggiunta di Cerere provoca l'allocazione di un nuovo array, lasciando però inalterato l'array `planets`.

Listato 18.4 Capacità dopo l'applicazione di una slice: three-index-slicing.go.

```
planets := []string{
    "Mercurio", "Venere", "Terra", "Marte",
    "Giove", "Saturno", "Urano", "Nettuno",
}

terrestrial := planets[0:4:4]  ← Lunghezza 4, capacità 4
worlds := append(terrestrial, "Cerere")    ← Scrive Mercurio Venere Terra Marte Giove Saturno
                                             Urano Nettuno
fmt.Println(planets)
```

Se il terzo indice non viene specificato, `terrestrial` avrà una capacità pari a `8`. L'aggiunta di `Cerere` non alloca nuovo array, ma al contrario sovrascrive `Giove`:

```
terrestrial = planets[0:4]  ← Lunghezza 4, capacità 8
worlds = append(terrestrial, "Cerere")

fmt.Println(planets)    ← Scrive Mercurio Venere Terra Marte Cerere Saturno Urano Nettuno
```

A meno che vogliate davvero cancellare Giove, dovreste sempre utilizzare una slice a tre indici, quando create una slice.

TEST

4. Quando dovrebbe essere utilizzata una slice a tre indici?

Preallocazione di slice con make

Quando la capacità non è sufficiente per `append`, Go deve allocare un nuovo array e copiarvi il contenuto del vecchio array. Potete evitare queste operazioni aggiuntive di allocazione e copia, *preallocando* una slice tramite la funzione interna `make`.

La funzione `make` del listato seguente specifica sia la lunghezza (`0`) sia la capacità (`10`)della slice `dwarfs`. È possibile aggiungervi fino a dieci elementi, prima che `dwarfs` termini la capacità, facendo in modo che `append` allochi un nuovo array.

Listato 18.5 Creare una slice: slice-make.go

```
dwarfs := make([]string, 0, 10)

dwarfs = append(dwarfs, "Cerere", "Plutone", "Haumea", "Makemake", "Eris")
```

L'argomento relativo alla capacità è opzionale. Per iniziare con una lunghezza e una capacità pari a `10`, potete utilizzare `make([]string, 10)`. Ognuno dei dieci elementi conterrà il valore zero relativo al suo tipo, in questo caso una stringa vuota. La funzione interna `append` aggiungerà l'undicesimo elemento.

TEST

5. Quali sono i vantaggi del creare slice con `make`?

Dichiarazione di funzioni variadiche

`Printf` e `append` sono funzioni *variadiche* perché accettano un numero variabile di argomenti. Per dichiarare una funzione variadica, basta usare i puntini di sospensione `...` con l'ultimo parametro, come illustrato nel seguente listato.

Listato 18.6 Funzioni di arità variabile: variadic.go

```
func terraform(prefix string, worlds ...string) []string {
    newWorlds := make([]string, len(worlds))    ← Crea una nuova slice invece di modificare
    for i := range worlds {                         direttamente worlds
        newWorlds[i] = prefix + " " + worlds[i]
    }
    return newWorlds
}
```

Il parametro `worlds` è una slice di stringhe che contiene zero più argomenti passati a `terraform`:

```
twoWorlds := terraform("New", "Venere", "Marte")    ← Scrive [New Venere New Marte]
fmt.Println(twoWorlds)
```

Per passare una slice invece di più argomenti, espandete la slice tramite l'uso dei puntini di sospensione:

```
planets := []string{"Venere", "Marte", "Giove"}
newPlanets := terraform("New", planets...)
fmt.Println(newPlanets)    ← Scrive [New Venere New Marte New Giove]
```

Se `terraform` dovesse modificare (in gergo si dice *mutare*) gli elementi del parametro `worlds`, la slice `planets` vedrà tali interventi. Utilizzando `newWorlds`, la funzione `terraform` evita di modificare gli argomenti passati.

TEST

6. Quali sono i tre usi dei puntini di sospensione?

Riepilogo

- Le slice hanno una lunghezza e una capacità.
- Quando la capacità non è sufficiente, la funzione interna `append` consente di allocare un nuovo array sottostante.
- È possibile usare la funzione `make` per preallocare una slice.
- Le funzioni variadiche accettano più argomenti, collocati in una slice.

Vediamo se avete capito tutto...

Esperimento: capacity.go

Scrivete un programma che utilizzi un ciclo per aggiungere continuamente un elemento a una slice. Visualizzate la capacità della slice ogni volta che questa cambia. La funzione interna `append` raddoppia sempre la capacità dell'array sottostante quando questo esaurisce lo spazio?

Soluzioni dei test

1. La slice contiene nove pianeti nani; potete scoprirlo con la funzione interna `len`:
   `fmt.Println(len(dwarfs))` ← Scrive 9
2. Plutone Haumea Makemake Eris forniscono una capacità pari a `4` anche se la lunghezza è `1`.
3. `dwarfs3` e `dwarfs2` cambiano, mentre `dwarfs1` rimane lo stesso, poiché punta a un altro array.
4. A meno che si voglia davvero cancellare gli elementi dell'array sottostante, è molto più sicuro definirne la capacità con una slice a tre indici.
5. La preallocazione con `make` consente di impostare una capacità iniziale, evitando pertanto le operazioni di allocazione e di copia aggiuntive necessarie per estendere l'array sottostante.
6. A: consente al compilatore Go di contare il numero di elementi in un letterale composito per un array.
   B: consente all'ultimo parametro di una funzione variadica di catturare zero o più argomenti come una slice.
   C: consente di espandere gli elementi di una slice in argomenti passati a una funzione.

Capitolo 19

La grande versatilità delle mappe

In questo capitolo

- **Dichiarazione di una mappa**
- **Le mappe non vengono copiate**
- **Preallocazione delle mappe con make**
- **Uso delle mappe per contare gli elementi**
- **Raggruppamento di dati con mappe e slice**
- **Riutilizzo delle mappe come insiemi**
- **Riepilogo**

Dopo questo capitolo saprete:

- usare delle mappe per raccogliere dati non strutturati;
- eseguire dichiarazioni, accessi e iterazioni sulle mappe;
- esplorare alcuni utilizzi del tipo di dati mappa.

Le mappe sono comode ogni volta che si deve ricercare qualcosa, e non parliamo delle mappe di Google Maps (`www.google.com/mars/`). Il linguaggio fornisce una collezione a mappa che, per l'appunto, crea una *mappa* fra determinate chiavi e i rispettivi valori. Mentre gli array e le slice sono indicizzati da interi sequenziali, le *chiavi delle mappe* possono essere sostanzialmente di qualsiasi tipo.

NOTA

Questo tipo di collezione è chiamata in vari modi nei diversi linguaggi: dizionari in Python, hash in Ruby e oggetti in JavaScript. Gli array associativi di PHP e le tabelle di Lua fungono invece sia da mappe sia da normali array.

Le mappe sono particolarmente utili per i dati non strutturati, nei quali le chiavi sono determinate durante l'esecuzione del programma. I programmi scritti tramite linguaggi script tendono a utilizzare delle mappe anche per i *dati strutturati*, ovvero dati in cui le chiavi sono note in anticipo. Nel Capitolo 21 parleremo del tipo struttura di Go, più adatto a queste situazioni.

Considerazioni iniziali

Le mappe associano una chiave a un valore, il che può essere molto comodo per creare un indice. Se conoscete solo il titolo di un libro, l'iterazione attraverso ogni singolo libro di un array può richiedere parecchio tempo, esattamente come cercare un libro in ogni scaffale di ogni corsia di una biblioteca o libreria. Una mappa a chiavi organizzata in base al titolo del libro è molto più rapida nelle ricerche. Quali altre situazioni avete in mente in cui una mappa e le sue chiavi potrebbero esservi utili?

Dichiarazione di una mappa

Le chiavi delle mappe possono essere praticamente di qualsiasi tipo, mentre gli array possono avere solo degli interi sequenziali a fungere da "chiavi". In Go occorre specificare un tipo per le chiavi e per i valori. Per dichiarare una mappa con chiavi di tipo `string` e valori di tipo `int`, la sintassi da usare è `map[string]int`, come illustrato nella Figura 19.1.

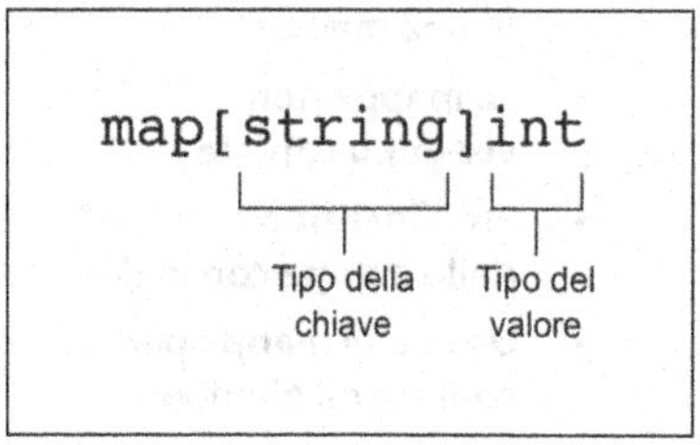

Figura 19.1 Una mappa con chiavi di tipo stringa e valori di tipo intero.

La mappa `temperature` dichiarata nel Listato 19.1 contiene le temperature medie tratte dal Planetary Fact Sheet (`nssdc.gsfc.nasa.gov/planetary/factsheet/`). Potete dichiarare e inizializzare le mappe utilizzando letterali compositi, un po' come altri tipi di collezioni. Per ciascun elemento, specificate una chiave e un valore del tipo appropriato. Per ricercare valori in base alla chiave, per assegnare dei valori o per aggiungere valori alla mappa si usano le parentesi quadre `[]`.

Listato 19.1 Una mappa di temperature medie: map.go.

```
temperature := map[string]int{
    "Terra": 15,   ← Questi letterali compositi sono le coppie chiave-valore per la mappa
    "Marte": -65,
}

temp := temperature["Terra"]
fmt.Printf("La temperatura media sulla Terra è %v° C.\n", temp)
                                  ↑ Scrive La temperatura media sulla Terra è 15° C.
temperature["Terra"] = 16   ← Una leggera variazione climatica
temperature["Venere"] = 464

fmt.Println(temperature)   ← Scrive map[Venere:464 Terra:16 Marte:-65]
```

Se provate ad accedere a una chiave che non esiste nella mappa, il risultato è il valore zero del tipo in questione (in questo caso `int`):

```
moon := temperature["Luna"]
fmt.Println(moon)      ← Scrive 0
```

Il linguaggio Go fornisce la sintassi *comma OK*, utilizzabile per distinguere fra il fatto che `"Luna"` non esista nella mappa e il fatto che invece sia presente nella mappa e restituisca una temperatura di 0° centigradi:

```
if moon, ok := temperature["Luna"]; ok {   ← Uso della sintassi comma OK
fmt.Printf("La temperatura media sulla Luna è %v° C.\n", moon)
} else {
    fmt.Println("Dov'è la Luna?")     ← Scrive Dov'è la Luna?
}
```

La variabile `moon` conterrà il valore individuato dalla chiave `"Luna"` oppure il valore zero. La variabile aggiuntiva `ok` sarà `true` se la chiave è presente e `false` altrimenti.

NOTA

Quando si utilizza la sintassi comma OK, diventa possibile utilizzare i nomi di variabili desiderati:

```
temp, found := temperature["Venere"]
```

TEST

Troverete le soluzioni dei test alla fine di questo capitolo.

1. Quale tipo usereste per dichiarare una mappa con chiavi in virgola mobile a 64 bit e valori interi?
2. Se modificate il Listato 19.1 in modo che la chiave `"Luna"` sia presente con il valore 0, quale sarà il risultato utilizzando la sintassi comma OK?

Le mappe non vengono copiate

Come abbiamo visto nel Capitolo 16, gli array vengono copiati ogni volta che vengono assegnati a nuove variabili oppure quando vengono passati a funzioni o metodi. Lo stesso comportamento vale per i tipi primitivi, come `int` e `float64`.
Le mappe si comportano in modo differente. Nel prossimo listato, `planets` e `planetsMarkII` condividono gli stessi dati di base. Come potete vedere, modificando l'uno si avrà un impatto sull'altro. La cosa è un po' problematica in queste specifiche circostanze.

Listato 19.2 Due mappe puntano agli stessi dati: whoops.go.

```
planets := map[string]string{
    "Terra": "Settore ZZ9",
    "Marte": "Settore ZZ9",
}
```

```
planetsMarkII := planets           ← Scrive map[Terra:whoop
planets["Terra"] = "whoop"         ← Marte:Settore ZZ9]

fmt.Println(planets)
fmt.Println(planetsMarkII)

delete(planets, "Terra"            ← Rimuove Terra dalla mappa
fmt.Println(planetsMarkII)         ← Scrive map[Marte:Settore ZZ9]
```

Quando la funzione interna `delete` rimuove un elemento dalla mappa, la modifica avrà effetto sia su `planets` sia su `planetsMarkII`. Se passate una mappa a una funzione o a un metodo, questo potrà pertanto modificare il contenuto della mappa. È un po' come se si trattasse di più slice che puntano allo stesso array sottostante.

TEST

3. Perché nel Listato 19.2 le modifiche applicate a `planets` si riflettono anche su `planetsMarkII`?
4. Che operazione svolge la funzione interna `delete`?

Preallocazione delle mappe con make

Le mappe sono simili alle slice anche per altri motivi. A meno che le inizializziate con un letterale composito, le mappe devono essere allocate con la funzione interna `make`. Per le mappe, `make` accetta solo uno o due parametri. Il secondo prealloca lo spazio per un certo numero di chiavi, un po' come accade per la capacità delle slice. La lunghezza iniziale di una mappa sarà sempre uguale a 0 quando si usa `make`:

```
temperature := make(map[float64]int, 8)
```

TEST

5. Quale pensate siano i vantaggi della preallocazione di una mappa con `make`?

Uso delle mappe per contare gli elementi

Il codice presentato nel Listato 19.3 determina la frequenza delle temperature tratte da MAAS API (`github.com/ingenology/mars_weather_api`). Se `frequency` fosse una slice, le chiavi dovrebbero essere interi e l'array sottostante dovrebbe riservare spazio per contare temperature che potrebbero non verificarsi mai. Una mappa è chiaramente una scelta migliore, in questo caso.

Listato 19.3 Frequenza delle temperature: frequency.go.

```
temperatures := []float64{
    -28.0, 32.0, -31.0, -29.0, -23.0, -29.0, -28.0, -33.0,
}
```

```
frequency := make(map[float64]int)

for _, t := range temperatures {  ← Esegue l'iterazione su una slice (indice, valore)
    frequency[t]++
}

for t, num := range frequency {  ← Esegue l'iterazione su una mappa (chiave, valore)
    fmt.Printf("%+.2f si presenta %d volte\n", t, num)
}
```

L'iterazione con la parola riservata `range` funziona allo stesso modo per le slice, gli array e le mappe. Invece di un indice e un valore, le mappe forniscono la chiave e il valore per ciascuna iterazione. Fate attenzione al fatto che Go non garantisce l'ordine delle chiavi di una mappa, pertanto l'output può cambiare da un'esecuzione all'altra.

TEST

6. Nell'iterazione su una mappa, quali sono le due variabili utilizzate?

Raggruppamento di dati con mappe e slice

Invece di determinare la frequenza delle temperature, raggruppiamo le temperature insieme a intervalli di 10° centigradi. Per farlo, il seguente listato crea una mappa da un gruppo a una slice di temperature all'interno di tale gruppo.

Listato 19.4 Una mappa di slice: group.go.

```
temperatures := []float64{
-28.0, 32.0, -31.0, -29.0, -23.0, -29.0, -28.0, -33.0,
}

groups := make(map[float64][]float64)  ← Una mappa con chiavi di tipo float64 e valori di tipo []float64

for _, t := range temperatures {
    g := math.Trunc(t/10) * 10  ← Arrotonda le temperature a -20, -30, e così via
    groups[g] = append(groups[g], t)
}

for g, temperatures := range groups {
    fmt.Printf("%v: %v\n", g, temperatures)
}
```

Il listato precedente produce il seguente output:

```
30: [32]
-30: [-31 -33]
-20: [-28 -29 -23 -29 -28]
```

TEST

7. Qual è il tipo delle chiavi e dei valori nella seguente dichiarazione: `var groups map[string][]int`?

Riutilizzo delle mappe come insiemi

Un *insieme* è una raccolta simile a un array, tranne per il fatto che ogni elemento può essere presente una sola volta. Go non fornisce una collezione per gli insiemi, ma potete sempre crearne uno utilizzando una mappa, come illustrato dal seguente listato. Il valore non è importante, ma `true` può essere molto utile per controllare l'*appartenenza all'insieme*. Se una temperatura è presente nella mappa e ha un valore `true`, allora è membro dell'insieme.

Listato 19.5 Un insieme da una mappa: set.go.

```
var temperatures = []float64{
    -28.0, 32.0, -31.0, -29.0, -23.0, -29.0, -28.0, -33.0,
}

set := make(map[float64]bool)  ← Crea una mappa dei valori booleani

for _, t := range temperatures {
    set[t] = true
}

if set[-28.0] {
```

```
    fmt.Println("Membro dell'insieme")    ← Scrive Membro dell'insieme
}

fmt.Println(set)    ← Scrive map[-31:true -29:true -23:true -33:true -28:true 32:true]
```

Potete vedere che la mappa contiene solo una chiave per ciascuna temperatura e tutte le duplicazioni sono state rimosse. Ma le chiavi di una mappa hanno un ordine arbitrario in Go, pertanto prima di poter essere ordinate, le temperature devono essere riconvertite in una slice:

```
unique := make([]float64, 0, len(set))
for t := range set {
    unique = append(unique, t)
}

sort.Float64s(unique)

fmt.Println(unique)    ← Scrive [-33 -31 -29 -28 -23 32]
```

TEST

8. Come si controlla se 32.0 è membro dell'insieme?

Riepilogo

- Le mappe sono una forma di collezione versatile per dati non strutturati.
- I letterali compositi offrono un modo comodo per inizializzare le mappe.
- Per eseguire iterazioni sulle mappe si usa la parola riservata `range`.
- Le mappe condividono gli stessi dati di base quando si eseguono assegnamenti o vengono passate a funzioni.
- Le collezioni diventano più potenti quando si prova a combinarle fra loro.

Vediamo se avete capito tutto...

Esperimento: words.go

Scrivete una funzione per contare la frequenza delle parole in una stringa di testo e che poi restituisca una mappa di parole con il numero di occorrenze. La funzione dovrebbe convertire il testo in lettere minuscole e i segni di punteggiatura dovrebbero essere eliminati dalle parole. Il package `strings` contiene varie funzioni di supporto per questo compito, fra le quali `Fields`, `ToLower` e `Trim`.
Utilizzate la vostra funzione per contare la frequenza delle parole nel seguente brano e poi visualizzate i conteggi relativi alle parole che si presentano più di una volta.

As far as eye could reach he saw nothing but the stems of the great plants about him receding in the violet shade, and far overhead the multiple transparency of huge leaves filtering the sunshine to the solemn splendour of twilight in which he walked. Whenever he felt able he ran again; the ground continued soft and springy, covered with the same resilient weed which was the first thing his hands had touched in Malacandra. Once or twice a small red creature scuttled across his path, but otherwise there seemed to be no life stirring in the wood; nothing to fear – except the fact of wandering unprovisioned and alone in a forest of unknown vegetation thousands or millions of miles beyond the reach or knowledge of man.

C.S. Lewis, Out of the Silent Planet
(vedi `mng.bz/V7nO`)

Soluzioni dei test

1. Il tipo mappa da utilizzare è `map[float64]int`.
2. Il valore di ok sarà `true`:

```
temperature := map[string]int{
    "Terra": 15,
    "Marte": -65,
    "Luna": 0,
}

if moon, ok := temperature["Luna"]; ok {
    fmt.Printf("La temperatura media sulla Luna è %v° C.\n", moon)    ← Scrive La temperatura media sulla Luna è 0° C.
} else {
    fmt.Println("Dov'è la Luna?")
}
```

3. La variabile `planetsMarkII` punta agli stessi dati di base di `planets`.
4. La funzione `delete` rimuove un elemento da una mappa.
5. Come per le slice, il fatto di specificare dimensioni iniziali per una mappa può far risparmiare tempo al computer in un secondo momento, quando la mappa dovrà crescere.
6. La chiave è il valore di ciascun elemento della mappa.
7. La mappa `groups` ha delle chiavi di tipo `string` e valori che sono slice di interi.
8.

```
if set[32.0] {
    // Membro dell'insieme
}
```

Capitolo 20

Esercizio: esempio di uso delle slice

In questo capitolo

- Un nuovo universo
- Implementazione delle regole del gioco
- Un universo parallelo

Per questo esercizio, dovrete realizzare una simulazione di sottopopolazione, sovrappopolazione e riproduzione di cellule chiamata Gioco della vita di Conway (vedi `mng.bz/xOyY`). La simulazione viene giocata su una griglia bidimensionale di cellule. Pertanto, questa sfida si baserà su slice.
Ogni cellula ha otto cellule adiacenti in orizzontale, verticale e diagonale. Per ciascuna generazione, le cellule vivono o muoiono sulla base del numero di cellule circostanti.

Un nuovo universo

Per la prima implementazione del Gioco della vita, limitate l'universo a una dimensione fissa. Decidete le dimensioni della griglia e definite alcune costanti:

```
const (
    width = 80
    height = 15
)
```

Poi, definite il tipo `Universe` che conterrà un campo bidimensionale di cellule. Con un tipo booleano, ogni cellula potrà essere viva (`true`) o morta (`false`):

```
type Universe [][]bool
```

Utilizzate delle slice invece che array, in modo che l'universo possa essere condiviso e anche modificato tramite funzioni o metodi.

NOTA

Il Capitolo 26 introduce il puntatore, un metodo alternativo che consente di condividere direttamente gli array con funzioni e metodi.

Scrivete una funzione `NewUniverse` che utilizzi `make` per allocare e restituire un `Universe` dotato di `height` righe, ognuna delle quali ha `width` colonne.

```
func NewUniverse() Universe
```

Le slice appena allocate contengono, per default, tutti valori zero, che, nel caso dei booleani, è `false`. Quindi all'inizio l'universo è completamente privo di vita.

Osservare l'universo

Scrivete un metodo per visualizzare l'universo sullo schermo utilizzando il package `fmt`. Rappresentate le cellule vive con un asterisco e le cellule morte con uno spazio. Ricordatevi di andare a capo dopo aver terminato di visualizzare la riga corrente:

```
func (u Universe) Show()
```

Scrivete una funzione `main` per creare un `NewUniverse` e poi mostratelo con `Show`. Prima di procedere, assicuratevi di poter eseguire il programma anche quando l'universo è vuoto.

Introdurre le cellule vive

Scrivete un metodo `Seed` che depositi casualmente delle cellule vive (`true`) nel 25% degli spazi disponibili:

```
func (u Universe) Seed()
```

Ricordate di importare il package `math/rand` per utilizzare la funzione `Intn`. Al termine, aggiornate `main` per popolare l'universo con `Seed` e visualizzate il risultato con `Show`.

Implementazione delle regole del gioco

Le regole del Gioco della vita di Conway sono le seguenti.

- Una cellula che non ha almeno due cellule vicine, muore isolata.
- Una cellula che ha due o tre cellule vicine, passa alla generazione successiva.
- Una cellula che ha più di tre cellule vicine, muore soffocata.
- Una cellula morta che ha esattamente tre cellule vive vicine, diviene una cellula viva.

Per implementare le regole, suddividetele in tre passi, ognuno dei quali può diventare un metodo.

- Un modo per determinare se una cellula è viva.
- Il conteggio delle cellule vicine.

- La logica per determinare se una cellula sarà viva o morta nella generazione successiva.

Viva o morta?

Dovrebbe essere facile determinare se una cellula è viva o morta. Basta cercare in una cella della slice `Universe`. Se il valore booleano è `true`, la cellula è viva.
Scrivete un metodo `Alive` di tipo `Universe` con la seguente signature:

```
func (u Universe) Alive(x, y int) bool
```

Sorge una complicazione quando la cellula si trova all'esterno dell'universo. In (–1,–1), la cellula è viva o morta? In una griglia 80 × 15, la cellula (80,15) è viva o morta?
Per risolvere questo problema, fate in modo che l'universo sia curvato su se stesso. La cella posta sopra (0,0) sarà (0,14) invece di (0,–1), cosa che può essere calcolata sommando `height` a `y`. Se `y` supera l'altezza della griglia, potete utilizzare l'operatore modulo (`%`) che avete già visto per il calcolo degli anni bisestili. Utilizzate `%` per dividere `y` per `height` e utilizzate il resto. Lo stesso vale per `x` e `width`.

Conteggio dei vicini

Scrivete un metodo per contare il numero di cellule vive vicine a una data cellula, da 0 a 8. Invece di accedere direttamente ai dati dell'universo, utilizzate il metodo `Alive`, in modo che l'universo risulti piegato in base alle regole appena descritte:

```
func (u Universe) Neighbors(x, y int) int
```

Fate attenzione a contare solo le cellule adiacenti e non la cellula in questione.

La logica del gioco

Ora che potete determinare se una cellula ha due, tre o più vicini, potete implementare le regole elencate all'inizio di questo paragrafo. Scrivete un metodo `Next` per svolgere esattamente questa operazione:

```
func (u Universe) Next(x, y int) bool
```

Non modificate direttamente l'universo. Piuttosto, restituite il fatto che la cellula debba essere viva o morta nella generazione successiva.

Un universo parallelo

Per completare la simulazione, dovete creare un ciclo che esamini ogni cellula dell'universo e determini quale dovrà essere il suo stato successivo (`Next`).

C'è un problema: quando contate le cellule vicine, il conteggio deve basarsi sullo stato attuale dell'universo. Se modificate direttamente l'universo, ogni modifica influenzerà il conteggio necessario per stabilire la condizione delle cellule circostanti.
Una soluzione semplice consiste nel creare due universi delle stesse dimensioni. Leggete la situazione dall'universo A e inserite la generazione successiva nell'universo B. Scrivete una funzione `Step` per svolgere questa operazione:

```
func Step(a, b Universe)
```

Una volta che l'universo B contiene la generazione successiva, potete scambiare gli universi e ripetere l'operazione:

```
a, b = b, a
```

Per cancellare lo schermo prima di visualizzare una nuova generazione, potete usare il codice `"\x0c"` che è una particolare sequenza di escape ANSI. Poi visualizzate l'universo e utilizzate la funzione `Sleep` del package `time` per rallentare l'animazione.

NOTA

All'esterno di Go Playground, potete aver bisogno di un altro meccanismo per cancellare lo schermo, come per esempio `"\033[H"` in Mac OS X.

Ora dovreste avere tutto ciò di cui avete bisogno per scrivere interamente il Gioco della vita ed eseguirlo in Go Playground.

Parte V

Stati e comportamenti

In Go, i valori rappresentano, in generale, uno *stato*, che si tratti di stato meteorologico o stato di una porta, aperta o chiusa. Le funzioni e i metodi definiscono invece i *comportamenti*: azioni che operano su uno stato, come il fatto di aprire una porta.

Mano a mano che i programmi crescono di dimensioni, divengono sempre più difficili da gestire e manutenere, a meno di avere a disposizione gli strumenti corretti.

Se dovete gestire una lunga sequenza di porte che possono essere aperte o chiuse in modo indipendente, può essere utile unire insieme lo stato e il comportamento. I linguaggi di programmazione permettono inoltre di esprimere idee astratte, come il concetto stesso di "oggetti che possono essere aperti". Così, in una calda giornata d'estate, potreste decidere di aprire tutto ciò che può essere aperto, che si tratti di porte o di finestre.

Per descrivere questi concetti, il mondo della programmazione ha coniato una grande quantità di paroloni: programmazione a oggetti, incapsulazione, polimorfismo e composizione. I capitoli di questa parte hanno sostanzialmente lo scopo di svelare il significato di questi concetti e di mostrare lo specifico approccio di Go alla programmazione a oggetti.

In questa parte

Capitolo 21

Un po' di struttura

In questo capitolo

Dopo questo capitolo saprete:

- dare una certa struttura alle coordinate marziane;
- codificare le strutture nel popolare formato per dati JSON.

Un veicolo è costituito da tante parti, alle quali può essere associato un valore (uno stato). Il motore può essere acceso, le ruote possono essere in movimento, la batteria può essere carica. Usare una variabile distinta per ciascun valore sarebbe come avere un veicolo interamente disassemblato. Analogamente, un edificio può avere delle finestre e delle porte che possono essere che possono essere aperte. Per assemblare le parti o costruire una struttura, Go offre il tipo *struttura*.

Considerazioni iniziali

Mentre le *collezioni* sono dedicate a oggetti tutti dello stesso tipo, le *strutture* consentono di raggruppare insieme oggetti di natura disparata. Date un'occhiata in giro. Vedete qualcosa che possa essere rappresentato tramite una struttura?

Dichiarazione di una struttura

Una coppia di coordinate costituisce un buon candidato per creare una piccola struttura. La latitudine e la longitudine vanno sempre a braccetto. In un mondo senza strutture, una funzione per calcolare la distanza fra due punti avrebbe bisogno di due coppie di coordinate:

```
func distance(lat1, long1, lat2, long2 float64) float64
```

Certamente questo schema funziona, ma il passaggio di coordinate indipendenti è soggetto a errori ed è anche, semplicemente, poco "parlante". La latitudine e la longitudine rappresentano una singola unità e le strutture consentono di trattarla come tale.
La struttura `curiosity` del seguente listato viene dichiarata utilizzando campi in virgola mobile per i valori di latitudine e longitudine. Per assegnare un valore a un campo o per accedere al valore di un campo, si utilizza la *notazione a punto*, specificando il nome della variabile, il punto e il nome del campo.

Listato 21.1 Creazione di una piccola struttura: struct.go.

```
var curiosity struct {
    lat float64
    long float64
}

curiosity.lat = -4.5895      ← Assegna i valori ai campi della struttura
curiosity.long = 137.4417  ←

fmt.Println(curiosity.lat, curiosity.long)   ← Scrive -4.5895 137.4417
fmt.Println(curiosity)   ← Scrive {-4.5895 137.4417}
```

NOTA

La famiglia di funzioni `Print` è in grado di visualizzare il contenuto delle strutture.

Il veicolo Mars Curiosity ha iniziato il suo viaggio in Bradbury Landing, situato alle coordinate 4°35'22.2" S, 137°26'30.1". Nel Listato 21.1, la latitudine e la longitudine di Bradbury Landing sono espresse in *gradi decimali*, con latitudini positive verso nord e longitudini positive verso est, come illustrato nella Figura 21.1.

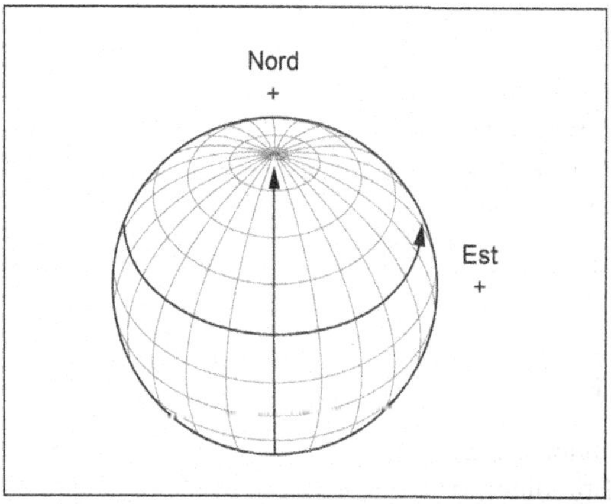

Figura 21.1 Valori di latitudine e longitudine in gradi decimali.

TEST

Troverete le soluzioni dei test alla fine di questo capitolo.

1. Quali vantaggi presentano le strutture rispetto alle singole variabili?
2. Bradbury Landing si trova a circa 4400 m sotto il "livello del mare" marziano. Se `curiosity` avesse un campo per l'altitudine, come assegnereste il valore -4400?

Riutilizzo delle strutture tramite i tipi

Se avete bisogno di creare più strutture con gli stessi campi, potete definire un tipo, un po' come il tipo `celsius` del Capitolo 13. Il tipo `location` dichiarato nel seguente listato viene utilizzato per collocare il rover Spirit in Columbia Memorial Station e il rover Opportunity in Challenger Memorial Station.

Listato 21.2 Il tipo location: location.go.

```
type location struct {
    lat float64
    long float64
}

var spirit location      ← Riutilizza il tipo location
spirit.lat = -14.5684
spirit.long = 175.472636

var opportunity location      ← Riutilizza il tipo location
opportunity.lat = -1.9462
opportunity.long = 354.4734

fmt.Println(spirit, opportunity)      ← Scrive {-14.5684 175.472636} {-1.9462 354.4734}
```

TEST

3. Come adattereste il codice del Listato 21.1 per utilizzare il tipo `location` per il rover Curiosity in Bradbury Landing?

Inizializzazione delle strutture con letterali compositi

I letterali compositi per l'inizializzazione delle strutture possono avere due diverse forme. Nel Listato 21.3, le variabili `opportunity` e `insight` vengono inizializzate utilizzando coppie campo-valore. I campi possono essere collocati in qualsiasi ordine e i campi non elencati conserveranno il valore zero del rispettivo tipo. Questa forma tollera varie modifiche e continuerà a funzionare correttamente anche aggiungendo o riordinando i campi della struttura. Se `location` avesse anche un campo per l'altitudine, sia `opportunity` sia `insight` riceverebbero il valore di altitudine predefinito, pari a zero.

Listato 21.3 Letterale composito con coppie campo-valore:

```
type location struct {
    lat, long float64
}

opportunity := location{lat: -1.9462, long: 354.4734}
fmt.Println(opportunity)    ← Scrive {-1.9462 354.4734}

insight := location{lat: 4.5, long: 135.9}
fmt.Println(insight)    ← Scrive {4.5 135.9}
```

Il letterale composito del Listato 21.4 non specifica il nome dei campi. In questo modo deve essere specificato un valore per ciascun campo, nello stesso ordine in cui essi sono elencati nella definizione della struttura. Questa forma si comporta al meglio per i tipi che sono stabili e contengono solo pochi campi. Se il tipo `location` acquisisse il campo per l'altitudine, `spirit` dovrebbe specificare anche un valore per l'altitudine o il programma non verrà compilato. Il fatto di scambiare l'ordine di `lat` e `long` non provocherà un errore di compilazione, ma il programma non produrrà risultati corretti.

Listato 21.4 Letterale composito con solo valori: struct-literal.go.

```
spirit := location{-14.5684, 175.472636}
fmt.Println(spirit)    ← Scrive {-14.5684 175.472636}
```

Indipendentemente da come inizializzate una struttura, potete modificare il codice di formattazione `%v` con un segno + per mostrare il nome dei campi, come nel seguente listato. Questo è particolarmente utile per ispezionare strutture di grandi dimensioni.

Listato 21.5 Visualizzazione delle chiavi delle strutture: struct-literal.go.

```
curiosity := location{-4.5895, 137.4417}

fmt.Printf("%v\n", curiosity)     ← Scrive {-4.5895 137.4417}
fmt.Printf("%+v\n", curiosity)    ← Scrive {lat:-4.5895 long:137.4417}
```

TEST

4. Per quali motivi la sintassi a letterale composita campo-valore è preferibile alla forma costituita dai soli valori?

Copia di strutture

Quando il rover Curiosity si dirige a est da Bradbury Landing a Yellowknife Bay, la posizione di Bradbury Landing non cambia, né nella vita reale, né nel seguente listato. La variabile `curiosity` viene inizializzata con una copia dei valori contenuti in `bradbury`, in modo che i valori possano cambiare indipendentemente.

Listato 21.6 L'assegnamento crea una copia: struct-value.go.

```
bradbury := location{-4.5895, 137.4417}
curiosity := bradbury

curiosity.long += 0.0106    ← Si dirige verso est verso Yellowknife Bay

fmt.Println(bradbury, curiosity)    ← Scrive {-4.5895 137.4417} {-4.5895 137.4523}
```

TEST

5. Se `curiosity` venisse passata a una funzione che manipola `lat` o `long`, il chiamante vedrebbe il risultato di questi interventi?

Slice di strutture

Una slice di strutture, `[]struct`, è una collezione di zero o più valori (una slice) dove ciascun valore si basa su una struttura anziché su un tipo primitivo, come `float64`.
Se un programma avesse bisogno di una collezione di siti di atterraggio per i veicoli marziani, il modo in cui *non* si dovrebbe procedere sarebbe di creare due slice separate per le latitudini e le longitudini, come nel seguente listato.

Listato 21.7 Due slice di valori float: slice-struct.go.

```
lats := []float64{-4.5895, -14.5684, -1.9462}
longs := []float64{137.4417, 175.472636, 354.4734}
```

La cosa non ha un bell'aspetto, specialmente alla luce della struttura `location` introdotta in precedenza in questo capitolo. Ora immaginate di aggiungere ulteriori slice per l'altitudine o altro. Un errore nell'intervenire sul listato precedente provocherebbe con facilità un disallineamento dei dati fra slice, e perfino slice di lunghezza differente. Una soluzione migliore consiste nel creare un'unica slice, in cui ciascun valore è una struttura. A questo punto ogni posizione rappresenta una singola unità, che potete estendere con il nome del sito di atterraggio o eventuali altri campi richiesti, come indicato nel seguente listato.

Listato 21.8 Una slice di locations: slice-struct.go.

```
type location struct {
    name string
    lat float64
    long float64
}

locations := []location{
    {name: "Bradbury Landing", lat: -4.5895, long: 137.4417},
    {name: "Columbia Memorial Station", lat: -14.5684, long: 175.472636},
    {name: "Challenger Memorial Station", lat: -1.9462, long: 354.4734},
}
```

Codifica di strutture in JSON

JSON (JavaScript Object Notation, json.org) è un formato standard per i dati, reso popolare da Douglas Crockford. Si basa su un sottoinsieme del linguaggio JavaScript, ma è ampiamente supportato da altri linguaggi di programmazione. JSON è comunemente utilizzato per le API (Application Programming Interfaces) web, compresa l'API MAAS (github.com/ingenology/mars_weather_api) che fornisce i dati meteorologici forniti dal rover Curiosity.

La funzione Marshal del package json permette al Listato 21.9 di codificare i dati di location in formato JSON. Marshal restituisce i dati JSON sotto forma di byte, che possono essere trasmessi o convertiti in una stringa per poter essere visualizzati. Può anche restituire un errore, un argomento che verrà trattato nel Capitolo 28.

Listato 21.9 Gestione della posizione: json.go.

```
package main

import (
    "encoding/json"
    "fmt"
    "os"
)

func main() {
    type location struct {
        Lat, Long float64    ← I campi devono iniziare con una lettera maiuscola
    }
    curiosity := location{-4.5895, 137.4417}
    bytes, err := json.Marshal(curiosity)
    exitOnError(err)
    fmt.Println(string(bytes))    ← Scrive {"Lat":-4.5895,"Long":137.4417}
}

// exitOnError visualizza eventuali errori ed esce.
func exitOnError(err error) {
    if err != nil {
        fmt.Println(err)
        os.Exit(1)
    }
}
```

Notate che le chiavi JSON corrispondono ai nomi dei campi della struttura location. Perché il tutto funzioni, il package json richiede che i campi vengano esportati. Se Lat e Long iniziassero con una lettera minuscola, l'output sarebbe { }.

TEST

7. Che cosa significa la sigla JSON?

Personalizzazione di JSON con i tag struct

Il package json di Go richiede che i campi abbiano l'iniziale maiuscola e che i nomi di campi costituiti da più parole utilizzino la convenzione *CamelCase*. Potreste però preferire che le chiavi JSON siano nel cosiddetto formato *snake_case*, specialmente se dovete interoperare con Python o Ruby. I campi di una struttura possono essere contrassegnati con i nomi di campo che volete vengano usati dal package json.
L'unica variazione fra il Listato 21.9 e il Listato 21.10 è l'inclusione dei *tag struct* che alterano l'output della funzione Marshal. Notate che i campi Lat e Long devono comunque essere esportati perché il package json possa vederli.

Listato 21.10 Personalizzazione dei campi di location: json-tags.go.

```
type location struct {
    Lat float64 `json:"latitudine"`       ← I tag struct alterano l'output
    Long float64 `json:"longitudine"`     ←
}

curiosity := location{-4.5895, 137.4417}

bytes, err := json.Marshal(curiosity)
exitOnError(err)

fmt.Println(string(bytes))     ← Scrive {"latitudine":-4.5895, "longitudine":137.4417}
```

I tag struct sono normali stringhe associate ai campi di una struttura. È preferibile scegliere letterali stringa grezzi (``), perché in questo modo i segni di apici non devono essere sottoposti a escape con il carattere backlash come nel, meno leggibile, "json:\"latitudine\"".
I tag struct sono formattati come chiave: "valore", dove chiave tende a essere il nome di un package. Per personalizzare il campo Lat per JSON e XML, il tag struct dovrà pertanto essere `json:"latitudine" xml:"latitudine"`.
Come si può dedurre dal nome, i tag struct sono destinati solo ai campi delle strutture, mentre json.Marshal può codificare altri tipi.

TEST

8. Perché i campi Lat e Long devono iniziare con una lettera maiuscola nella codifica JSON?

Riepilogo

- Le strutture raggruppano insieme i valori, a formare un'unica unità.
- Le strutture sono valori, e vengono copiate durante l'assegnamento e i passaggi a funzioni.

- I letterali compositi rappresentano un modo comodo per inizializzare le strutture.
- I tag `struct` decorano i campi esportati con ulteriori informazioni utilizzabili dai package.
- Il package `json` utilizza i tag `struct` per controllare l'output dei nomi dei campi.

Vediamo se avete capito tutto...

Esperimento: landing.go.

Scrivete un programma che visualizzi la codifica JSON dei tre siti di atterraggio dei veicoli del Listato 21.8. Il JSON dovrebbe includere il nome di ciascun sito di atterraggio e utilizzare dei tag `struct` come illustrato nel Listato 21.10. Per rendere più interessante l'output, impiegate la funzione `MarshalIndent` del package `json`.

Soluzioni dei test

1. Le strutture raggruppano insieme dei valori correlati, rendendone l'utilizzo più semplice e meno soggetto a errori.
2. `curiosity.altitude = -4400`
3. ```
   var curiosity location
   curiosity.lat = -4.5895
   curiosity.long = 137.4417
   ```
4. Innanzitutto i campi possono essere elencati in qualsiasi ordine.
   I campi sono opzionali, e quando non vengono specificati assumono il loro valore zero.
   Infine non è richiesta alcuna modifica quando si riordinano o aggiungono campi alla dichiarazione della struttura.
5. No, la funzione riceverebbe una copia di `curiosity`, come nel caso degli array.
6. È troppo facile finire con l'avere dati disallineati fra le slice
7. La sigla JSON sta per JavaScript Object Notation.
8. Perché i campi devono essere esportati o il package `json` non potrebbe vederli.
   ```

Capitolo 22

Il linguaggio Go non ha classi

In questo capitolo

- **Collegamento di metodi a strutture**
- **Le funzioni costruttore**
- **L'alternativa alle classi**
- **Riepilogo**

Dopo questo capitolo saprete:

- scrivere metodi che forniscono comportamenti ai dati strutturati;
- applicare i principi della progettazione a oggetti.

Go non è esattamente un linguaggio "classico". Non ha classi e non ha oggetti e non offre neanche funzionalità come l'ereditarietà. Tuttavia Go fornisce tutto ciò di cui avete bisogno per applicare i principi della progettazione a oggetti. Questo capitolo esplora l'uso combinato di strutture e metodi.

Considerazioni iniziali

Sinergia è una gran bella parola, comunemente presente in tutti i discorsi che parlano di strategie aziendali. In sostanza il concetto è che il totale è qualcosa di più della somma delle parti. Il linguaggio Go offre i tipi, i metodi nei tipi e le strutture. Insieme, questi elementi forniscono molte delle funzionalità che le classi garantiscono ad altri linguaggi, evitando però di introdurre un nuovo concetto nel linguaggio.
Quali altri aspetti di Go esibiscono questa proprietà di combinare più elementi per creare qualcosa di maggior valore?

Collegamento di metodi a strutture

Nel Capitolo 13 abbiamo aggiunto i metodi `celsius` e `fahrenheit` al tipo `kelvin` per convertire le tempe-

rature. Analogamente, i metodi possono essere collegati ad altri tipi che avete bisogno di dichiarare. Le cose funzionano allo stesso modo, indipendentemente dal fatto che il tipo sottostante sia un `float64` o una `struct`.
Per iniziare, dovete dichiarare un tipo, come per esempio la struttura `coordinate` del seguente listato.

Listato 22.1 Il tipo coordinate: coordinate.go.

```
// coordinate geografiche in gradi, minuti e secondi in un emisfero N/S/E/O.
type coordinate struct {
    d, m, s float64
    h       rune
}
```

Il punto d'atterraggio Bradbury Landing è situato alle coordinate 4°35'22.2" S, 137°26'30.1" E in formato DMS (gradi, ovvero *degrees*, minuti, secondi). 1 grado (°) è formato da 60 minuti (') e 1 minuto è formato da 60 secondi ("), ma ricordatevi che questi minuti e questi secondi rappresentano una posizione, non un valore temporale.
Il metodo `decimal` del seguente listato convertirà una coordinata DMS in gradi decimali.

Listato 22.2 Il metodo decimal: coordinate.go.

```
// decimal converte una coordinata DMS in gradi decimali.
func (c coordinate) decimal() float64 {
    sign := 1.0
    switch c.h {
    case 'S', 'W', 's', 'w':
        sign = -1
    }
return sign * (c.d + c.m/60 + c.s/3600)
}
```

Ora potrete fornire le coordinate nel più comprensibile formato DMS, ma convertirle in gradi decimali per agevolare i calcoli:

```
// Bradbury Landing: 4°35'22.2" S, 137°26'30.1" E
lat := coordinate{4, 35, 22.2, 'S'}
long := coordinate{137, 26, 30.12, 'E'}

fmt.Println(lat.decimal(), long.decimal())    ← Scrive -4.5895 137.4417
```

TEST

Troverete le soluzioni dei test alla fine di questo capitolo.

1. Qual è il destinatario del metodo `decimal` presentato nel Listato 22.2?

Le funzioni costruttore

Per costruire una posizione in gradi decimali a partire da coordinate in gradi, minuti e secondi, potete utilizzare il metodo `decimal` presentato nel Listato 22.2 con un letterale composito:

```
type location struct {
    lat, long float64
}

curiosity := location{lat.decimal(), long.decimal()}
```

Se avete bisogno di un letterale composito che sia qualcosa di diverso da un elenco di valori, considerate la necessità di scrivere una funzione costruttore. Il seguente listato dichiara una funzione costruttore chiamata `newLocation`.

Listato 22.3 Costruzione di una nuova posizione: construct.go.

```
// newLocation trae valori dalle coordinate DMS di latitudine e longitudine.
func newLocation(lat, long coordinate) location {
    return location{lat.decimal(), long.decimal()}
}
```

I linguaggi classici forniscono i costruttori considerandoli una particolare funzionalitàrivolta alla costruzione di oggetti. Python ha `_init_`, Ruby ha `initialize` e PHP ha `__construct()`. Go non offre una funzionalità specifica per i costruttori. Al contrario, `newLocation` è una normale funzione, il cui nome, tuttavia, segue una specifica convenzione.

Le funzioni scritte nella forma `new`*`Tipo`* o `New`*`Tipo`* vengono utilizzate per costruire un valore del tipo specificato. Potete chiamarla `newLocation` o `NewLocation` a seconda del fatto che la funzione debba essere esportata o meno in altri package, come descritto nel Capitolo 12. Per il resto si usa `newLocation` come qualsiasi altra funzione:

```
curiosity := newLocation(coordinate{4, 35, 22.2, 'S'}, coordinate{137, 26, 30.12, 'E'})
fmt.Println(curiosity)    ← Scrive {-4.5895 137.4417}
```

Per costruire delle posizioni geografiche a partire da una certa varietà di valori di input, dovete semplicemente dichiarare più funzioni con nomi appropriati, magari `newLocationDMS` e `newLocationDD`, rispettivamente per i gradi/minuti/secondi e i gradi decimali (*decimal degrees*).

NOTA

Talvolta le funzioni costruttore vengono chiamate `New`, come nel caso della funzione `New` del package `errors`. Poiché le chiamate a funzione adottano come prefisso il nome del package cui esse appartengono, la funzione `NewError` si chiamerebbe `errors.NewError`, invece della forma più concisa, e preferibile, `errors.New`.

TEST

2. Come chiamereste una funzione che costruisce una variabile di tipo `Universe`?

L'alternativa alle classi

Go non fornisce le classi presenti nei linguaggi Python, Ruby e Java. Tuttavia, una struttura dotata di alcuni metodi svolge sostanzialmente lo stesso scopo. In sostanza, i meccanismi non sono poi così differenti.

Per rendercene conto, realizziamo un nuovo tipo `world`. Tale tipo avrà un campo per il raggio del pianeta, che potrete utilizzare per calcolare la distanza fra due posizioni sulla superficie, come nel seguente listato.

Listato 22.4 I nuovo tipo world: world.go.

```
type world struct {
    radius float64
}
```

Marte ha un raggio volumetrico medio di 3389,5 km. Invece di dichiarare `3389.5` come una costante, potete utilizzare il tipo `world` per dichiarare che Marte è solo uno dei molti mondi possibili:

```
var mars = world{radius: 3389.5}
```

Poi potrete collegare il metodo `distance` al tipo `world`, concedendogli l'accesso al campo `radius`. Il metodo accetterà due parametri, entrambi di tipo `location` e restituirà una distanza in km:

```
func (w world) distance(p1, p2 location) float64 {
        ← Da fare: calcoli matematici che usano w.radius
}
```

Ci sarà bisogno di un po' di matematica, quindi ricordatevi di importare il package `math`, nel seguente modo:

```
import "math"
```

La posizione usa coordinate in gradi per la latitudine e la longitudine, ma le funzioni matematiche della libreria standard usano i radianti. Dato che un cerchio ha 360° ovvero 2π radianti, la seguente funzione svolge la conversione richiesta:

```
// rad converte i gradi in radianti.
func rad(deg float64) float64 {
    return deg * math.Pi / 180
}
```

Ora ci occupiamo del calcolo della distanza. Il calcolo impiega alcune funzioni trigonometriche, fra cui il seno, il coseno e l'arcocoseno. Se vi interessa l'argomento, potete cercare le formule in `www.movable-type.co.uk/scripts/latlong.html` e leggere la descrizione relativa alla legge sferica dei coseni per comprendere il funzionamento delle regole presentate. Marte non è una sfera perfetta, ma la seguente formula fornisce un'approssimazione sufficiente per i nostri scopi:

```
// calcolo della distanza utilizzando la Legge sferica dei coseni.
func (w world) distance(p1, p2 location) float64 {
    s1, c1 := math.Sincos(rad(p1.lat))
    s2, c2 := math.Sincos(rad(p2.lat))
    clong := math.Cos(rad(p1.long - p2.long))
    return w.radius * math.Acos(s1*s2+c1*c2*clong)    ← Usa il campo radius di world
}
```

Se però queste formule sono troppo per voi, non preoccupatevi. Per calcolare una distanza su una superficie curva è necessaria, naturalmente, un po' di matematica, ma basta sapere che `distance` restituisce il risultato corretto, anche senza essere costretti ad avere una profonda comprensione delle operazioni matematiche coinvolte nel calcolo (anche se l'idea non sarebbe affatto malvagia).

Venendo ai risultati, per vedere `distance` in azione, dichiarate una certa posizione e poi utilizzate la variabile `mars` dichiarata in precedenza:

```
spirit := location{-14.5684, 175.472636}
opportunity := location{-1.9462, 354.4734}

dist := mars.distance(spirit, opportunity)    ← Usa il metodo distance su mars
fmt.Printf("%.2f km\n", dist)    ← Scrive 9669.71 km
```

Se ottenete un risultato diverso, tornate al listato e assicuratevi di aver digitato correttamente il codice. Basta sbagliare un `rad` e otterrete un risultato errato. Come ultima eventualità, scaricate il codice da `github.com/nathany/get-programming-with-go`, da dove vi basterà usare un copia-e-incolla.

Il metodo `distance` è stato adattato dalle formule relative alla Terra, applicando però il raggio di Marte. Dichiarando `distance` come metodo del tipo `world`, potete calcolare le distanze anche in altri mondi, compresa la Terra. Il raggio di ciascun pianeta si trova nella Tabella 22.2, come indicato dal Planetary Fact Sheet (`nssdc.gsfc.nasa.gov/planetary/factsheet/`).

TEST

3. Quali vantaggi si hanno a dichiarare un metodo `distance` nel tipo `world` rispetto a un approccio meno orientato agli oggetti?

Riepilogo

- La combinazione di metodi e strutture garantisce le funzionalità offerte dai linguaggi classici, senza introdurre nuove sintassi al linguaggio.
- Le funzioni costruttore sono normali funzioni.

Vediamo se avete capito tutto...

Esperimento: landing.go

Utilizzate il codice dei Listati 22.1, 22.2 e 22.3 per scrivere un programma che dichiari una `location` per ogni posizione elencata nella Tabella 22.1. Poi visualizzate tutte queste posizioni in gradi decimali.

Esperimento: distance.go.

Usate il metodo `distance` del Listato 22.4 per scrivere un programma che determini la distanza fra ciascuna coppia di siti di atterraggio elencati nella Tabella 22.1.
Quali sono i due punti di atterraggio più vicini fra loro? Quali sono invece quelli più lontani?
Per determinare la distanza fra le seguenti posizioni, dovrete dichiarare altri mondi, sulla base della Tabella 22.2.

- Trovate la distanza fra Londra (51°30'N 0°08'W) e Parigi (48°51'N 2°21'E).
- Trovate la distanza fra la vostra città e Roma.
- Trovate la distanza fra il Monte Sharp (5°4'48"S, 137°51'E) e il Monte Olimpo (18°39'N, 226°12'E) su Marte.

Tabella 22.1 Siti di atterraggio su Marte.

Veicolo	Sito di atterraggio	Latitudine	Longitudine
Spirit	Columbia Memorial Station	14°34'6.2" S	175°28'21.5" E
Opportunity	Challenger Memorial Station	1°56'46.3" S	354°28'24.2" E
Curiosity	Bradbury Landing	4°35'22.2" S	137°26'30.1" E
InSight	Elysium Planitia	4°30'0.0" N	135°54'0" E

Tabella 22.2 Raggio volumetrico medio di vari pianeti.

Pianeta	Raggio (km)	Pianeta	Raggio (km)
Mercurio	2439.7	Giove	69911
Venere	6051.8	Saturno	58232
Terra	6371.0	Urano	25362
Marte	3389.5	Nettuno	24622

Soluzioni dei test

1. Il destinatario è `c`, di tipo `coordinate`.
2. Per convenzione la funzione si chiamerebbe `NewUniverse`, oppure `newUniverse`, se non deve essere esportata.
3. Offre un modo pulito per calcolare la distanza per mondi differenti, senza la necessità di passare il raggio volumetrico medio al metodo `distance`, il quale avrà già accesso a `w.radius`.

Capitolo 23

Strutture composite e metodi forward

In questo capitolo

Dopo questo capitolo saprete:

- comporre più strutture;
- inviare metodi ad altri metodi;
- dimenticare l'ereditarietà classica.

Osservando il mondo che ci circonda, notiamo che tutto è costituito da piccole parti. Le persone hanno un corpo dotato di arti, i quali terminano con dita. I fiori hanno petali e stami. I rover marziani sono dotati di ruote, un telaio e interi sottosistemi. Ogni parte gioca un proprio ruolo.

Nel mondo della programmazione a oggetti, gli oggetti sono *composti* da altri piccoli oggetti. Pertanto gli studiosi di linguaggi parlano di *composizione di oggetti* o, semplicemente, di *composizione.*

I programmatori Go usano composizioni di strutture e il linguaggio offre una particolare funzionalità di *embedding* per inoltrare i metodi. Questo capitolo presenta le funzionalità di composizione e di embedding sulla base di un bollettino meteo fittizio fornito dalla stazione REMS.

Considerazioni iniziali

Progettare gerarchie può essere complicato. Una gerarchia del regno animale potrebbe tentare di raggruppare le specie in base al loro comportamento. Alcuni mammiferi camminano, ma altri nuotano, e le balenottere azzurre accudiscono i loro piccoli. Come organizzereste una struttura di questo tipo? Inoltre può essere difficile modificare le gerarchie, in quanto anche una piccola modifica potrebbe causare un grande impatto.

La composizione è un approccio più semplice e flessibile: basta implementare il camminare, il nuotare e l'accudimento dei piccoli e tutti gli altri comportamenti e poi associare quelli appropriati a ciascun animale.
Questo significa che se progettate un determinato robot, il suo comportamento per camminare può essere poi riutilizzato per altri modelli.

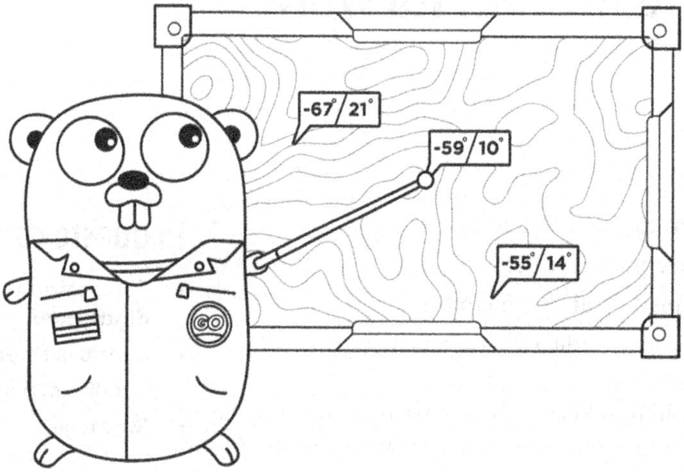

Composizione di strutture

Un bollettino meteo comprende vari tipi di dati, come per esempio le temperature minima e massima, l'irraggiamento solare (*sol*) e la posizione. Una soluzione un po' ingenua potrebbe consistere nel definire tutti i campi necessari in un'unica struttura `report`, come nel seguente listato.

Listato 23.1 Struttura senza composizione: unorganized.go.

```
type report struct {
    sol        int
    high, low  float64
    lat, long  float64
}
```

Osservando il Listato 23.1, `report` è evidentemente un mix di dati di natura disparata. La cosa potrebbe diventare complicata se il report dovesse ampliarsi includendo più dati, come la velocità e la direzione del vento, la pressione, l'umidità, la stagione e gli orari di alba e tramonto.
Fortunatamente è possibile raggruppare insieme i campi correlati utilizzando delle strutture e la funzionalità di composizione. Il seguente listato definisce una struttura `report` composta di strutture per la temperatura e la posizione.

Listato 23.2 Una struttura all'interno di un'altra struttura: compose.go.

```
type report struct {
    sol         int
    temperature temperature  ← Il campo temperature è una struttura di tipo temperature
    location    location
}

type temperature struct {
    high, low celsius
}

type location struct {
    lat, long float64
}

type celsius float64
```

Dopo aver definito questi tipi, un bollettino meteo può essere realizzato a partire dai dati di posizione e temperatura nel seguente modo:

```
bradbury := location{-4.5895, 137.4417}
t := temperature{high: -1.0, low: -78.0}
report := report{sol: 15, temperature: t, location: bradbury}

fmt.Printf("%+v\n", report)       ← Scrive {sol:15 temperature:{high:-1 low:-78}
                                    location:{lat:-4.5895 long:137.4417}}
fmt.Printf("un tiepido %v° C\n", report.temperature.high)   ← Scrive un tiepido -1° C
```

Date un'altra occhiata al Listato 23.2. Potete notare che `high` e `low` fanno chiaramente riferimento a temperature, mentre gli stessi campi del Listato 23.1 sono sostanzialmente ambigui.

Realizzando un bollettino meteo a partire da tipi più compatti, potete organizzare meglio il codice, attribuendo metodi appropriati per ciascun tipo. Per esempio, per calcolare la temperatura media, potreste scrivere un metodo come quello rappresentato nel seguente listato.

Listato 23.3 Un metodo per il calcolo della media: average.go.

```
func (t temperature) average() celsius {
    return (t.high + t.low) / 2
}
```

Il tipo `temperature` e il metodo `average` possono essere utilizzati in modo indipendente dal bollettino meteo, nel seguente modo:

```
t := temperature{high: -1.0, low: -78.0}
fmt.Printf("media %v° C\n", t.average())    ← Scrive media -39.5° C
```

Quando create un bollettino meteo, il metodo `average` risulta accessibile tramite un concatenamento con il campo `temperature`:

```
report := report{sol: 15, temperature: t}
fmt.Printf("media %v° C\n", report.temperature.average())    ← Scrive media -39.5° C
```

Se volete mostrare direttamente la temperatura media attraverso il tipo `report`, non vi sarà alcuna necessità di duplicare la logica presentata nel Listato 23.3. Scrivete piuttosto un metodo che inoltri la vera implementazione:

```
func (r report) average() celsius {
    return r.temperature.average()
}
```

Con un metodo da inoltrare da `report` a `temperature`, potete avere un accesso più comodo a `report.average()`, strutturando però il codice su tipi più piccoli. Il resto di questo capitolo esamina una caratteristica del linguaggio Go che permette di semplificare il più possibile l'inoltro dei metodi.

TEST

Troverete le soluzioni dei test alla fine di questo capitolo.

1. Confrontate i Listati di 23.1 e 23.2. Quale codice vi sembra migliore e perché?

Inoltro dei metodi

L'inoltro dei metodi può facilitare l'uso dei metodi. Immaginate di domandare a Curiosity quali sono le condizioni meteo su Marte. Il veicolo potrebbe *inoltrare* la vostra richiesta alla stazione REMS, che a sua volta inoltrerebbe la vostra richiesta a un termometro, per determinare la temperatura dell'aria. Grazie a questo meccanismo di inoltro, non è necessario conoscere il percorso da seguire per raggiungere il metodo: basta domandarlo a Curiosity.

Quello che è un po' meno comodo è scrivere manualmente i metodi per inoltrare un tipo verso un altro, come nel Listato 23.3. Un codice così ripetitivo non fa altro che aggiungere confusione.

Fortunatamente, Go è in grado di eseguire l'inoltro dei metodi grazie all'*embedding* della struttura. Per eseguire l'embedding di un tipo in una struttura, basta specificare il tipo senza alcun nome di campo, come nel seguente listato.

Listato 23.4 Embedding di una struttura: embed.go.

```
type report struct {
    sol         int
    temperature  ← Il tipo temperature viene incorporato in report
    location
}
```

Tutti i metodi presenti nel tipo `temperature` vengono così resi automaticamente accessibili attraverso il tipo `report`:

```
report := report{
    sol:         15,
    location:    location{-4.5895, 137.4417},
    temperature: temperature{high: -1.0, low: -78.0},
}
fmt.Printf("media %v° C\n", report.average())      ← Scrive media -39.5° C
```

Anche se non è stato specificato alcun nome di campo, esiste comunque un campo avente lo stesso nome del tipo incorporato. Potete accedere al campo `temperature` nel seguente modo:

```
fmt.Printf("media %v° C\n", report.temperature.average())      ← Scrive media -39.5° C
```

La tecnica di embedding non riguarda solo l'inoltro dei metodi. In questo modo anche i campi di una struttura interna risulteranno accessibili da parte di una struttura esterna. Oltre che con `report.temperature.high`, potete accedere alla temperatura `high` anche con `report.high` nel seguente modo:

```
fmt.Printf("%v° C\n", report.high)      ← Scrive -1° C
report.high = 32
fmt.Printf("%v° C\n", report.temperature.high)      ← Scrive 32° C
```

Come potete vedere, le modifiche apportate al campo `report.high` si riflettono anche in `report.temperature.high`. In altre parole si accede sempre agli stessi dati.
È possibile incorporare in una struttura qualsiasi tipo, non solo un'altra struttura. Nel seguente listato, il tipo `sol` si basa sul tipo `int`, tuttavia viene incorporato esattamente come le strutture `location` e `temperature`.

Listato 23.5 Embedding di altri tipi: sol.go.

```
type sol int

type report struct {
    sol
    location
    temperature
}
```

Tutti i metodi dichiarati all'interno del tipo `sol` risulteranno accessibili tramite il campo `sol` oppure tramite il tipo `report`:

```
func (s sol) days(s2 sol) int {
    days := int(s2 - s)
    if days < 0 {
        days = -days
    }
```

```
    return days
}

func main() {
    report := report{sol: 15}
    fmt.Println(report.sol.days(1446))    ← Scrive 1431
    fmt.Println(report.days(1446))        ←
}
```

TEST

2. Quali sono i tipi che possono essere incorporati in una struttura con il meccanismo di embedding?
3. È corretto usare `report.lat`? In questo caso, a quale campo farebbe riferimento nel Listato 23.4?

Conflitti di nomi

Il bollettino meteo funziona bene. Ma poi qualcuno vuole conoscere anche il numero di giorni necessari perché il veicolo vada da un punto a un altro. Il rover Curiosity può percorrere circa 200 m al giorno, pertanto occorre aggiungere un metodo `days` al tipo `location`, per eseguire le operazioni matematiche necessarie, come illustrato nel seguente listato.

Listato 23.6 Un altro metodo avente lo stesso nome: collision.go.

```
func (l location) days(l2 location) int {
    // Da fare: calcolo complesso della distanza    ← Vedi il Capitolo 22
    return 5
}
```

Ora la struttura incorpora tramite embedding sia `sol` sia `location`, dove entrambi i tipi hanno un metodo di nome `days`.

La buona notizia è che se nulla nel codice utilizza il metodo `days` per un `report`, tutto continua a funzionare. Il compilatore Go è sufficientemente intelligente da evidenziare un conflitto fra nomi solo se vi è un reale problema.

Se viene utilizzato il metodo `days` del tipo `report`, il compilatore Go non sa se deve inoltrare la chiamata al metodo in `sol` o al metodo in `location`, così solleva un errore:

```
d := report.days(1446)    ← Selettore ambiguo report.days
```

La risoluzione di un errore a causa di un *selettore ambiguo* è immediata. Se implementate il metodo `days` nel tipo `report`, questo avrà la precedenza sui metodi `days` dei tipi incorporati. Potete inoltrare manualmente la richiesta al tipo incorporato di vostra scelta o svolgere qualche altro tipo di operazione:

```
func (r report) days(s2 sol) int {
    return r.sol.days(s2)
}
```

Questa non è l'ereditarietà che stavamo cercando

I linguaggi classici, come C++, Java, PHP, Python, Ruby e Swift, possono usare la composizione, ma forniscono anche una funzionalità chiamata ereditarietà.

L'ereditarietà è un modo differente per progettare il software. Con l'*ereditarietà*, un rover marziano è comunque un tipo di veicolo e pertanto *eredita* le funzionalità dei veicoli.

Grazie alla composizione, un rover ha un motore, delle ruote e varie altre parti che forniscono tutte le funzionalità richieste. Un camion potrebbe riutilizzare molte di queste parti, ma non vi è alcun tipo di veicolo o gerarchia che discenda da esso.

La composizione è generalmente considerata più flessibile, consentendo un maggiore riutilizzo e semplificando le modifiche rispetto al software realizzato sulla base dell'ereditarietà. Ma questa non è una novità, se consideriamo questo suggerimento pubblicato nel 1994:

> *Privilegiate la composizione degli oggetti rispetto all'ereditarietà delle classi.*
>
> Gang of Four, *Design Patterns: Elements of Reusable Object-Oriented Software*

Quando si incontra per la prima volta il meccanismo di embedding, si può pensare che si tratti della stessa cosa dell'ereditarietà, ma non è così. Non solo l'embedding rappresenta un modo diverso di concepire la progettazione del software, ma vi è anche una subdola differenza tecnica.

Il destinatario di `average()` nel Listato 23.3 è sempre di tipo `temperature`, anche se l'inoltro è avvenuto tramite `report`. Con il meccanismo di *delega* o *ereditarietà*, il destinatario potrebbe essere di tipo `report`, ma Go non offre né la delega, né l'ereditarietà. Tutto funziona per il fatto che Go non ha bisogno dell'ereditarietà:

> *L'uso dell'ereditarietà classica è sempre opzionale; ogni problema che risolve può essere risolto anche in un altro modo.*
>
> Sandi Metz, *Practical Object-Oriented Design in Ruby*

Go è un nuovo linguaggio, indipendente, in grado di alleggerire il peso dei vecchi paradigmi.

TEST

4. Se più tipi incorporati tramite embedding implementano un metodo avente lo stesso nome, il compilatore Go genera sempre un errore?

Riepilogo

- La composizione è una tecnica che consiste nel suddividere grosse strutture in strutture più piccole, da unire successivamente.
- Il meccanismo di embedding dà alle strutture esterne l'accesso ai campi delle strutture interne.
- Quando si incorporano tramite embedding dei tipi in una struttura, i loro metodi vengono inoltrati automaticamente.
- Go informa dei conflitti di nomi provocati dal meccanismo di embedding, ma solo se i relativi metodi vengono utilizzati.

Vediamo se avete capito tutto...

Esperimento: gps.go

Scrivete un programma con una struttura `gps` (per il sistema GPS - Global Positioning System). Questa `struct` dovrà essere costituita dalla posizione corrente, dalla posizione di destinazione e da un mondo.

Implementate un metodo `description` per il tipo `location` che restituisca una stringa contenente il nome, la latitudine e la longitudine. Il tipo `world` dovrebbe implementare un metodo `distance` utilizzando le operazioni matematiche trattate nel Capitolo 22.

Collegate due metodi al tipo `gps`. Innanzitutto un metodo `distance` che calcoli la distanza fra la posizione corrente e la destinazione. Poi implementate un metodo `message` che restituisca una stringa la quale deve descrivere quanti km mancano alla destinazione.

Un ultimo passo: create una struttura `rover` che incorpori la struttura `gps` e scrivete una funzione `main` per provare il tutto. Inizializzare un GPS per Marte con la posizione corrente del punto di atterraggio Bradbury Landing (-4.5895, 137.4417) e usando come destinazione Elysium Planitia (4.5, 135.9). Poi create un rover `curiosity` e visualizzate il `message` che invierà a `gps`.

Soluzioni dei test

1. Le strutture del Listato 23.2 sono più organizzate, avendo suddiviso le temperature e le posizioni in strutture separate e riutilizzabili.
2. In una struttura è possibile incorporare qualsiasi genere di tipo.
3. Sì, `report.lat` è equivalente a `report.location.lat`.
4. Il compilatore Go solleva un errore solo se il metodo viene utilizzato.

Capitolo 24

Interfacce

Dopo questo capitolo saprete:

- far parlare i tipi;
- scoprire il funzionamento delle interfacce;
- esplorare le interfacce nella libreria standard;
- salvare il genere umano dall'invasione dei marziani.

In questo capitolo

Carta e penna non sono gli unici strumenti che potete utilizzare per scrivere le vostre ultime memorie. Potete benissimo usare un pastello a cera e un fazzoletto. I pastelli, i pennarelli indelebili e le matite a scatto possono tutti soddisfare l'esigenza di *scrivere*: una nota su un blocco, uno slogan su un manifesto o una nuova voce in un elenco. La scrittura è un'azione molto flessibile.

La libreria standard di Go offre un'*interfaccia* per la scrittura. Il suo nome è `Writer` e con questa potete scrivere testo, immagini, valori separati da virgole (CSV – *comma-separated values*), archivi compressi e molto altro ancora. Potete scrivere caratteri sullo schermo, scrivere un file su disco o scrivere una risposta a una richiesta dal Web. Con l'aiuto di un'unica interfaccia, Go consente di scrivere ogni genere di cosa in qualsiasi luogo. L'interfaccia `Writer` è molto flessibile. Una penna dotata di una sfera da 0,5 mm e con inchiostro blu è un oggetto *concreto*, mentre "strumento di scrittura" è un concetto più vago. Con le interfacce, il codice può esprimere concetti *astratti* come nel caso di *strumento di scrittura*. Potete così programmare in termini di operazioni da svolgere, invece che di caratteristiche di un oggetto. Questo modo di ragionare, espresso attraverso le interfacce, aiuta il codice ad adattarsi ai cambiamenti.

Considerazioni iniziali

Provate a fare degli esempi di oggetti *concreti* che vi circondano. Per quale attività potete utilizzarli? Potete svolgere le stesse operazioni con qualcos'altro? Quali sono i comportamenti o le interfacce che essi hanno?

Il tipo interface

La maggior parte dei tipi si concentra sui valori memorizzabili: interi nel caso di numeri senza decimali, stringhe per il testo e così via. Il tipo `interface` è differente. Le interfacce si occupano di tutto ciò che un tipo può fare, non del valore che esso contiene.
I metodi esprimono il comportamento fornito da un tipo, pertanto le interfacce vengono dichiarate con tutto un insieme di metodi che un tipo deve soddisfare. Il seguente listato dichiara una variabile di tipo `interface`.

Listato 24.1 Un insieme di metodi: talk.go.

```
var t interface {
    talk() string
}
```

La variabile `t` può contenere qualsiasi valore di qualsiasi tipo che *soddisfi* l'interfaccia. Più precisamente, tale tipo soddisfa un'interfaccia se dichiara un metodo di nome `talk` che accetta zero argomenti e restituisce una stringa.
Il seguente listato dichiara due tipi che rispondono a questi requisiti.

Listato 24.2 Come soddisfare un'interfaccia: talk.go.

```
type martian struct{}

func (m martian) talk() string {
    return "nack nack"
}

type laser int
func (l laser) talk() string {
    return strings.Repeat("pew ", int(l))
}
```

Anche se `martian` è una struttura senza campi e `laser` è un intero, entrambi i tipi forniscono il metodo `talk` e pertanto entrambi possono essere assegnati a `t`, come nel seguente listato.

Listato 24.3 Il polimorfismo: talk.go.

```
var t interface {
    talk() string
}
```

```
t = martian{}
fmt.Println(t.talk())      ← Scrive nack nack

t = laser(3)
fmt.Println(t.talk())      ← Scrive pew pew pew
```

La multiforme variabile `t` è in grado di assumere l'aspetto di un `martian` o di un `laser`. I teorici dei linguaggi dicono che le interfacce forniscono al linguaggio la caratteristica del *polimorfismo*, ovvero il fatto che un oggetto può assumere "più forme".

NOTA

A differenza di quanto avviene in Java, in Go `martian` e `laser` non dichiarano esplicitamente che implementano un'interfaccia. I vantaggi verranno descritti più avanti in questo stesso capitolo.

Tipicamente le interfacce vengono dichiarate sotto forma di nomi di tipo che possono essere riutilizzati. Esiste una convenzione per denominare i tipi `interface`, ovvero impiegare il suffisso `-er`: un *`talk-er`* è qualsiasi cosa parli, come si può vedere nel seguente listato.

Figura 24.4 Un tipo talker: shout.go.

```
type talker interface {
    talk() string
}
```

Un tipo interfaccia può essere utilizzato ovunque vengano utilizzati altri tipi. Per esempio, la seguente funzione `shout` impiega un parametro di tipo `talker`.

Listato 24.5 Un rafforzativo per il parlato: shout.go.

```
func shout(t talker) {
    louder := strings.ToUpper(t.talk())
```

```
    fmt.Println(louder)
}
```

Potete utilizzare la funzione `shout` con qualsiasi valore che soddisfi l'interfaccia `talker`, che si tratti di marziani o di laser, come nel seguente listato.

Listato 24.6 Esempio d'uso di shouting: shout.go.

```
shout(martian{})      ← Scrive NACK NACK
shout(laser(2))       ← Scrive PEW PEW
```

L'argomento passato alla funzione `shout` deve soddisfare l'interfaccia `talker`. Per esempio, il tipo `crater` non soddisfa l'interfaccia `talker`, quindi se chiedete a un cratere di mettersi a urlare (`shout`), Go rifiuterà di compilare il programma:

```
type crater struct{}

shout(crater{})      ← crater non implementa talker (gli manca il metodo talk)
```

Le interfacce esibiscono la loro flessibilità quando occorre modificare o estendere il codice. Basta dichiarare un nuovo tipo con un metodo `talk`, e la funzione `shout` non avrà alcun problema ad accettarlo. Tutto il codice che dipende solo dall'interfaccia, può rimanere lo stesso, anche se le implementazioni vengono aggiunte o modificate.
Vale la pena di notare che le interfacce possono essere utilizzate anche con l'*embedding* di strutture, la funzionalità del linguaggio trattata nel Capitolo 23. Per esempio, il seguente listato incorpora `laser` in `starship`.

Listato 24.7 L'embedding soddisfa le interfacce: starship.go.

```
type starship struct {
    laser
}

s := starship{laser(3)}

fmt.Println(s.talk())     ← Scrive pew pew pew
shout(s)     ← Scrive PEW PEW PEW
```

Quando una nave spaziale (`starship`) parla (`talk`), è il suo `laser` a parlare. Il fatto stesso di incorporare con un embedding `laser` fornisce a `starship` un metodo `talk` che la nave spaziale inoltra a laser. Ora la nave spaziale soddisfa anche l'interfaccia `talk`, il che consente di utilizzarla con `laser`.

> Usate insieme, la composizione e le interfacce costituiscono uno strumento di programmazione molto potente.
>
> *Bill Venners*, JavaWorld
> (vedi `mng.bz/B5eg`)

TEST

Troverete le soluzioni dei test alla fine di questo capitolo.

1. Modificate il metodo `talk` di `laser` nel Listato 24.4 per impedire ai laser marziani di sparare, salvando pertanto il genere umano dall'invasione.
2. Espandete il Listato 24.4 dichiarando un nuovo tipo `rover` con un metodo `talk` che restituisca `"whir whir"`. Utilizzate anche la funzione `shout` per il nuovo tipo.

Scoprire le interfacce

Con Go potete iniziare a implementare il codice e scoprire le interfacce mentre procedete. Qualsiasi punto del codice può implementare un'interfaccia, anche il codice già esistente. Questa parte del capitolo presenterà un esempio in questo senso.
Il seguente listato determina una data stellare fittizia a partire dal giorno e dall'ora.

Listato 24.8 Calcolo della data stellare: stardate.go.

```
package main

import (
    "fmt"
    "time"
)

// stardate restituisce una misura fittizia del tempo per una determinata data.
func stardate(t time.Time) float64 {
    doy := float64(t.YearDay())
    h := float64(t.Hour()) / 24.0
    return 1000 + doy + h
}

func main() {
    day := time.Date(2012, 8, 6, 5, 17, 0, 0, time.UTC)
    fmt.Printf("%.1f Curiosity è atterrata\n", stardate(day))    ← Scrive 1219.2
                                                                   Curiosity è atterrata
}
```

La funzione `stardate` del Listato 24.8 è limitata alle date terrestri. Per rimediare a questo problema, il seguente listato dichiara un'interfaccia utilizzabile da `stardate`.

Listato 24.9 Un'interfaccia per stardate: stardater.go.

```
type stardater interface {
    YearDay() int
    Hour() int
}

// stardate restituisce una misura fittizia del tempo.
func stardate(t stardater) float64 {
```

```
    doy := float64(t.YearDay())
    h := float64(t.Hour()) / 24.0
    return 1000 + doy + h
}
```

La nuova funzione `stardate` del Listato 24.9 opera anche sulle date terrestri, in quanto il tipo `time.Time` della libreria standard soddisfa l'interfaccia `stardater`. Le interfacce in Go vengono soddisfatte implicitamente, cosa particolarmente utile quando si lavora con codice realizzato da altri.

NOTA

Questo sarebbe impossibile in un linguaggio come Java, poiché `java.time` dovrebbe dire esplicitamente che implementa `stardater`.

Avendo a disposizione l'interfaccia `stardater`, il Listato 24.9 può essere espanso con un tipo `sol` che soddisfa l'interfaccia con i metodi per `YearDay` e `Hour`, come illustrato nel seguente listato.

Listato 24.10 L'implementazione di sol: stardater.go.

```
type sol int

func (s sol) YearDay() int {
    return int(s % 668)    ← Vi sono 668 sol in un anno marziano
}

func (s sol) Hour() int {
    return 0  ← L'ora è sconosciuta
}
```

Ora la funzione `stardate` opera sia sui giorni terrestri, sia sui giorni marziani, come illustrato dal seguente listato.

Listato 24.11 In uso: stardater.go.

```
day := time.Date(2012, 8, 6, 5, 17, 0, 0, time.UTC)
fmt.Printf("%.1f Curiosity è atterrata\n", stardate(day))   ← Scrive 1219.2 Curiosity
                                                               è atterrata

s := sol(1422)
fmt.Printf("%.1f Buon compleanno\n", stardate(s))   ← Scrive 1086.0 Buon compleanno
```

TEST

3. In quali termini è utile il fatto che le interfacce siano soddisfatte implicitamente?

Soddisfare le interfacce

La libreria standard esporta varie interfacce mono-metodo che potete implementare nel vostro codice.

> Go incoraggia la composizione rispetto all'ereditarietà, utilizzando semplici interfacce, spesso mono-metodo che impongono confini puliti e facilmente comprensibili fra i componenti.
>
> *Rob Pike*, "Go at Google: Language Design in the Service of Software Engineering"
> (vedi `talks.golang.org/2012/splash.article`)

Per fare un esempio, il package `fmt` dichiara un'interfaccia `Stringer` nel seguente modo:

```
type Stringer interface {
    String() string
}
```

Basta che un tipo fornisca un metodo `String`, e funzioni come `Println`, `Sprintf` e altre analoghe potranno usarlo. Il seguente listato fornisce un metodo `String` per controllare il modo in cui il package `fmt` visualizza una posizione.

Listato 24.12 Soddisfare stringer: stringer.go.

```
package main

import "fmt"

// Posizione con una latitudine e una longitudine in gradi decimali.
type location struct {
    lat, long float64
}

// La stringa formatta una posizione con latitudine e longitudine.
func (l location) String() string {
    return fmt.Sprintf("%v, %v", l.lat, l.long)
}

func main() {
    curiosity := location{-4.5895, 137.4417}
    fmt.Println(curiosity)     ← Scrive -4.5895, 137.4417
}
```

Oltre a `fmt.Stringer`, fra le interfacce più utilizzate della libreria standard vi sono `io.Reader`, `io.Writer` e `json.Marshaler`.

SUGGERIMENTO

L'interfaccia `io.ReadWriter` rappresenta un esempio di embedding di interfacce che somiglia all'embedding di strutture di cui abbiamo parlato nel Capitolo 23. A differenza delle strutture, le interfacce non hanno campi, né metodi, così l'embedding di interfacce consente anche di risparmiare caratteri e tempo.

TEST

4. Scrivete un metodo `String` nel tipo `coordinate` e utilizzatelo per visualizzare le coordinate in un formato più leggibile.

```
type coordinate struct {
    d, m, s float64
    h       rune
}
```

Il programma dovrà produrre in output: `Elysium Planitia si trova in 4°30'0.0" N, 135°54'0.0" E`

Riepilogo

- I tipi `interface` specificano i comportamenti richiesti con un insieme di metodi.
- Le interfacce sono soddisfatte implicitamente da parte del codice nuovo o esistente di qualsiasi package.
- Una struttura soddisfa le interfacce soddisfatte dai tipi che incorpora.
- Seguite l'esempio della libreria standard e cercate di mantenere compatte le interfacce.

Vediamo se avete capito tutto...

Esperimento: marshal.go

Scrivete un programma che produca in output le coordinate in formato JSON, espandendo il lavoro svolto per il Test 4. JSON dovrebbe fornire le coordinate in gradi decimali, ma anche in gradi, minuti e secondi:

```
{
    "decimali": 135.9,
    "dms": "135°54'0.0\" E",
    "gradi": 135,
    "minuti": 54,
    "secondi": 0,
    "emisfero": "E"
}
```

Ciò può essere ottenuto senza modificare la struttura delle coordinate soddisfando l'interfaccia `json.Marshaler` per personalizzare il JSON. Il metodo `MarshalJSON` che scriverete può impiegare `json.Marshal`.

NOTA

Per calcolare i gradi decimali, dovrete utilizzare il metodo `decimal` introdotto nel Capitolo 22.

Soluzioni dei test

1. ```
   func (l laser) talk() string {
       return strings.Repeat("toot ", int(l))
   }
   ```
2. ```
   type rover string
   func (r rover) talk() string {
       return string(r)
   }

   func main() {
       r := rover("whir whir")
       shout(r)        ← Scrive WHIR WHIR
   }
   ```
3. Potete dichiarare un'interfaccia che è soddisfatta da codice scritto da altri, il che garantisce maggiore flessibilità.
4. ```
   // String formatta una coordinata DMS.
   func (c coordinate) String() string {
       return fmt.Sprintf("%v°%v'%.1f\" %c", c.d, c.m, c.s, c.h)
   }

   // Posizione con una latitudine e longitudine in gradi decimali.
   type location struct {
       lat, long coordinate
   }

   // String formatta una posizione come latitudine, longitudine.
   func (l location) String() string {
       return fmt.Sprintf("%v, %v", l.lat, l.long)
   }

   func main() {
       elysium := location{
           lat: coordinate{4, 30, 0.0, 'N'},
           long: coordinate{135, 54, 0.0, 'E'},
       }
       fmt.Println("Elysium Planitia si trova in", elysium)    ← Scrive Elysium
   }                                                              Planitia si trova in
                                                                  4°30'0.0"N, 135°54'0.0"E
   ```
   ```

Capitolo 25

Esercizio: una riserva naturale per gli animali marziani

Nel lontano futuro, il genere umano potrebbe essere in grado di vivere confortevolmente su quello che al giorno d'oggi è solo un polveroso pianeta rosso. Marte è un po' più lontano dal Sole e di conseguenza anche più freddo. Il riscaldamento del pianeta potrebbe essere il primo passo di un'attività di *terraformazione* per controllare il clima e la superficie di Marte. Una volta che l'acqua inizierà a scorrere e le piante inizieranno a crescere rigogliose, potranno essere introdotti anche degli organismi.

> Si possono piantare alcune piante tropicali, introdurre insetti e altri piccoli animali. Gli esseri umani avranno comunque bisogno di maschere per l'ossigeno e per impedire l'accumulo di elevati livelli di anidride carbonica nei polmoni.
>
> *Leonard David,*
> Mars: Our Future on the Red Planet

Attualmente, l'atmosfera marziana è composta per circa il 96% di anidride carbonica (vedi `https://it.wikipedia.org/wiki/Atmosfera_di_Marte`). Ci potrebbe volere davvero moltissimo tempo prima di cambiare le cose. Per il momento, quindi, Marte rimarrà un mondo a sé stante.

Ora è il momento di usare un po' di immaginazione. Che cosa pensate accadrebbe se un arca piena di animali terrestri venisse introdotta su un Marte ormai sottoposto a terraformazione? Quali forme di vita potrebbero derivare una volta che il clima fosse stato reso adatto a supportare la vita animale?

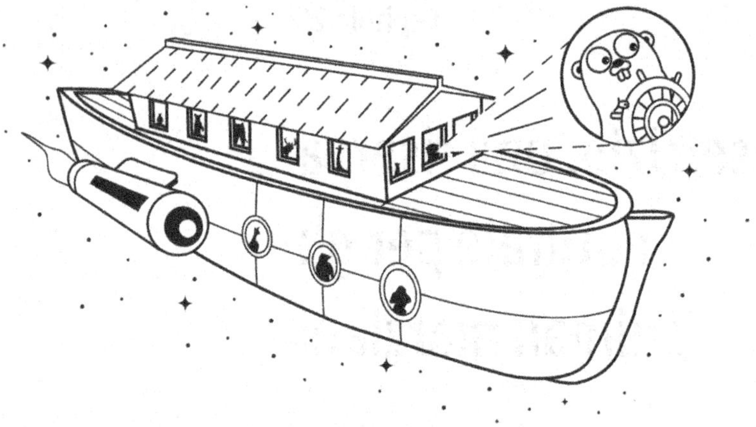

Il vostro compito è quello di creare una simulazione della prima riserva di animali marziana. Create alcuni tipi di animali. Ogni animale dovrebbe avere un nome e aderire all'interfaccia `Stringer`, in modo da restituire il proprio nome.
Ogni animale dovrebbe avere dei metodi per spostarsi e cibarsi. Il metodo di spostamento dovrebbe restituire una descrizione del movimento. Il metodo di alimentazione dovrebbe restituire il nome di un cibo a caso gradito dall'animale.
Implementate un ciclo giorno/notte ed eseguite una simulazione per tre giorni di 24 ore (ovvero 72 ore). Tutti gli animali dovrebbero dormire dal tramonto all'alba. Per ogni ora del giorno, scegliete un animale a caso per fargli compiere un'azione casuale (spostarsi o mangiare). Per ogni azione, presentate una descrizione di ciò che ha fatto l'animale.
La vostra implementazione dovrebbe utilizzare strutture e interfacce.

Parte VI

Argomenti avanzati

È giunto il tempo di "sporcarsi le mani", iniziando ad affrontare gli argomenti più avanzati della programmazione in Go.
Considereremo il modo in cui la memoria viene organizzata e condivisa, il che obbliga a nuovi livelli di controllo e anche di responsabilità. Vedrete i vantaggi di `nil`, evitando nel contempo il temuto *deindirizzamento di un puntatore nullo*. E vedrete anche come applicare un controllo sugli errori, per rendere più affidabili i vostri programmi.

In questa parte

Capitolo 26

Parliamo di puntatori

Dopo questo capitolo saprete:

- dichiarare e utilizzare i puntatori;
- comprendere le relazioni fra i puntatori e la memoria ad accesso diretto (RAM – *Random Access Memory*);
- quando usare (e quando non usare) i puntatori.

In questo capitolo

Provate a camminare per il vicinato e, probabilmente, incontrerete indicazioni e frecce che rinviano a specifici indirizzi, fino a guidarvi nel punto che state cercando. In questo modo potreste però finire anche davanti a una vetrina impolverata, con la scritta: "Spiacenti, ci siamo trasferiti!". I puntatori sono un po' come queste indicazioni, compresa quella che trovate sul nuovo cartello, che vi rimanda a un altro indirizzo.

Un puntatore è una variabile che punta all'indirizzo di un'altra variabile. Si tratta, pertanto, di una forma di *indirettezza*, la quale può essere uno strumento molto potente.

> Tutti i problemi, nel campo dei computer, possono essere risolti aggiungendo un ulteriore livello di indirettezza...
>
> *David Wheeler*

I puntatori possono essere molto utili, ma nel corso degli anni hanno accumulato una cattiva fama. I linguaggi del passato (in particolare il C) non tenevano in gran conto la sicurezza del sistema. A quell'epoca, molte "impiantate" di sistema e molte vulnerabilità alla sicurezza potevano essere fatte risalire a un errato uso dei puntatori. Questo ha dato origine a molti linguaggi che hanno smesso di esporre i puntatori ai programmatori.
Go, al contrario, è dotato di puntatori, ma nel contempo cura la sicurezza della memoria. Go non è afflitto da problemi come quello dei *puntatori pendenti*. Questo equivale ad avere l'indirizzo di un negozio, recarsi sul posto e scoprire che a quell'indirizzo c'è solo un bel nulla o il parcheggio di un casinò.
Se nelle vostre precedenti esperienze vi è capitato di incontrare i puntatori, fate un bel sospiro di sollievo. In Go i puntatori non sono poi così problematici. Se poi questo è il vostro primo incontro con i puntatori, prendetevela con comodo. Go è forse il linguaggio più sicuro per imparare a usare i puntatori.

Considerazioni iniziali

Come il cartello di trasferimento che rimanda i visitatori a un nuovo indirizzo, i puntatori dirigono il computer al nuovo indirizzo di un valore. Quale altra situazione potete immaginare in cui potreste aver bisogno di essere rimandati da qualche altra parte?

Simboli per i puntatori: & e *

I puntatori, in Go, adottano la sintassi tradizionale del linguaggio C. Occorre tenere a mente solo due simboli: il simbolo di "e commerciale" (`&`) e il simbolo di asterisco (`*`), anche se l'asterisco, in realtà, ha un doppio scopo, come vedremo fra breve.
L'operatore di *indirizzamento*, rappresentato da una `&`, determina l'indirizzo di una variabile in memoria. Le variabili conservano il proprio valore nella RAM del computer e la posizione in cui tale valore è conservato è chiamata *indirizzo di memoria*. Il seguente listato mostra un indirizzo di memoria sotto forma di un numero esadecimale e, naturalmente, l'indirizzo che verrà utilizzato sul vostro computer sarà quasi certamente differente.

Listato 26.1 Operatore di indirizzamento: memory.go.

```
answer := 42
fmt.Println(&answer)    ← Scrive 0x1040c108
```

Questa è la posizione in memoria in cui viene conservato il valore 42. Fortunatamente, potete utilizzare la variabile answer per accedere a tale valore, senza preoccuparvi dell'indirizzo di memoria in cui il vostro computer l'ha memorizzato.

NOTA

Non potete richiedere l'indirizzo di un letterale stringa, di un numero o di un valore booleano. Il compilatore Go opporrà un errore a una richiesta come &42 o &"un altro livello di indirezione".

L'operatore di indirizzamento (&) fornisce l'indirizzo di memoria di un valore. L'operazione inversa è chiamata *deindirizzamento* e fornisce il valore che si trova a un determinato indirizzo in memoria. Il seguente listato esegue un deindirizzamento della variabile address, utilizzando l'operatore asterisco (*).

Listato 26.2 L'operatore di deindirizzamento: memory.go.

```
answer := 42
fmt.Println(&answer)      ← Scrive 0x1040c108

address := &answer
fmt.Println(*address)      ← Scrive 42
```

Nel listato precedente e nella Figura 26.1, la variabile address contiene l'indirizzo di memoria in cui si trova answer. Attenzione: non contiene la risposta (42), ma l'indirizzo di memoria in cui essa si trova.

NOTA

In C gli indirizzi di memoria possono essere manipolati utilizzando l'aritmetica dei puntatori, per esempio scrivendo address++, mentre Go impedisce queste operazioni potenzialmente pericolose.

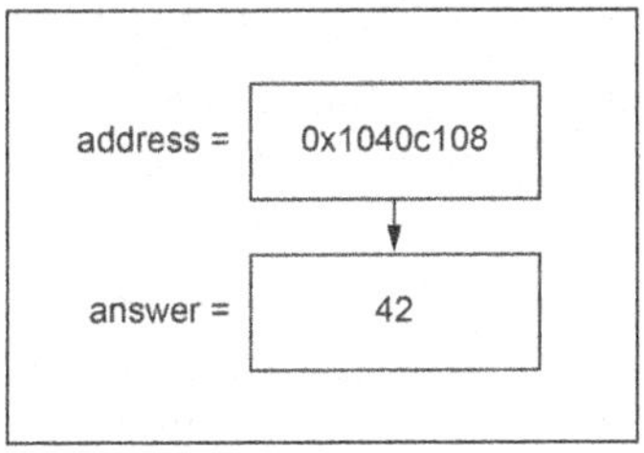

Figura 26.1 address punta ad answer.

TEST

Troverete le soluzioni dei test alla fine di questo capitolo.

1. Che cosa visualizza fmt.Println(*&answer) nel caso del Listato 26.2?
2. In quale modo il compilatore Go può distinguere fra deindirizzamento e moltiplicazione?

Tipi di puntatori

I puntatori conservano degli indirizzi di memoria.
La variabile address del Listato 26.2 è un puntatore di tipo *int (si legge "puntatore a int"), come il codice di formattazione %T rivela nel seguente listato.

Listato 26.3 Un tipo di puntatore: type.go.

```
answer := 42
address := &answer
fmt.Printf("address è un %T\n", address)    ← Scrive address è un *int
```

L'asterisco * in *int indica che il tipo è un puntatore. In questo caso punta a variabili di tipo int.
Il tipo puntatore può comparire in qualsiasi punto possa essere impiegato un tipo standard, comprese le dichiarazioni di variabili, i parametri di funzioni, il tipo restituito dalle funzioni, i tipi nei campi di una struttura e così via. Nel seguente listato, l'asterisco (*) nella dichiarazione di home indica che si tratta di un tipo puntatore.

Listato 26.4 Dichiarare un puntatore: home.go.

```
canada := "Canada"

var home *string
fmt.Printf("home è un %T\n", home)    ← Scrive home è un *string

home = &canada
fmt.Println(*home)    ← Scrive Canada
```

SUGGERIMENTO

Un asterisco davanti al nome di un tipo indica un tipo puntatore, mentre un asterisco davanti al nome di una variabile viene impiegato per deindirizzare il valore cui punta la variabile.

La variabile home del listato precedente può puntare a qualsiasi variabile di tipo string. Di conseguenza, il compilatore Go non permetterà a home di puntare a una variabile di tipo differente, per esempio a un int.

NOTA

La gestione dei tipi del linguaggio C prevede che un indirizzo di memoria possa contenere valori di tipi differenti. Questa versatilità può anche essere utile, a volte, ma, ancora una volta, Go evita l'impiego di operazioni potenzialmente pericolose.

TEST

3. Come scrivereste il codice necessario per dichiarare una variabile di nome address che possa puntare a valori interi?
4. Come potete distinguere fra la dichiarazione di un tipo puntatore e il deindirizzamento di un puntatore, nel Listato 26.4?

I puntatori servono a... puntare

Charles Bolden divenne amministratore della Nasa il 17 luglio 2009. Fu preceduto da Christopher Scolese. Rappresentando il ruolo di amministratore con un puntatore, il seguente listato può puntare ad `administrator`, chiunque sia a ricoprire tale ruolo (vedi Figura 26.2).

Listato 26.5 Amministratori della NASA: nasa.go.

```
var administrator *string

scolese := "Christopher J. Scolese"
administrator = &scolese
fmt.Println(*administrator)      ← Scrive Christopher J. Scolese

bolden := "Charles F. Bolden"
administrator = &bolden
fmt.Println(*administrator)      ← Scrive Charles F. Bolden
```

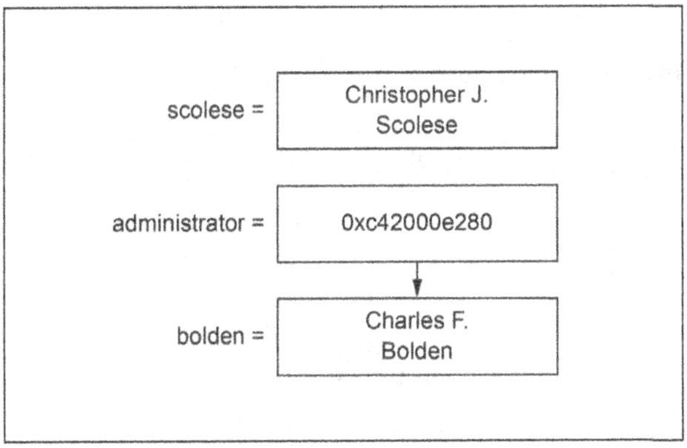

Figura 26.2 La variabile administrator punta a bolden.

Le modifiche al valore di `bolden` possono essere eseguite in una sola posizione, poiché la variabile `administrator` punta a `bolden`, senza conservarne una copia:

```
bolden = "Charles Frank Bolden Jr."
fmt.Println(*administrator)      ← Scrive Charles Frank Bolden Jr.
```

È anche possibile deindirizzare `administrator` in modo da modificare indirettamente il valore di `bolden`:

```
*administrator = "Maj. Gen. Charles Frank Bolden Jr."
fmt.Println(bolden)      ← Scrive Maj. Gen. Charles Frank Bolden Jr.
```

L'assegnamento di `major` ad `administrator` produce un nuovo puntatore che punta anch'esso alla stringa `bolden` (vedi Figura 26.3):

```
major := administrator
*major = "Major General Charles Frank Bolden Jr."
fmt.Println(bolden)        ← Scrive Major General Charles Frank Bolden Jr.
```

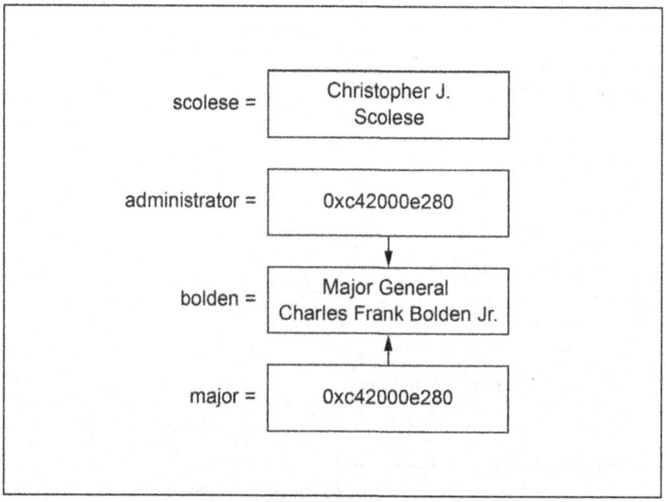

Figura 26.3 Sia administrator sia major puntano a bolden.

I puntatori `major` e `administrator` puntano entrambi allo stesso indirizzo di memoria e pertanto sono uguali:

```
fmt.Println(administrator == major)      ← Scrive true
```

Charles Bolden ha ceduto poi il posto a Robert M. Lightfoot Jr. il 20 gennaio 2017. Dopo questo cambiamento, `administrator` e `major` non puntano più allo stesso indirizzo di memoria (vedi Figura 26.4):

```
lightfoot := "Robert M. Lightfoot Jr."
administrator = &lightfoot

fmt.Println(administrator == major)      ← Scrive false
```

L'assegnamento del valore deindirizzato di `major` a un'altra variabile crea una copia della stringa. Dopo aver eseguito tale copia, le modifiche dirette e indirette a `bolden` non avranno alcun effetto sul valore di `charles` e viceversa:

```
charles := *major
*major = "Charles Bolden"
fmt.Println(charles)       ← Scrive Major General Charles Frank Bolden Jr.
fmt.Println(bolden)        ← Scrive Charles Bolden
```

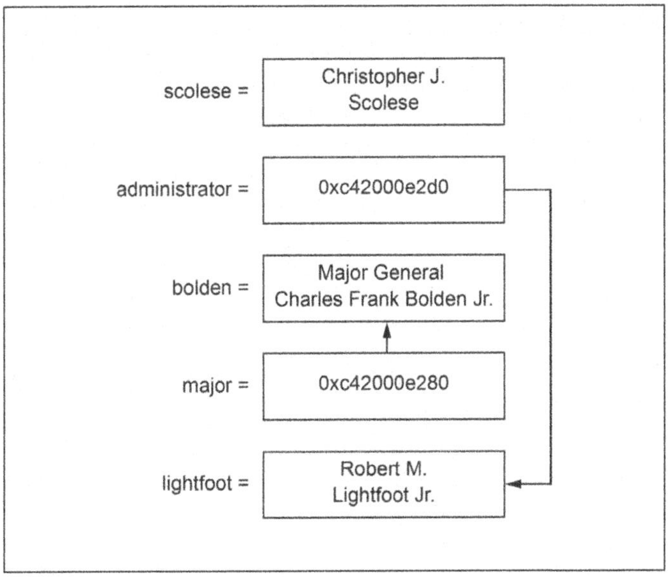

Figura 26.4 Ora administrator punta a lightfoot.

Se due variabili contengono la stessa stringa, sono considerate uguali, come nel caso di `charles` e `bolden` nel seguente codice. È così anche se le due variabili sono memorizzate in indirizzi di memoria differenti:

```
charles = "Charles Bolden"
fmt.Println(charles == bolden)        ← Scrive true
fmt.Println(&charles == &bolden       ← Scrive false
```

In questo paragrafo il valore di `bolden` è stato modificato indirettamente deindirizzando i puntatori `administrator` e `major`. Questo illustra quello che possono fare i puntatori, anche se in questo caso sarebbe stato più semplice assegnare i valori direttamente a `bolden`.

TEST

5. Quali sono i vantaggi dell'utilizzare un puntatore nel Listato 26.5?
6. Descrivete che cosa fanno le istruzioni `major := administrator` e `charles := *major`.

Puntatori a strutture

I puntatori vengono frequentemente utilizzati insieme alle strutture. Per questo motivo, i progettisti del linguaggio Go hanno scelto di fornire alcuni strumenti di servizio specifici per i puntatori a strutture.
A differenza delle stringhe e dei numeri, ai letterali compositi è possibile far precedere un operatore di indirizzo. Nel seguente listato, la variabile `timmy` contiene un indirizzo di memoria che punta a una struttura `person`.

Listato 26.6 La struttura person: struct.go.

```
type person struct {
    name, superpower string
    age              int
}

timmy := &person{
    name: "Timothy",
    age: 10,
}
```

Inoltre, non è necessario deindirizzare le strutture per accedere ai loro campi. Il seguente listato è preferibile a scrivere `(*timmy).superpower`.

Listato 26.7 Letterali compositi: struct.go.

```
timmy.superpower = "volo"

fmt.Printf("%+v\n", timmy)     ← Scrive &{name:Timothy superpower:volo age:10}
```

TEST

7. Quali sono gli utilizzi validi dell'operatore di indirizzamento?
   A. Stringhe letterali: `&"Timothy"`
   B. Interi letterali: `&10`
   C. Letterali compositi: `&person{name: "Timothy"}`
   D. Tutti gli esempi precedenti.
8. Qual è la differenza fra `timmy.superpower` e `(*timmy).superpower`?

Puntatori ad array

Come nel caso delle strutture, i letterali compositi degli array possono avere come prefisso l'operatore di indirizzamento (`&`) per creare un nuovo puntatore ad array. Gli array forniscono anche un deindirizzamento automatico, come si può vedere nel seguente listato.

Listato 26.8 Un puntatore ad array: superpowers.go.

```
superpowers := &[3]string{"volo", "invisibilità", "super forza"}

fmt.Println(superpowers[0])      ← Scrive volo
fmt.Println(superpowers[1:2])    ← Scrive [invisibilità]
```

L'array del listato precedente viene deindirizzato automaticamente dall'indicizzazione o da una slice. Non vi è alcuna necessità di scrivere il più macchinoso `(*superpowers)[0]`.

NOTA

A differenza del linguaggio C, in Go gli array e i puntatori sono tipi completamente indipendenti.

Anche i letterali compositi per le slice e le mappe possono avere come prefisso l'operatore di indirizzamento (&), ma non viene eseguito alcun deindirizzamento automatico.

TEST

9. Qual è un altro modo per scrivere `(*superpowers)[2:]`, dove `superpowers` è un puntatore a un array?

Impiego della mutazione

I puntatori vengono utilizzati per attivare la mutazione al di là dei limiti delle funzioni e dei metodi.

Puntatori come parametri

In Go i parametri di funzioni e metodi vengono passati per valore. Questo significa che le funzioni operano sempre su una copia degli argomenti che ricevono. Quando a una funzione viene passato un puntatore, essa riceve una copia del suo indirizzo di memoria. Deindirizzando tale indirizzo, la funzione può modificare il valore cui punta il puntatore. Nel Listato 26.9, viene dichiarata una funzione `birthday` con un parametro di tipo `*person`. Questo consente al corpo della funzione di deindirizzare il puntatore e modificare il valore cui punta. Come si vede nel Listato 26.7, non è necessario deindirizzare esplicitamente la variabile `p` per accedere al campo `age`. La sintassi del seguente listato è preferibile a utilizzare `(*p).age++`.

Listato 26.9 Parametri di funzione: birthday.go.

```
type person struct {
    name, superpower string
    age              int
}

func birthday(p *person) {
    p.age++
}
```

La funzione `birthday` richiede che il chiamante passi un puntatore a `person`, come si vede nel seguente listato.

Listato 26.10 Argomenti di funzione: birthday.go.

```
rebecca := person{
    name:       "Rebecca",
```

```
    superpower: "immaginazione",
    age:        14,
}

birthday(&rebecca)

fmt.Printf("%+v\n", rebecca)      ← Scrive {name:Rebecca superpower:immaginazione age:15}
```

TEST

10. Quale forma restituirebbe `Timothy 11`? Consultate il Listato 26.6.
    A. `birthday(&timmy)`
    B. `birthday(timmy)`
    C. `birthday(*timmy)`
11. Quanti anni avrebbe Rebecca se la funzione `birthday(p person)` non usasse un puntatore?

Ricevitori puntatori

I ricevitori dei metodi sono simili ai parametri. Il metodo `birthday` del seguente listato utilizza come ricevitore un puntatore, il che consente al metodo di modificare gli attributi di `person`. Questo comportamento è simile a quello della funzione `birthday`, nel Listato 26.9.

Listato 26.11 Un puntatore come ricevitore: method.go.

```
type person struct {
    name string
    age int
}

func (p *person) birthday() {
    p.age++
}
```

Nel seguente listato, la dichiarazione del puntatore e la chiamata del metodo `birthday` incrementa l'età di Terry.

Listato 26.12 Chiamata a funzione con un puntatore: method.go.

```
terry := &person{
    name: "Terry",
    age: 15,
}
terry.birthday()
fmt.Printf("%+v\n", terry)      ← Scrive &{name:Terry age:16}
```

Alternativamente, la chiamata a metodo del seguente listato non utilizza un puntatore e, tuttavia, funziona. Go determina automaticamente l'indirizzo (`&`) di una variabile quando i metodi vengono chiamati con la notazione a punto, quindi non è necessario scrivere (&nathan).birthday().

Listato 26.13 Chiamata a metodo senza un puntatore: method.go.

```
nathan := person{
name: "Nathan",
age: 17,
}
nathan.birthday()
fmt.Printf("%+v\n", nathan)        ← Scrive {name:Nathan age:18}
```

Che venga chiamato con un puntatore o meno, il metodo birthday dichiarato nel Listato 26.11 deve specificare un puntatore come ricevitore, altrimenti age non verrà incrementata.

Le strutture vengono frequentemente passate attraverso puntatori. Ha perfettamente senso che il metodo birthday modifichi gli attributi di una persona invece di creare una nuova persona. Detto questo, non tutte le strutture devono essere mutate. La libreria standard fornisce un ottimo esempio nel package time. I metodi del tipo time.Time non usano mai un puntatore, preferendo restituire, invece, un nuovo orario, come il seguente listato. Dopotutto, domani è un altro giorno.

Listato 26.14 Domani è un altro giorno: day.go.

```
const layout = "Mon, Jan 2, 2006"

day := time.Now()
tomorrow := day.Add(24 * time.Hour)

fmt.Println(day.Format(layout))         ← Scrive Tue, Nov 10, 2009
fmt.Println(tomorrow.Format(layout))    ← Scrive Wed, Nov 11, 2009
```

SUGGERIMENTO

Occorre utilizzare i ricevitori puntatori in modo coerente. Se determinati metodi hanno bisogno di ricevitori puntatori, utilizzate i ricevitori puntatori per tutti i metodi del tipo (si veda golang.org/doc/faq#methods_on_values_or_pointers).

TEST

12. Come potete sapere che time.Time non usa mai un ricevitore puntatore?

Puntatori interni

Go fornisce una comoda funzionalità chiamata *puntatore interno*, utilizzata per determinare l'indirizzo di memoria di un campo all'interno di una struttura. La funzione levelUp del seguente listato modifica una struttura stats e, pertanto, richiede un puntatore.

Listato 26.15 La funzione levelUp: interior.go.

```
type stats struct {
    level             int
    endurance, health int
}

func levelUp(s *stats) {
    s.level++
    s.endurance = 42 + (14 * s.level)
    s.health = 5 * s.endurance
}
```

L'operatore di indirizzamento, in Go, può essere utilizzato per puntare a un campo all'interno di una struttura, come nel seguente listato.

Listato 26.16 Puntatori interni: interior.go.

```
type character struct {
    name string
    stats stats
}

player := character{name: "Matthias"}
levelUp(&player.stats)

fmt.Printf("%+v\n", player.stats)      ← Scrive {level:1 endurance:56 health:280}
```

Il tipo `character` non ha alcun puntatore nella definizione della struttura, eppure si può conoscere l'indirizzo di memoria di qualsiasi campo in caso di necessità. Per esempio, il codice `&player.stats` fornisce un puntatore all'interno della struttura.

TEST

13. Che cos'è un puntatore interno?

Mutazione di array

Anche se le slice tendono a essere preferite rispetto agli array, l'uso degli array può essere appropriato quando non vi è alcuna necessità di modificare la loro lunghezza. La scacchiera del Capitolo 16 è un esempio in questo senso. Il seguente listato mostra come i puntatori consentano alle funzioni di modificare gli elementi dell'array.

Listato 26.17 Reset della scacchiera: array.go.

```
func reset(board *[8][8]rune) {
    board[0][0] = 'r'
    // ...
}
```

```
func main() {
    var board [8][8]rune
    reset(&board)

    fmt.Printf("%c", board[0][0])      ← Scrive r
}
```

Nel Capitolo 20, l'implementazione suggerita del Gioco della vita di Conway utilizza le slice, anche se quel "mondo" ha una lunghezza fissa. Grazie ai puntatori, potete riscrivere il Gioco della vita in modo da utilizzare gli array.

TEST

14. Quando è utile impiegare un puntatore a un array?

Puntatori sotto mentite spoglie

Non tutte le mutazioni richiedono un uso esplicito di un puntatore. Go utilizza i puntatori dietro le quinte anche per alcune collezioni interne.

Le mappe sono puntatori

Il Capitolo 19 stabilisce che le mappe non siano copiate quando vengono assegnate o passate come argomenti. Le mappe sono puntatori sotto mentite spoglie, e pertanto è ridondante puntare a una mappa con un puntatore. Dunque non fate mai così:

```
func demolish(planets *map[string]string)      ← Un puntatore inutile
```

È perfettamente corretto che la chiave o il valore di una mappa sia di tipo puntatore, ma è raro avere bisogno di puntare a una mappa.

TEST

15. Una mappa è un puntatore?

Le slice puntano agli array

Il Capitolo 17 descrive una slice come una finestra all'interno di un array. Per puntare a un elemento dell'array, le slice utilizzano proprio un puntatore. Internamente una slice è rappresentata come una struttura di tre elementi: un puntatore a un array, la capacità della slice e la lunghezza. Il puntatore interno consente di modificare i dati sottostanti nel caso in cui una slice venga passata direttamente a una funzione o a un metodo.
Un puntatore esplicito a una slice è utile solo quando si modifica la slice stessa: la lunghezza, la capacità o l'offset iniziale. Nel seguente listato, la funzione `reclassify` modifica la lunghezza della slice `planets`. La funzione chiamante (`main`) non vedrà questa modifica nel caso in cui `reclassify` non utilizzi un puntatore.

Listato 26.18 Modifica di una slice: slice.go.

```
func reclassify(planets *[]string) {
    *planets = (*planets)[0:8]
}

func main() {
    planets := []string{
        "Mercurio", "Venere", "Terra", "Marte",
        "Giove", "Saturno", "Urano", "Nettuno",
        "Plutone",
    }
    reclassify(&planets)
    fmt.Println(planets)     ← Scrive [Mercurio Venere Terra Marte Giove Saturno Urano Nettuno]
}
```

Invece di modificare la slice passata, come abbiamo fatto nel Listato 26.18, un approccio più corretto è scrivere la funzione `reclassify` in modo che restituisca una nuova slice.

TEST

16. Le funzioni e i metodi che vogliono modificare i dati che ricevono hanno bisogno di un puntatore per quali tipi di dati?

Puntatori e interfacce

Il seguente listato dimostra che sia `martian` sia un puntatore a `martian` soddisfano l'interfaccia `talker`.

Listato 26.19 Puntatori e interfaccia: martian.go.

```
type talker interface {
    talk() string
}

func shout(t talker) {
    louder := strings.ToUpper(t.talk())
    fmt.Println(louder)
}

type martian struct{}

func (m martian) talk() string {
    return "nack nack"
}

func main() {
    shout(martian{})      ← Scrive NACK NACK
    shout(&martian{})     ←
}
```

È diverso quando i metodi utilizzano come ricevitori dei puntatori, come accade nel seguente listato.

Listato 26.20 Puntatori e interfacce: interface.go

```
type laser int
func (l *laser) talk() string {
    return strings.Repeat("pew ", int(*l))
}

func main() {
    pew := laser(2)
    shout(&pew)      ← Scrive PEW PEW
}
```

Nel listato precedente, `&pew` è di tipo `*laser`, un tipo che soddisfa l'interfaccia `talker` richiesta da `shout`. Ma `shout(pew)` non funzionerebbe, perché `laser` non soddisfa l'interfaccia, in questo caso.

TEST

17. Quando un puntatore soddisfa un'interfaccia?

Usate i puntatori con parsimonia

I puntatori possono essere utili, ma aumentano la complessità del codice. Può essere più difficile seguirne il funzionamento quando i valori possono essere modificati in più punti. Utilizzate i puntatori solo quando è necessario, e senza abusarne. I linguaggi di programmazione che non espongono i puntatori spesso li utilizzano dietro le quinte, per esempio quando devono comporre una classe di più oggetti. Con Go potete decidere quando usare puntatori e quando invece *non* utilizzarli.

TEST

18. Perché è meglio non abusare dei puntatori?

Riepilogo

- I puntatori contengono indirizzi di memoria.
- L'operatore di indirizzamento (`&`) fornisce l'indirizzo di memoria di una variabile.
- Un puntatore può essere deindirizzato (`*`) per poter accedere al valore da esso puntato, e anche modificarlo.
- I puntatori sono tipi, dichiarati facendo precedere al nome del tipo un asterisco, come in `*int`.
- Potete utilizzare i puntatori per modificare i valori anche oltre i limiti di una funzione o di un metodo.

- I puntatori sono particolarmente utili con le strutture e gli array.
- Le mappe e le slice utilizzano puntatori, dietro le quinte.
- I puntatori interni possono puntare a campi interni delle strutture senza dichiarare tali campi come puntatori.
- Utilizzate i puntatori quando è appropriato, senza abusarne.

Vediamo se avete capito tutto...

Esperimento: turtle.go

Scrivete un programma con una tartaruga che possa muoversi in alto, in basso, a destra o a sinistra. La tartaruga dovrebbe memorizzare una posizione (x, y) dove gli incrementi positivi vanno in basso e a destra. Utilizzate dei metodi per incrementare/decrementare la variabile appropriata. La funzione `main` dovrebbe impiegare i metodi che avete scritto e poi mostrare a schermo la posizione finale.

SUGGERIMENTO

I ricevitori dei metodi dovranno utilizzare dei puntatori per poter manipolare i valori X e Y.

Soluzioni dei test

1. Visualizza `42`, perché l'indirizzo di memoria (&) subisce un deindirizzamento (*) che ne estrae il valore.
2. La moltiplicazione è un operatore *infisso* che richiede due valori, mentre il deindirizzamento è un operatore *prefisso* e richiede un'unica variabile.
3. `var address *int`
4. Un asterisco davanti al *nome di un tipo* denota un tipo puntatore, mentre un asterisco davanti al *nome di una variabile* viene utilizzato per deindirizzare il valore cui punta tale variabile.
5. Le modifiche possono essere eseguite in un solo punto, in quanto la variabile `administrator` punta a una persona e non conserva una copia di dati.
6. La variabile `major` è un nuovo puntatore `*string` che contiene lo stesso indirizzo di memoria di `administrator`, mentre `charles` è una stringa contenente una copia del valore cui puntava `major`.
7. L'operatore di indirizzamento è valido con i nomi di variabili e i letterali compositi, ma non con le stringhe letterali o i numeri.
8. Non esiste alcuna differenza funzionale, perché Go deindirizza automaticamente i puntatori ai campi, ma `timmy.superpower` è più facile da leggere e pertanto è anche preferibile.
9. Scrivere `superpowers[2:]` è la stessa cosa, grazie al deindirizzamento automatico degli array.
10. La variabile `timmy` è già un puntatore, pertanto la risposta corretta è B: `birthday(timmy)`.
11. Rebecca avrà per sempre 14 anni, se `birthday` non utilizza un puntatore.

12. Il codice del Listato 26.14 non rivela se il metodo `Add` utilizza un ricevitore puntatore, poiché la notazione a punto è la stessa in entrambi i casi. È meglio osservare la documentazione dei metodi di `time.Time` (si veda `golang.org/pkg/time/#Time`).
13. Un puntatore che punta a un campo all'interno di una struttura. Questo si ottiene utilizzando l'operatore di indirizzamento su un campo di una struttura, come in `&player.stats`.
14. Gli array sono adatti per i dati di dimensioni fisse, come una scacchiera. Gli array vengono sempre copiati quando vengono passati a funzioni o metodi, a meno che sia utilizzato un puntatore, che attiva la mutazione.
15. Sì, anche se le mappe non sembrano sintatticamente dei puntatori, in effetti sono puntatori. Non vi è alcun modo di utilizzare una mappa se non attraverso un puntatore.
16. Le strutture e gli array.
17. Un puntatore a un valore soddisfa tutte le interfacce soddisfatte dal tipo nella versione senza puntatori.
18. Il codice che non utilizza puntatori può essere più semplice da comprendere.

Capitolo 27

Tanto rumore per nil

In questo capitolo

- Il "nulla" getta nel panico
- Tenete d'occhio i metodi
- Valori funzione nulli
- Slice nulle
- Mappe nulle
- Interfacce nulle
- Un'alternativa a nil
- Riepilogo

Dopo questo capitolo saprete:

- fare qualcosa con nulla;
- capire quali sono i problemi di nil;
- scoprire come fare il miglior uso di nil.

Il termine *nil* sta a significare nulla, zero. Nel linguaggio di programmazione Go, `nil` è un valore zero. Nel Capitolo 2 abbiamo detto che un `int` dichiarato senza un valore assumerà il valore di default `0`. Una stringa vuota è il valore zero delle stringhe e così via. Un puntatore che non ha nulla cui puntare conterrà il valore `nil`. E l'identificatore `nil` è il valore zero anche per le slice, le mappe e le interfacce.
Sono molti i linguaggi di programmazione a comprendere il concetto di "nulla", indipendentemente dal fatto che lo chiamino `NULL`, `null` o `None`. Nel 2009, prima del rilascio di Go, il progettista del linguaggio Tony Hoare fornì una presentazione intitolata "Null References: The Billion Dollar Mistake". Nel suo discorso (`mng.bz/dNzX`), Hoare si assume la responsabilità di aver inventato il riferimento nullo nel 1965 e ammette che i puntatori al nulla non sono stati una delle sue idee più brillanti.

NOTA

Nel 1978 Tony Hoare inventò anche i processi CSP (Communicating Sequential Processes). Le sue idee stanno alla base della concorrenza in Go, argomento trattato nella Parte 7 del volume.

Il concetto di `nil` è un po' più amichevole in Go, meno complesso rispetto a quanto accade in altri linguaggi, ma occorre comunque utilizzarlo con cautela. `nil` ha anche degli utilizzi imprevisti, dei quali Francesc Campoy ha parlato nella sua presentazione al GopherCon 2016 (vedi `www.youtube.com/watch?v= ynoY2xz-F8s`), che sono stati di grande ispirazione per questo capitolo.

Considerazioni iniziali

Considerate l'idea di creare una costellazione, dove ogni stella contiene un puntatore alla sua stella più vicina. Dopo aver svolto tutti i calcoli necessari, ogni stella punterà da qualche parte e la ricerca della stella più vicina diviene una semplice operazione di deindirizzamento di un puntatore. Ma finché non vengono eseguiti tutti i calcoli, dove puntano i puntatori? Questa è una delle situazioni in cui è utile impiegare `nil`, il quale può prendere il posto della sua stella più vicina, finché non verrà individuata.

Provate a immaginare un'altra situazione in cui può essere utile impiegare un puntatore al nulla?

Il "nulla" getta nel panico

Se un puntatore non punta da nessuna parte, ogni tentativo di deindirizzarlo non funzionerà, come potete vedere nel Listato 27.1. Provate ad deindirizzare un puntatore `nil` e il programma si bloccherà. In generale, gli utenti non apprezzano moltissimo le app che vanno in crash.

> Lo chiamo il mio errore da un miliardo di dollari.
>
> *Tony Hoare*

Listato 27.2 Nil getta nel panic: panic.go.

```
var nowhere *int
fmt.Println(nowhere)      ← Scrive <nil>
fmt.Println(*nowhere)     ← Panic: deindirizzamento di un puntatore nullo
```

Evitare questo *panic* è abbastanza semplice. Basta proteggersi da un deindirizzamento di un puntatore nullo con un'istruzione `if`, come nel seguente listato.

Listato 27.2 Protezione contro il panic: nopanic.go.

```
var nowhere *int

if nowhere != nil {
    mt.Println(*nowhere)
}
```

A dire la verità, i programmi possono bloccarsi per tantissimi motivi, non solo per il deindirizzamento di un puntatore nullo. Per esempio, provate a dividere un numero per zero e otterrete un panic e anche in quel caso il rimedio è simile. In ogni caso, considerate tutto il software scritto negli ultimi cinquant'anni: il numero di deindirizzamenti accidentali di puntatori nulli può risultare molto costoso per gli utenti e di conseguenza anche per i programmatori. L'esistenza stessa del puntatore nullo, chiede a ogni programmatore di considerare questa eventualità. Il codice deve controllare il puntatore per assicurarsi che non sia nullo e, in questo caso, dove occorre collocare quel controllo? E poi, che cosa deve fare il codice se il valore è nullo? Davvero `nil` deve essere una "brutta parola"?

Non vi è alcuna necessità di evitare `nil` come la peste. In realtà, il puntatore nullo può essere anche utile, come vedremo nel resto di questo capitolo. Inoltre, i puntatori nulli, in Go, sono meno frequenti rispetto a quanto accade in altri linguaggi, e vi sono sempre dei modi per evitare di utilizzarli.

TEST

Troverete le soluzioni dei test alla fine di questo capitolo.

1. Qual è il valore zero del tipo `*string`?

Tenete d'occhio i metodi

I metodi ricevono frequentemente un puntatore a una struttura, il che significa che il destinatario potrebbe essere nullo, come nel seguente listato. Indipendentemente dal fatto che un puntatore venga deindirizzato esplicitamente (`*p`) o implicitamente accedendo a un campo della struttura (`p.age`), un valore nullo provocherà un *panic*.

Listato 27.3 Ricevitori nulli: method.go.

```
type person struct {
    age int
}

func (p *person) birthday() {
    p.age++     ← Deindirizzamento di un puntatore nullo
}
```

```
func main() {
    var nobody *person
    fmt.Println(nobody)     ← Scrive <nil>

    nobody.birthday()
}
```

Un'osservazione chiave: l'errore viene provocato dall'esecuzione della riga `p.age++`. Togliete quella riga e il programma funzionerà.

NOTA

Paragonate questa situazione al programma equivalente in Java, dove un destinatario nullo bloccherà immediatamente il programma alla chiamata del metodo.

Al contrario, Go richiama i metodi anche se il destinatario ha un valore nullo. Un ricevitore nullo non si comporta in modo differente da un parametro nullo. Questo significa che i metodi possono proteggersi contro i valori nulli, come avviene nel seguente listato.

Listato 27.4 Clausola di protezione: guard.go.

```
func (p *person) birthday() {
    if p == nil {
        return
    }
    p.age++
}
```

Invece di controllare l'esistenza del valore nullo prima di ogni chiamata al metodo `birthday`, il listato precedente controlla che il destinatario non sia nullo all'interno del metodo.

NOTA

In Objective-C, la chiamata di un metodo su `nil` non blocca nulla, tuttavia la chiamata al metodo restituirà un valore zero.

Dovete decidere come gestire il `nil` in Go. I vostri metodi possono restituire valori zero oppure restituire un errore o naturalmente potete anche lasciare che il programma vada in crash.

TEST

2. Che cosa succede durante l'accesso a un campo (`p.age`) se `p` è `nil`?

Valori funzione nulli

Quando una variabile è dichiarata di tipo funzione, il suo valore è, per default, `nil`. Nel seguente listato, `fn` è di tipo funzione, ma non è assegnata ad alcuna funzione specifica.

Listato 27.5 Tipi funzione nulli: fn.go.

```
var fn func(a, b int) int
fmt.Println(fn == nil)      ← Scrive true
```

Se il listato precedente dovesse richiamare `fn(1, 2)`, il programma risponderebbe con un *panic* per il deindirizzamento di un puntatore nullo, perché a `fn` non è stata assegnata alcuna funzione.

È possibile controllare se una funzione è nulla e in questo caso fornire un comportamento predefinito. Nel listato successivo, `sort.Slice` viene utilizzata per ordinare una slice di stringhe utilizzando la funzione di prima classe `less`. Se viene passato `nil` per l'argomento `less`, si ricade nel default che consiste in una funzione che esegue l'ordinamento in senso alfabetico.

Listato 27.6 Una funzione di default: sort.go.

```
package main
import (
    "fmt"
    "sort"
)

func sortStrings(s []string, less func(i, j int) bool) {
    if less == nil {
        less = func(i, j int) bool { return s[i] < s[j] }
    }
    sort.Slice(s, less)
}

func main() {
    food := []string{"cipolla", "carota", "sedano"}
    sortStrings(food, nil)
    fmt.Println(food)      ← Scrive [cipolla carota sedano]
}
```

TEST

3. Scrivete una riga di codice per ordinare `food` dalla stringa più breve a quella più lunga nel Listato 27.6.

Slice nulle

Una slice che sia stata dichiarata senza un letterale composito o l'istruzione interna `make` avrà il valore `nil`. Fortunatamente, la parola riservata `range`, la funzione interna `len` e la funzione interna `append` funzionano perfettamente anche su slice nulle, come potete vedere nel seguente listato.

Listato 27.7 Gestione di una slice: slice.go.

```
var soup []string
fmt.Println(soup == nil)      ← Scrive true

for _, ingredient := range soup {
    fmt.Println(ingredient)
}

fmt.Println(len(soup))      ← Scrive 0

soup = append(soup, "cipolla", "carota", "sedano")
fmt.Println(soup)      ← Scrive [cipolla carota sedano]
```

Una slice vuota e una slice nulla non sono equivalenti, anche se possono essere utilizzate l'una al posto dell'altra. Il seguente listato passa `nil` a una funzione che accetta una slice, saltando il passo di creazione di una slice vuota.

Listato 27.8 Avvio con nil: mirepoix.go.

```
func main() {
    soup := mirepoix(nil)
    fmt.Println(soup)      ← Scrive [cipolla carota sedano]
}

func mirepoix(ingredients []string) []string {
    return append(ingredients, "cipolla", "carota", "sedano")
}
```

Quando scrivete una funzione che accetta una slice, assicuratevi che per una slice nulla abbia lo stesso comportamento che ha per una slice vuota.

TEST

4. Quali azioni è sconsigliabile svolgere su una slice nulla?

Mappe nulle

Come per le slice, una mappa dichiarata senza un letterale composito o la funzione interna `make` ha il valore `nil`. Le mappe possono essere lette anche quando sono nulle, come si può vedere nel seguente listato, anche se scrivere su una mappa nulla produrrà un *panic*.

Listato 27.9 Leggere una mappa: map.go.

```
var soup map[string]int
fmt.Println(soup == nil)      ← Scrive true

measurement, ok := soup["cipolla"]
if ok {
```

```
    fmt.Println(measurement)
}
for ingredient, measurement := range soup {
    fmt.Println(ingredient, measurement)
}
```

Se una funzione esegue solo letture da una mappa, si può anche passare la funzione `nil` invece di creare una mappa vuota.

TEST

5. Quale azione su una mappa `nil` provoca un *panic*?

Interfacce nulle

Quando una variabile viene dichiarata di tipo interfaccia senza un assegnamento, il suo valore zero è `nil`. Il seguente listato mostra che il tipo dell'interfaccia e il suo valore sono entrambi `nil` e la variabile risulta essere uguale a `nil`.

Listato 27.10 Anche le interfacce possono essere nulle: interface.go.

```
var v interface{}
fmt.Printf("%T %v %v\n", v, v, v == nil)      ← Scrive <nil> <nil> true
```

Quando a una variabile di tipo interfaccia viene assegnato un valore, internamente l'interfaccia punta al tipo e al valore di tale variabile. Questo causa un comportamento piuttosto sorprendente: un valore nullo che però non risulta essere uguale a `nil`. Sia il tipo dell'interfaccia sia il valore devono essere `nil` perché la variabile venga considerata uguale a `nil`, come si può vedere nel seguente listato.

Listato 27.11 Non è esattamente nulla: interface.go.

```
var p *int
v = p
fmt.Printf("%T %v %v\n", v, v, v == nil)      ← Scrive *int <nil> false
```

Il codice di formattazione `%#v` permette di conoscere sia il tipo sia il valore, il che rivela che la variabile contiene `(*int)(nil)` invece di `<nil>`, come si può vedere nel Listato 27.12.

Listato 27.12 Ispezione della rappresentazione in Go: interface.go

```
fmt.Printf("%#v\n", v)      ← Scrive (*int)(nil)
```

Per evitare sorprese nel confronto delle interfacce con `nil`, è meglio utilizzare l'identificatore `nil` esplicitamente, invece di puntare a una variabile che contiene il valore `nil`.

TEST

6. Qual è il valore di s se viene dichiarata come `var s fmt.Stringer`?

Un'alternativa a nil

Potreste essere tentati di adottare `nil` ogni volta che un valore può essere nullo. Per esempio, un puntatore a un intero (`*int`) può rappresentare un valore zero o `nil`. Ma i puntatori sono fatti per puntare, pertanto il fatto di usare un puntatore solo per fornire un valore nullo non sembra essere una bella idea.
Invece di utilizzare un puntatore, un'alternativa consiste nel dichiarare una piccola struttura con pochi metodi. Richiede solo poco codice, ma evita di impiegare un puntatore o `nil`, come potete vedere nel seguente listato.

Listato 27.13 Contiene un valore: valid.go.

```
type number struct {
    value int
    valid bool
}

func newNumber(v int) number {
    return number{value: v, valid: true}
}

func (n number) String() string {
    if !n.valid {
        return "non assegnata"
    }
    return fmt.Sprintf("%d", n.value)
}

func main() {
    n := newNumber(42)
    fmt.Println(n)      ← Scrive 42
    e := number{}
    fmt.Println(e)      ← Scrive non assegnata
}
```

TEST

7. Quali sono alcuni dei vantaggi dell'approccio illustrato dal Listato 27.13?

Riepilogo

- Il deindirizzamento di un puntatore nullo manda in crash il programma.
- I metodi devono proteggersi contro la ricezione di valori `nil`.
- È possibile fornire un comportamento di default per le funzioni passate come argomenti.
- Una slice nulla è sostanzialmente intercambiabile con una slice vuota.
- Una mappa nulla può essere letta, ma non è possibile scrivervi.

- Se un interfaccia sembra essere `nil`, assicuratevi che il tipo e il valore siano `nil`.
- `nil` non è l'unico modo per rappresentare il nulla.

Vediamo se avete capito tutto...

Esperimento:...

Un cavaliere blocca il cammino di Arthur. Il nostro eroe non impugna nulla, come indicato dal valore `nil` per `leftHand *item`. Implementate una struttura `character` con dei metodi come `pickup(i *item)` e `give(to *character)`. Poi utilizzate quanto avete appreso in questo capitolo per realizzare uno script che consenta ad Arthur di prendere un oggetto e di porgerlo al cavaliere, presentando una descrizione appropriata di ciascuna azione.

Soluzioni dei test

1. Il valore zero per un puntatore è `nil`.
2. Produce un *panic*, bloccando il programma, a meno che il codice controlli il `nil` prima di accedere al campo.
3. `sortStrings(food, func(i, j int) bool { return len(food[i]) < len(food[j]) })`
4. Le funzioni interne `len`, `cap` e `append` possono essere applicate anche a una slice nulla, così come la parola riservata `range`. Come accade per una slice vuota, l'accesso diretto a un elemento di una slice nulla (`soup[0]`) produrrà un *panic* per indice fuori dall'intervallo.
5. La scrittura su una mappa nulla (`soup["cipolla"] = 1`) produrrà un *panic* per assegnamento a una voce di una mappa nulla.
6. Il valore è `nil`, perché `fmt.Stringer` è un'interfaccia e il valore zero di un interfaccia è `nil`.
7. Consente di evitare completamente il deindirizzamento di puntatori nulli, evitando l'uso di puntatori o valori nulli. Il valore booleano `valid` ha un significato chiaro, mentre il significato di `nil` è meno evidente.

Capitolo 28

Errare è umano

In questo capitolo

- **Gestione degli errori**
- **Un'elegante gestione degli errori**
- **Nuovi errori**
- **Niente panic**
- **Riepilogo**

Dopo questo capitolo saprete:

- scrivere su file e gestire i problemi;
- gestire gli errori con un po' di creatività;
- creare e identificare specifici errori;
- mantenere la calma e andare avanti.

Le sirene suonano. Gli studenti e gli insegnanti escono dall'aula, si dirigono all'uscita di emergenza più vicina e si radunano nel punto di raccolta. Non c'è nessun pericolo in vista, né incendi. Non è altro che un'esercitazione. Ma è sempre meglio prepararsi, nell'eventualità di una vera emergenza.

File non trovato, formato errato, server irraggiungibile. Che cosa deve fare il software quando qualcosa va storto? Magari il problema può essere risolto, consentendo alle operazioni di procedere normalmente. Magari la reazione migliore consiste nell'uscire in tutta sicurezza, chiudendosi le porte dietro le spalle o magari, come ultima risorsa, gettarsi dalla finestra, anche se ci si trova al quarto piano.

Quello che conta è avere una soluzione. Considerate gli errori che potrebbero verificarsi, come potete comunicare tali errori e i passi necessari per gestirli. Go mette particolare accento sulla gestione degli errori, incoraggiandovi a riflettere sui possibili fallimenti del programma e al modo in cui gestirli. Esattamente come l'ennesima esercitazione antincendio, anche la gestione degli errori può sembrare una vera noia, a volte, ma, alla fine, garantisce la creazione di software affidabile. Questo capitolo esplora alcuni modi per gestire gli errori e approfondisce il modo in cui si generano tali errori. Il capitolo si chiude paragonando lo stile di gestione degli errori di Go con quello di altri linguaggi di programmazione.

Considerazioni iniziali

All'inizio del XVIII secolo, Alexander Pope scrisse una poesia contenente una frase oggi ben nota: "Errare è umano". Cerchiamo di riflettere su questa frase e sulle sue eventuali relazioni con la programmazione.

> *Errare è umano; perdonare è divino.*
> Alexander Pope, *An Essay on Criticism*, Parte 2

Ecco la morale: tutti commettono errori. I sistemi possono non rispondere, gli errori si verificano continuamente. Gli errori non sono l'eccezione, quindi dovreste sempre aspettarvi che qualcosa, in tutto il sistema, possa andare storto. Quello che conta, pertanto, è come sceglierete di rispondervi. Quindi considerate gli errori, senza ignorarli. Poi cercate di risolvere il problema verificatosi e andate avanti.

Gestione degli errori

Nei linguaggi di programmazione del passato, il limite dovuto al fatto che le funzioni potevano restituire un unico valore rese la gestione degli errori piuttosto oscura. Le funzioni restituivano lo stesso valore per indicare sia un errore, sia un valore prodotto da un'esecuzione conclusasi con successo, oppure richiedevano un canale a parte per comunicare l'errore, sotto forma per esempio della variabile globale `errno`. Ancora peggio: il meccanismo per comunicare gli errori poteva essere incoerente da una funzione all'altra. Go permette alle funzioni di restituire più valori, come abbiamo già detto nel Capitolo 12. Anche se non riguarda in modo specifico la gestione degli errori, il fatto di poter restituire più valori fornisce a Go un meccanismo semplice e coerente per restituire errori alle funzioni chiamanti. Se una funzione può restituire un errore, la convenzione prevede di poter utilizzare per gli errori l'ultimo dei valori restituiti. Il chiamante dovrà pertanto controllare se si è verificato un errore *immediatamente* dopo la chiamata di una funzione. Se non si è verificato alcun errore, il valore d'errore sarà `nil`.

Per illustrare la gestione degli errori, il Listato 28.1 richiama la funzione `ReadDir`. Se si verifica un errore, la variabile `err` non sarà `nil`, pertanto il programma indicherà la condizione di errore e terminerà subito. Un valore diverso da `0` passato a `os.Exit` informa il sistema operativo che si è verificato un errore.

Se `ReadDir` ha successo, `files` verrà assegnata a una slice di `os.FileInfo`, per fornire informazioni sui file e le directory presenti in un determinato percorso. In questo caso, il percorso è rappresentato da un punto, per indicare la directory corrente.

Listato 28.1 File: files.go.

```
files, err := ioutil.ReadDir(".")
if err != nil {
```

```
        fmt.Println(err)
        os.Exit(1)
    }
    for _, file := range files {
        fmt.Println(file.Name())
    }
```

NOTA

Quando si verifica un errore, gli altri valori restituiti, in generale, sono inaffidabili. Potrebbero contenere il valore zero relativo al tipo in questione, ma alcune funzioni potrebbero restituire dati parziali o qualcosa di completamente errato.

Se provate a eseguire il Listato 28.1 in Go Playground, produrrà in output un elenco di directory:

```
dev
etc
tmp
usr
```

Per elencare il contenuto di un'altra directory, sostituite alla directory corrente (".") del Listato 28.1 il nome di un'altra directory, come "etc". L'elenco può contenere file e directory. Per distinguerle potete utilizzare `file.IsDir()`.

TEST

Troverete le soluzioni dei test alla fine di questo capitolo.

1. Rielaborate il Listato 28.1 in modo da leggere una directory inesistente, per esempio "unicorni". Quale messaggio d'errore viene visualizzato?
2. Quale messaggio d'errore viene visualizzato se si usa `ReadDir` su un file, per esempio "/etc/hosts", invece che su una directory?

Un'elegante gestione degli errori

I programmatori Go sono incoraggiati a considerare e gestire tutti gli errori restituiti dalle funzioni. Questo significa che la quantità di codice dedicata alla gestione degli errori può crescere rapidamente. Fortunatamente, vi sono vari modi per ridurre la quantità di codice di gestione degli errori senza sacrificare l'affidabilità.
Alcune funzioni eseguono equazioni, trasformazioni dei dati e altre operazioni senza mai dover restituire un codice d'errore. Poi ci sono le funzioni che comunicano con file, database e server. La comunicazione è sempre problematica e potrebbe non riuscire. Una strategia per ridurre il codice di gestione degli errori consiste nell'isolare un sottoinsieme del programma esente da errori rispetto al codice che può essere soggetto a errori. Ma che cosa dire del codice che restituisce errori? Non possiamo eliminare gli errori, ma possiamo cercare di semplificare il codice di gestione degli errori. Per dimostrarlo, creeremo un piccolo programma che scrive su un file i seguenti "proverbi Go" e poi miglioreremo la gestione del codice fino a renderla digeribile.

Gli errori sono valori.
Non controllate, semplicemente, gli errori: gestiteli adeguatamente.
Mai farsi prendere dal panic.
Rendete utili i valori zero.
Più grande è l'interfaccia, più debole è l'astrazione.
`interface{}` non dice nulla.
Lo stile Gofmt non piace a nessuno, mentre `gofmt` piace a tutti.
La documentazione è per gli utenti.
Copiare qualcosa è sempre meglio che introdurre dipendenze.
Chiaro e semplice è meglio che furbo e complesso.
La concorrenza non è parallelismo.
Non comunicate condividendo la memoria, condividete la memoria tramite comunicazioni.
I canali orchestrano, i mutex serializzano.

Proverbi Go di Rob Pike
(vedi `go-proverbs.github.io`)

Scrittura su file

Possono accadere vari "incidenti" durante un'operazione di scrittura su file. Se il percorso non è valido o se vi è un problema con i permessi, la creazione di un file può fallire ancor prima di iniziare a scrivervi. Dopo varie operazioni di scrittura, il dispositivo potrebbe esaurire lo spazio su disco o potrebbe essere disconnesso. Inoltre, al termine delle operazioni, un file deve essere chiuso, sia per garantire che i dati vengano correttamente inviati al disco, sia per evitare uno *spreco* di risorse.

NOTA

I sistemi operativi possono permettere l'apertura contemporanea solo di un certo numero di file, pertanto ogni nuova apertura di file si avvicina a tale limite. Quando un file viene lasciato aperto non intenzionalmente, si sprecano risorse.

La funzione principale del Listato 28.2 richiama `proverbs` per creare un file e gestisce ogni errore visualizzandolo e poi chiudendo il programma. Un'altra implementazione potrebbe gestire gli errori in modo differente, magari richiedendo all'utente un altro percorso e nome di file. Anche se la funzione `proverbs` potrebbe essere scritta in modo da uscire in caso d'errore, è utile consentire al chiamante di decidere come gestire gli errori.

Listato 28.2 Chiamata di proverbs: proverbs.go.

```
err := proverbs("proverbs.txt")
if err != nil {
    fmt.Println(err)
    os.Exit(1)
}
```

La funzione `proverbs` può restituire un `error`, che è un particolare tipo interno di errore. La funzione tenta di creare un file. Se si verifica un errore in questa fase, non vi è alcun obbligo di chiudere il file, perché la chiusura è immediata. Il resto della funzione scrive le righe sul file e garantisce che il file sia chiuso, indipendentemente dal fatto che le operazioni di scrittura abbiano avuto successo, come si può vedere nel seguente listato.

Listato 28.3 Scrittura dei proverbi Go: proverbs.go.

```
func proverbs(name string) error {
    f, err := os.Create(name)
    if err != nil {
        return err
    }

    _, err = fmt.Fprintln(f, "Gli errori sono valori.")
    if err != nil {
        f.Close()
        return err
    }

    _, err = fmt.Fprintln(f, "Non controllate, semplicemente, gli errori:
                         ➥ gestiteli adeguatamente.")
    f.Close()
    return err
}
```

Vi è una certa quantità di codice di gestione degli errori nel listato precedente, al punto che la scrittura di tutti i proverbi Go potrebbe diventare alquanto noiosa.
D'altro canto, il codice che gestisce gli errori è indentato in modo coerente, il che consente di scorrere con gli occhi il codice senza dover leggere tutte le parti ripetitive di gestione degli errori. L'indentazione degli errori in questo modo è molto comune nella comunità Go, anche se questa implementazione può essere molto migliorata.

TEST

3. Perché le funzioni dovrebbero restituire un errore invece di chiudere il programma?

La parola riservata defer

Per garantire che il file venga chiuso correttamente, potete impiegare la parola riservata `defer`. Go garantisce che tutte le azioni "deferite" abbiano luogo prima dell'uscita della funzione. Nel seguente listato, ogni istruzione `return` che segue `defer` produrrà una chiamata al metodo `f.Close()`.

Listato 28.4 Un risultato più pulito con defer: defer.go.

```
func proverbs(name string) error {
    f, err := os.Create(name)
    if err != nil {
        return err
    }
    defer f.Close()
```

```
    _, err = fmt.Fprintln(f, "Gli errori sono valori.")
    if err != nil {
        return err
    }

    _, err = fmt.Fprintln(f, "Non controllate, semplicemente, gli errori:
                              ➥ gestiteli adeguatamente.")
    return err
}
```

NOTA

Il comportamento del listato precedente è identico a quello del Listato 28.3. Un intervento di modifica del codice che non ne cambia il comportamento è detto *rifattorizzazione*. Un po' come la "ripulitura" della prima bozza di un saggio, la rifattorizzazione è un'abilità importante da acquisire per poter affinare il codice.

Potete deferire qualsiasi funzione o metodo e, come nel caso della restituzione di valori multipli, il meccanismo di `defer` non è specifico per la gestione degli errori. Consente tuttavia di migliorare la gestione degli errori eliminando il pensiero di dover sempre ricordarsi di "fare le pulizie". Grazie a `defer`, il codice che gestisce gli errori può concentrarsi unicamente sull'errore, senza preoccuparsi di altro.
La parola riservata `defer` ha semplificato le cose, ma il fatto di dover controllare gli errori dopo aver scritto ogni riga non è certo un divertimento. È tempo di diventare più creativi!

TEST

4. Quando deve essere richiamata l'azione `defer`?

Gestione creativa degli errori

Nel gennaio 2015, sul blog di Go è stato pubblicato un fenomenale articolo sulla gestione degli errori (`blog.golang.org/errors-are-values`). L'articolo descriveva un modo semplice per scrivere qualcosa su file senza dover ripetere, per ogni riga, lo stesso codice di gestione degli errori.
Per applicare questa tecnica, dovete dichiarare un nuovo tipo, che chiameremo `safeWriter` nel Listato 28.5. Se si verifica un errore mentre `safeWriter` sta scrivendo su file, tale errore viene memorizzato, anziché essere restituito. I successivi tentativi di scrivere sullo stesso file verranno pertanto saltati se `writeln` scopre che in precedenza si è già verificato un errore.

Listato 28.5 Memorizzazione dei valori d'errore: writer.go.

```
type safeWriter struct {
    w io.Writer
    err error      ← Una posizione in cui memorizzare il primo errore
}

func (sw *safeWriter) writeln(s string) {
    if sw.err != nil {
```

```
        return      ← Salta l'operazione di scrittura se si è già verificato un errore
    }
    _, sw.err = fmt.Fprintln(sw.w, s)     ← Scrive una riga e memorizza eventuali errori
}
```

Utilizzando `safeWriter`, il seguente listato scrive contemporaneamente più righe senza dover ripetere il codice di gestione degli errori; tuttavia, in caso d'errore, ne restituisce comunque il codice.

Listato 28.6 Una nuova versione dei proverbi: writer.go.

```
func proverbs(name string) error {
    f, err := os.Create(name)
    if err != nil {
        return err
    }
    defer f.Close()

    sw := safeWriter{w: f}
    sw.writeln("Gli errori sono valori.")
    sw.writeln("Non controllate, semplicemente, gli errori: gestiteli adeguatamente.")
    sw.writeln("Mai farsi prendere dal panic.")
    sw.writeln("Rendete utili i valori zero.")
    sw.writeln("Più grande è l'interfaccia, più debole è l'astrazione.")
    sw.writeln("interface{} non dice nulla.")
    sw.writeln("Lo stile Gofmt non piace a nessuno, mentre gofmt piace a tutti.")
    sw.writeln("La documentazione è per gli utenti.")
    sw.writeln("Copiare qualcosa è sempre meglio che introdurre dipendenze.")
    sw.writeln("Chiaro e semplice è meglio che furbo e complesso.")
    sw.writeln("La concorrenza non è parallelismo.")
    sw.writeln("Non comunicate condividendo la memoria,
            ➥ condividete la memoria tramite comunicazioni.")
    sw.writeln("I canali orchestrano, i mutex serializzano.")

    return sw.err     ← Restituisce l'eventuale errore verificatosi
}
```

Questo può essere un modo molto più pulito per scrivere un file di testo, ma non è questo il punto. La stessa tecnica può essere applicata alla creazione di file compressi o di attività completamente differenti e l'idea generale è decisamente migliore rispetto a una semplice tecnica:

> ... Gli errori sono valori e per gestirli avete a disposizione tutte le grandi potenzialità del linguaggio di programmazione Go.
>
> *Rob Pike*, Errors are values
> (`blog.golang.org/errors-are-values`)

Ora una gestione elegante degli errori sembra più a portata di mano.

TEST

5. Se si verifica un errore mentre il programma del Listato 28.6 stava scrivendo su file il proverbio "`Chiaro e semplice è meglio che furbo e complesso`", quale sequenza di eventi si scatena?

Nuovi errori

Se una funzione riceve parametri errati o se qualcos'altro va storto, potete creare e restituire nuovi valori d'errore per informare del problema il chiamante.
Per illustrare la creazione di nuovi errori, il Listato 28.7 sviluppa l'idea di un gioco Sudoku, che si svolge su una griglia 9 × 9. Ogni casella della griglia può contenere una cifra da `1` a `9`. Questa implementazione utilizzerà un array di dimensioni fisse e il numero `0` indicherà una casella vuota.

Listato 28.7 La tabella del Sudoku: sudoku1.go.

```
const rows, columns = 9, 9
// Grid è la griglia del Sudoku
type Grid [rows][columns]int8
```

Il package `errors` (vedi `golang.org/pkg/errors/`) contiene una funzione costruttore che accetta una stringa per un messaggio d'errore. Utilizzandola, il metodo `Set` del Listato 28.8 può creare e restituire un errore `"Fuori dai limiti"`.

SUGGERIMENTO

La convalida dei parametri all'inizio di un metodo evita al resto del metodo stesso di preoccuparsi per l'arrivo di dati errati.

Listato 28.8 Convalida dei parametri: sudoku1.go.

```
func (g *Grid) Set(row, column int, digit int8) error {
    if !inBounds(row, column) {
        return errors.New("Fuori dai limiti")
    }
    g[row][column] = digit
    return nil
}
```

La funzione `inBounds` del listato seguente garantisce che `row` e `column` si trovino all'interno dei limiti della griglia. In questo modo evita che il metodo `Set` sia assillato da questo dettaglio.

Listato 28.9 Una funzione di supporto: sudoku1.go.

```
func inBounds(row, column int) bool {
    if row < 0 || row >= rows {
```

```
        return false
    }
    if column < 0 || column >= columns {
        return false
    }
    return true
}
```

Infine, la funzione `main` del seguente listato crea una griglia e visualizza eventuali errori prodotti da una collocazione errata.

Listato 28.10 Posizionamento di una cifra: sudoku1.go.

```
func main() {
    var g Grid
    err := g.Set(10, 0, 5)
    if err != nil {
        fmt.Printf("Si è verificato un errore: %v.\n", err)
        os.Exit(1)
    }
}
```

SUGGERIMENTO

È piuttosto comune utilizzare frasi parziali per i messaggi di errore, in modo che il messaggio possa essere esteso con testi aggiuntivi, prima di essere visualizzato.

Dedicate sempre del tempo a scrivere messaggi di errore informativi. Considerate i messaggi di errore come elementi dell'interfaccia utente del programma, indipendentemente dal fatto che i destinatari siano gli utenti finali o altri sviluppatori di software. La frase `"Fuori dai limiti"` va bene, ma `"Esce dai limiti della griglia"` sarebbe ancora meglio. Un messaggio come `"error 37"` non è utile a nessuno.

TEST

6. Perché è utile proteggersi contro gli input errati all'inizio di una funzione?

Discriminare gli errori

Molti package Go dichiarano ed esportano delle variabili per gli errori che potrebbero restituire. Per applicare questo concetto alla griglia del Sudoku, il seguente listato dichiara le due variabili di errore a livello di package.

Listato 28.11 Dichiarazione delle variabili per gli errori: sudoku2.go.

```
var (
    ErrBounds = errors.New("Fuori dai limiti")
    ErrDigit = errors.New("Cifra errata")
)
```

NOTA

Per convenzione, i messaggi di errore vengono assegnati a variabili che iniziano con il prefisso `Err`.

Dopo aver dichiarato `ErrBounds`, potete modificare il metodo `Set` in modo che restituisca tale variabile anziché creare un nuovo errore, come illustrato nel seguente listato.

Listato 28.12 Restituire l'errore: sudoku2.go.

```
if !inBounds(row, column) {
    return ErrBounds
}
```

Se il metodo `Set` restituisce un errore, il chiamante può distinguere fra gli errori possibili e gestirli in modo specifico, come illustrato dal seguente listato. Potete confrontare l'errore restituito con le variabili d'errore, utilizzando un'istruzione `==` o `switch`.

Listato 28.13 Errore in main: sudoku2.go.

```
var g Grid
err := g.Set(0, 0, 15)
if err != nil {
    switch err {
    case ErrBounds, ErrDigit:
        fmt.Println("Errore: parametri fuori dai limiti.")
    default:
        fmt.Println(err)
    }
    os.Exit(1)
}
```

NOTA

Il costruttore `errors.New` è implementato utilizzando un puntatore, pertanto l'istruzione `switch` del listato precedente confronta degli indirizzi di memoria, non il testo contenuto nel messaggio d'errore.

TEST

7. Scrivete una funzione `validDigit` e utilizzatela per garantire che il metodo `Set` accetti solo cifre comprese fra 1 e 9.

Tipi d'errore personalizzati

Per quanto sia utile `errors.New`, vi sono casi in cui sarebbe desiderabile rappresentare gli errori con qualcosa di più di un semplice messaggio. Go offre la possibilità di farlo.

Il tipo error è un'interfaccia interna, come illustrato dal seguente listato. Ogni tipo che incrementi un metodo Error() che restituisce una stringa soddisferà implicitamente l'interfaccia error. Trattandosi di un'interfaccia, diventa possibile creare nuovi tipi d'errore.

Listato 28.14 L'interfaccia error.

```
type error interface {
    Error() string
}
```

Errori multipli

Possono essere diversi i motivi per cui una cifra non può essere collocata in una determinata posizione della tabella del Sudoku. Il paragrafo precedente stabilisce due regole: che la riga e la colonna si trovino nella griglia e che la cifra sia compresa tra 1 e 9. E se il chiamante passasse più argomenti non validi?
Invece di restituire un errore alla volta, il metodo Set potrebbe svolgere più convalide e restituire tutti gli errori insieme. Il tipo SudokuError del Listato 28.15 è una slice di error. Soddisfa l'interfaccia error con un metodo che raggruppa insieme più errori in un'unica stringa.

NOTA

Per convenzione, i tipi di errori personalizzati come SudokuError terminano con la parola Error. Talvolta si tratta della sola parola Error, come nel caso di url.Error del package url.

Listato 28.15 Tipo error personalizzato: sudoku3.go.

```
type SudokuError []error

// Error restituisce uno o più errori separati da virgole.
func (se SudokuError) Error() string {
    var s []string
    for _, err := range se {
        s = append(s, err.Error())      ← Converte gli errori in stringhe
    }
    return strings.Join(s, ", ")
}
```

Per utilizzare SudokuError, il metodo Set può essere modificato in modo da convalidare sia i limiti sia la cifra, restituendo entrambi gli errori contemporaneamente, come nel seguente listato.

Listato 28.16 Concatenamento di più errori: sudoku3.go.

```
func (g *Grid) Set(row, column int, digit int8) error {      ← Il tipo restituito è error
    var errs SudokuError
    if !inBounds(row, column) {
        errs = append(errs, ErrBounds)
```

```
    }
    if !validDigit(digit) {
        errs = append(errs, ErrDigit)
    }
    if len(errs) > 0 {
        return errs
    }
    g[row][column] = digit
    return nil      ← Restituisce nil
}
```

Se non si verifica alcun errore, il metodo `Set` restituisce `nil`. Le cose non sono cambiate rispetto al Listato 28.8, ma è importante evidenziare che non viene restituita una slice `errs` vuota. Se non vi ricordate il motivo, ripassate le interfacce nulle nel capitolo precedente. Neppure la segnatura del metodo `Set` è cambiata dal Listato 28.8. Utilizzate sempre il tipo di interfaccia `error` quando restituite gli errori, non tipi concreti come `SudokuError`.

TEST

8. Che cosa accade se il metodo `Set` restituisce una slice vuota `errs` in caso di successo?

Asserzioni sul tipo

Poiché il Listato 28.16 converte `SudokuError` in un tipo interfaccia `error` prima di restituirlo, potreste chiedervi come accedere ai singoli errori. La risposta conta sul meccanismo di *asserzione del tipo*. Utilizzando un'asserzione del tipo, potete convertire un'interfaccia nel tipo concreto sottostante.

L'asserzione del tipo del Listato 28.17 stabilisce che `err` è di tipo `SudokuError` con il codice `err.(SudokuError)`. Se è così, `ok` sarà `true` e `errs` sarà un `SudokuError`, dando quindi accesso alla slice di errori. Ricordate che i singoli errori concatenati in `SudokuError` sono le variabili `ErrBounds` e `ErrDigit`, che possono essere sottoposte a confronto.

Listato 28.17 Asserzione del tipo: sudoku3.go.

```
var g Grid
err := g.Set(10, 0, 15)
if err != nil {
    if errs, ok := err.(SudokuError); ok {
        fmt.Printf("Si sono verificati %d errori:\n", len(errs))
        for _, e := range errs {
            fmt.Printf("- %v\n", e)
        }
    }
    os.Exit(1)
}
```

Il listato precedente produce in output i seguenti errori:

```
Si sono verificati 2 errori:
- Fuori dai limiti
- Cifra errata
```

NOTA

Se un tipo soddisfa più interfacce, le asserzioni di tipo possono eseguire conversioni da un'interfaccia a un'altra.

TEST

9. Che cosa fa l'asserzione di tipo `err.(SudokuError)`?

Niente panic

Molti linguaggi contano pesantemente sulle *eccezioni* per comunicare e gestire gli errori. Go non offre le eccezioni, ma è dotato di un meccanismo simile, chiamato `panic`. Quando si verifica un "panic", il programma si blocca, come nel caso delle eccezioni non gestite di altri linguaggi.

Le eccezioni in altri linguaggi

Le eccezioni differiscono significativamente dai valori d'errore di Go in termini sia di comportamento sia di implementazione.
Se una funzione lancia un'eccezione e non c'è nulla lì attorno per raccoglierla, l'eccezione risalirà fino alla funzione chiamante, poi alla chiamante di tale funzione e così via, fino a raggiungere la cima dello *stack delle chiamate* (per esempio, la funzione `main`).
Spesso l'uscita dalla gestione delle eccezioni non richiede del codice, mentre al contrario la gestione delle eccezioni può prevedere l'impiego di parecchio codice specializzato. Questo perché, invece di utilizzare le funzionalità del linguaggio, le eccezioni tendono a impiegare parole riservate speciali, come `try`, `catch`, `throw`, `finally`, `raise`, `rescue`, `except` e così via.

I valori d'errore di Go offrono un'alternativa semplice e flessibile alle eccezioni, il che può aiutare a realizzare software affidabile. Ignorare i valori d'errore in Go è una decisione grave, che risulterà tragicamente evidente per chiunque si metta a leggere il codice prodotto.

TEST

10. Quali sono i vantaggi dei valori d'errore Go rispetto alle eccezioni?

Gestione del panic

Come abbiamo detto, Go offre un meccanismo simile alle eccezioni: `panic`. Mentre in un altro linguaggio una cifra non valida nel Sudoku può provocare un'eccezione, l'utilizzo di `panic` in Go è piuttosto raro.

Se il mondo è prossimo alla fine e avete dimenticato il vostro fidato asciugamano sulla Terra, probabilmente sarete nel panico. L'argomento passato a `panic` può essere di qualsiasi tipo, non solo una stringa, come nel seguente caso:

```
panic("Ho dimenticato l'asciugamano")
```

NOTA

Sebbene i valori d'errore siano generalmente preferibili a `panic`, quest'ultimo è spesso meglio di `os.Exit`, per il fatto che eseguirà tutte le funzioni differite, cosa che `os.Exit` non fa.

Vi sono alcune situazioni in cui Go andrà in `panic` invece di fornire un valore d'errore, come nel caso della divisione per zero:

```
var zero int
_ = 42 / zero      ← Errore Runtime: divisione di un intero per zero
```

TEST

11. Quando dovrebbe andare in panic il programma?

Mantenere la calma e andare avanti

Per evitare che `panic` blocchi il programma, Go fornisce la funzione `recover`, illustrata nel Listato 28.18.

Le funzioni differite vengono eseguite sempre prima dell'uscita da una funzione, anche in caso di `panic`. Se una funzione differita richiama `recover`, il `panic` si ferma e il programma continua la propria esecuzione. Per questo motivo, `recover` ha una funzione simile alle istruzioni `catch`, `except` e `rescue` di altri linguaggi.

Listato 28.18 Mantenere la calma e andare avanti: panic.go.

```
defer func() {
    if e := recover(); e != nil {   ← Recuperare la situazione dopo un panic
```

```
        fmt.Println(e)      ← Scrive Ho dimenticato l'asciugamano
    }
}()

panic("Ho dimenticato l'asciugamano")      ← Lancia un panic
```

NOTA

Il listato precedente utilizza una funzione anonima, argomento trattato nel Capitolo 14.

TEST

12. Dove può essere utilizzata la funzione interna `recover`?

Riepilogo

- Gli errori sono valori, che possono interoperare con più valori restituiti dalle funzioni e con il resto del linguaggio Go.
- Si può ottenere una grande flessibilità nella gestione degli errori applicando solo un po' di creatività.
- È possibile creare tipi di errore personalizzati, soddisfacendo l'interfaccia `error`.
- La parola riservata `defer` aiuta a ripulire le cose prima di uscire da una funzione.
- Le asserzioni di tipo possono convertire un'interfaccia in un tipo concreto o in un'altra interfaccia.
- Niente `panic`: piuttosto restituite un errore.

Vediamo se avete capito tutto...

Esperimento: url.go

Nella libreria standard di Go, vi è una funzione che analizza gli indirizzi web (`golang.org/pkg/net/url/#Parse`). Visualizzate l'errore che si verifica quando `url.Parse` viene applicata a un indirizzo web errato, magari perché contiene uno spazio: `https://a b.com/`

Usate il codice di formattazione `%#v` con `Printf` per scoprire qualcosa di più sull'errore. Poi eseguite un'asserzione di tipo `*url.Error` per leggere e mostrare i campi della struttura sottostante.

NOTA

Un URL (Uniform Resource Locator) è l'indirizzo di una pagina web.

Soluzioni dei test

1. `open unicorni: No such file or directory`
2. `readdirent: Invalid argument`
3. La restituzione di un codice d'errore fornisce al chiamante la possibilità di decidere il modo in cui gestire tale errore. Per esempio, il programma potrebbe decidere di riprovare l'operazione, anziché, semplicemente, chiudersi.
4. La parola riservata `defer` verrà richiamata al momento dell'uscita dalla funzione.
5. Innanzitutto l'errore viene memorizzato nella struttura `sw`. Poi viene richiamata la funzione `writeln` per altre tre volte; tuttavia vedrà che si è verificato un errore e non tenterà di scrivere sul file. Infine verrà restituito l'errore memorizzato e `defer` tenterà di chiudere il file.
6. Il resto della funzione non dovrà preoccuparsi del fatto che l'input sia errato, poiché tale controllo è già stato eseguito. Invece di bloccare il programma con, per esempio, il messaggio "`runtime error: index out of range`", si può predisporre un messaggio più esplicito.
7.
```
func validDigit(digit int8) bool {
    return digit >= 1 && digit <= 9
}
```
   Il metodo `Set` dovrebbe contenere questo controllo aggiuntivo:
```
if !validDigit(digit) {
    return ErrDigit
}
```
8. L'interfaccia `error` che viene restituita non sarà `nil`. Anche se la slice di errori è vuota, il chiamante penserà che si tratti di un errore.
9. Tenta di convertire il valore `err` dal tipo interfaccia `error` verso il tipo concreto `SudokuError`.
10. Go esorta gli sviluppatori a considerare sempre gli errori, il che può portare alla realizzazione di software più affidabile, mentre le eccezioni tendono a essere ignorate, per default. I valori d'errore non richiedono parole riservate specializzate, il che rende tutto più semplice e anche più flessibile.
11. L'uso di `panic` dovrebbe essere raro.
12. Solo le funzioni differite possono utilizzare `recover`.

Capitolo 29

Esercizio: le regole del Sudoku

Il Sudoku si svolge su una griglia 9 × 9 (vedi `https://it.wikipedia.org/wiki/Sudoku`). Ogni casella può contenere una cifra da `1` a `9`. Il numero `0` indica una casella vuota.

La griglia è suddivisa in nove sottoregioni, ognuna delle quali ha dimensioni 3 × 3. Ogni volta che si colloca una cifra, questa deve obbedire a determinati vincoli. La stessa cifra non può comparire nelle seguenti posizioni:

- la riga, orizzontale, corrente;
- la colonna, verticale, corrente;
- la sottoregione 3 × 3 corrente.

Utilizzate un array di dimensioni fisse (9 × 9) per contenere la griglia del Sudoku. Se una funzione o un metodo deve modificare l'array, ricordate che dovete passare l'array con un puntatore.

Implementate un metodo per collocare una cifra in una determinata posizione. Questo metodo dovrà restituire un errore se la collocazione della cifra infrange una delle regole.

Implementate anche un metodo per togliere una cifra da una casella. Questo metodo non ha bisogno di aderire a questi vincoli, che non valgono per le caselle vuote (`0`).

Il Sudoku inizia con alcune cifre già preimpostate. Scrivete una funzione costruttore per preparare la griglia del Sudoku e utilizzate un letterale composito per specificare i valori iniziali.

Ecco un esempio:

```
s := NewSudoku([rows][columns]int8{
    {5, 3, 0, 0, 7, 0, 0, 0, 0},
    {6, 0, 0, 1, 9, 5, 0, 0, 0},
    {0, 9, 8, 0, 0, 0, 0, 6, 0},
    {8, 0, 0, 0, 6, 0, 0, 0, 3},
    {4, 0, 0, 8, 0, 3, 0, 0, 1},
    {7, 0, 0, 0, 2, 0, 0, 0, 6},
    {0, 6, 0, 0, 0, 0, 2, 8, 0},
    {0, 0, 0, 4, 1, 9, 0, 0, 5},
    {0, 0, 0, 0, 8, 0, 0, 7, 9},
})
```

Le cifre iniziali sono fisse nella loro posizione e non possono essere né sovrascritte né cancellate. Modificate il programma in modo che possa identificare quali cifre sono fisse e quali invece sono modificabili. Aggiungete una convalida che faccia in modo che l'inserimento e l'eliminazione provochino un errore per ognuna delle cifre fissate. Le cifre che inizialmente sono pari a `0` possono, invece, essere impostate, modificate e cancellate. Non è necessario scrivere un risolutore per il Sudoku per questo esercizio, ma solo assicurarsi che tutte le regole siano implementate correttamente.

Parte VII

La programmazione concorrente

I computer sono eccellenti nel riuscire a svolgere molte cose contemporaneamente. Potete voler fare in modo che il computer acceleri i calcoli, scarichi più pagine web simultaneamente o controlli in modo indipendente le varie parti di un robot. Questa capacità di gestire più cose contemporaneamente è chiamata *concorrenza*.

Go offre un approccio alla concorrenza diverso da quello della maggior parte degli altri linguaggi di programmazione. Tutto il codice Go può essere reso concorrente inserendolo in una *goroutine*. Le goroutine sono *canali* di comunicazione e coordinamento, che semplificano la creazione di più compiti concorrenti che collaborano a svolgere un'unica attività.

In questa parte

Capitolo 30

Goroutine e concorrenza

Dopo questo capitolo saprete:

- avviare una goroutine;
- usare i canali per comunicare;
- controllare le pipeline fra i canali.

A questo punto abbiamo messo all'opera tutta la "fabbrica" di Go! Tutte le sue funzionalità sono a nostra disposizione. In realtà, quasi tutte. Là nell'angolo c'è ancora qualche funzionalità dormiente, o forse si è solo presa una pausa di riflessione. Eppure si tratta di una funzionalità importante, perché dà gli ordini a tutte le altre. Tutto, in Go, svolge il proprio compito e, alla fine, fa rapporto a qualcos'altro. Alcune funzionalità trasmettono informazioni, altre le ricevono dall'esterno.

In questo capitolo

- **Avvio di una goroutine**
- **Più di una goroutine**
- **I canali**
- **Gestione dei canali con select**
- **Blocchi e deadlock**
- **Una catena di montaggio di goroutine**
- **Riepilogo**

Finora, tutto il codice Go che abbiamo scritto era come se venisse svolto da un unico attore, impegnato nei propri compiti e incurante di quello che gli succedeva attorno. I programmi Go, però, possono essere molto di più: più unità indipendenti, ognuna delle quali è impegnata a svolgere la propria attività e ognuna dei quali comunica con le altre per conseguire un obiettivo comune. Queste unità *concorrenti* possono occuparsi di leggere dati da un server web, calcolare milioni di decimali del pi greco o controllare un braccio robotico.

In Go, un'unità in esecuzione indipendente è chiamata *goroutine*. In questo capitolo impareremo ad avviare tutte le goroutine desiderate e a farle comunicare fra loro tramite *canali*. Le goroutine sono simili alle *coroutine*, alle *fibre*, ai *processi* o ai *thread* presenti in altri linguaggi, anche se funzionano in un modo tutto loro. L'operazione di creazione di una *goroutine* è molto efficiente e d'altra parte il linguaggio semplifica il coordinamento di più unità concorrenti.

Considerazioni iniziali

Pensate all'idea di scrivere un programma che svolga una sequenza di azioni. Ogni azione può richiedere molto tempo e può anche dover restare in attesa che si verifichi qualcosa prima di terminare il proprio compito. Tutto potrebbe essere scritto sotto forma di codice puramente sequenziale. E se voleste svolgere due o più operazioni contemporaneamente?

Per esempio, potreste volere che una parte del programma esegua la scansione di una serie di indirizzi di posta elettronica, per inviare un messaggio a ognuno dei destinatari, e che un'altra parte resti in attesa dei messaggi in arrivo, per memorizzarli in un database. Come potreste scrivere un programma di questo tipo?

In alcuni linguaggi, sarebbe necessario modificare il codice anche parecchio. In Go, al contrario, potete utilizzare esattamente lo stesso codice previsto per ciascun compito indipendente. Le goroutine consentono di eseguire un numero qualsiasi di azioni, contemporaneamente.

Avvio di una goroutine

L'avvio di una goroutine non differisce da una chiamata a funzione. Tutto ciò che dovete fare è porre la parola riservata `go` davanti alla chiamata. La goroutine del Listato 30.1 è esattamente quell'elemento dormiente del linguaggio che stava aspettando di svolgere i propri compiti di coordinamento. Al momento non fa molto, ma al posto di quell'istruzione `Sleep` potrebbe svolgere operazioni anche molto complesse. All'uscita della funzione `main`, tutte le goroutine del programma si fermano immediatamente, pertanto dobbiamo aspettare a sufficienza per vedere visualizzato il messaggio `"... ronf ..."`. Aspetteremo anche qualcosina in più, giusto per sicurezza.

Listato 30.1 Al momento qui c'è solo tanto sonno: sleepygopher.go.

```
package main

import (
    "fmt"
    "time"
)

func main() {
    go sleepyGopher()          ← Qui viene avviata la goroutine
    time.Sleep(4 * time.Second)     ← In attesa dello sbadiglio
}  ← In questo punto tutte le goroutine vengono fermate

func sleepyGopher() {
    time.Sleep(3 * time.Second)     ← Questa è la funzione in cui si svolge il sonno
    fmt.Println("... ronf ...")
}
```

TEST

Troverete le soluzioni dei test alla fine di questo capitolo.

1. Che cosa si usa in Go per svolgere contemporaneamente più operazioni?
2. Quale parola chiave viene utilizzata per avviare una nuova unità in esecuzione indipendente?

Più di una goroutine

Ogni volta che usate la parola riservata go, viene avviata una nuova goroutine. Tutte le goroutine vengono eseguite contemporaneamente. In realtà, *tecnicamente*, non funzionano proprio contemporaneamente, poiché i computer hanno a disposizione un numero limitato di unità di elaborazione.

In realtà le unità di elaborazione, in genere, dedicano un po' di tempo a una goroutine prima di procedere con un'altra, applicando una tecnica di suddivisione dei tempi chiamata *time sharing*. Il modo in cui avviene questa suddivisione è un oscuro segreto, noto solo al linguaggio Go, al sistema operativo e al microprocessore che state utilizzando.

In buona sostanza è sempre meglio presumere solo che le attività delle varie goroutine vengano eseguite in un ordine "non controllabile".
La funzione `main` del Listato 30.2 avvia cinque goroutine `sleepyGopher`. Si mettono tutte a dormire per tre secondi e poi mostrano tutte lo stesso messaggio.

Listato 30.2 Cinque gophers dormienti: sleepygophers.go.

```
package main

import (
    "fmt"
    "time"
)

func main() {
    for i := 0; i < 5; i++ {
        go sleepyGopher()
    }
    time.Sleep(4 * time.Second)
}

func sleepyGopher() {
    time.Sleep(3 * time.Second)
    fmt.Println("... ronf ...")
}
```

Possiamo scoprire quale finisce prima passando un argomento a ciascuna goroutine. Il passaggio di un argomento a una goroutine non differisce dal passaggio di un argomento a una funzione: il valore viene copiato e poi passato come parametro.
Eseguendo il prossimo listato, potete notare che anche le goroutine vengono avviate nell'ordine, da 0 a 4, tutte finiscono in tempi differenti. Se provate a eseguire questo programma all'esterno di Go playground, ogni volta otterrete un risultato differente.

Listato 30.3 Ora le cinque goroutine dormiglione sono identificabili: identifiedgophers.go.

```
func main() {
    for i := 0; i < 5; i++ {
        go sleepyGopher(i)
    }
time.Sleep(4 * time.Second)
}

func sleepyGopher(id int) {
    time.Sleep(3 * time.Second)
    fmt.Println("... ", id, " ronf ...")
}
```

C'è un problema in questo codice. Resta in attesa 4 secondi quando dovrebbe attendere solo 3 secondi. Ma soprattutto, se le goroutine devono fare qualcosa di più che dormire, non potrete sapere quanto tempo impiegano per svolgere il proprio lavoro. Abbiamo bisogno di scrivere del codice per sapere quando termina ciascuna goroutine. Fortunatamente Go ci fornisce esattamente quello di cui abbiamo bisogno: i canali.

TEST

3. In quale ordine vengono eseguite le goroutine?

I canali

Un canale può essere utilizzato per inviare valori in sicurezza da una goroutine a un'altra. In pratica un canale è come quel sistema a tubi pneumatici che nei vecchi uffici veniva utilizzato per scambiare la corrispondenza. Bastava inserirvi un oggetto e chi si trovava all'altra estremità poteva allungarsi a prenderlo.
Come ogni altro tipo di Go, anche i canali possono essere utilizzati come variabili, possono essere passati a una funzione, possono essere memorizzati in una struttura e possono fare quasi tutto ciò che volete fargli fare.
Per creare un canale, potete utilizzare `make`, la stessa funzione interna che avete utilizzato per creare mappe e slice. I canali hanno un tipo che viene specificato al momento della creazione. Per esempio, il seguente canale può solo inviare e ricevere valori interi:

```
c := make(chan int)
```

Ora che avete un canale, potete inviargli dei valori e usarlo per riceverli. Per inviare o ricevere valori in un canale si utilizza l'operatore *freccia sinistra* (`<-`).
Per inviare un valore al canale, fate puntare la freccia verso l'espressione che identifica il canale, come se la freccia dicesse al valore posto alla sua destra di *entrare* in questo canale. L'operazione di invio attenderà finché qualcosa (in un'altra goroutine) tenterà di eseguire una ricezione su quello stesso canale. Durante l'attesa, il mittente non può fare altro, anche se le altre goroutine potranno continuare a funzionare liberamente (sempre che non siano anch'esse in attesa di operazioni su un canale). Per esempio, la seguente espressione invia sul canale il valore `99`:

```
c <- 99
```

Per ricevere un valore da un canale, la freccia deve puntare in un senso di *allontanamento* dal canale stesso (quindi deve trovarsi a sinistra del canale). Nel seguente codice, riceviamo un valore dal canale `c` e lo assegnamo alla variabile `r`. Come per l'invio su un canale, il destinatario resterà in attesa finché un'altra goroutine non tenterà di inviare qualcosa su quel canale:

```
r := <-c
```

NOTA

Anche se è pratica comune utilizzare un'istruzione di ricezione dal canale su una propria riga, questo non è assolutamente obbligatorio. L'operazione di ricezione dal canale può essere utilizzata ovunque possa essere impiegata una qualsiasi altra espressione.

Il codice del Listato 30.4 crea un canale e lo passa a cinque goroutine. Poi attende di ricevere cinque messaggi, uno per ciascuna goroutine avviata. Ogni goroutine fa un sonnellino e poi invia un valore, che la identifica. Quando l'esecuzione raggiunge la fine della funzione `main`, sappiamo per certo che tutte le goroutine hanno finito di dormire e così il programma può chiudersi senza interrompere bruscamente il sonno delle goroutine. Per esempio, supponete di avere un programma che salva i risultati di un calcolo complesso su un'area di memorizzazione online. Potrebbe dover salvare più valori contemporaneamente e vogliamo che il programma termini solo dopo che tutti i risultati sono stati salvati con successo.

Listato 30.4 Le goroutine comunicano tramite canali: simplechan.go.

```
func main() {
    c := make(chan int)          ← Crea il canale di comunicazione
    for i := 0; i < 5; i++ {
        go sleepyGopher(i, c)
    }
    for i := 0; i < 5; i++ {
        gopherID := <-c          ← Riceve un valore da un canale
        fmt.Println("la goroutine", gopherID, " ha finito di dormire")
    }
}

func sleepyGopher(id int, c chan int) {      ← Dichiara il canale come argomento
    time.Sleep(3 * time.Second)
    fmt.Println("... ", id, " ronf ...")
    c <- id     ← Invia un valore a main
}
```

Le caselle della Figura 30.1 rappresentano le goroutine e il piccolo cerchio rappresenta un canale. Una freccia da una routine a un canale è contrassegnata dal nome della variabile che fa riferimento al canale. La direzione della freccia rappresenta il modo in cui la goroutine sta utilizzando il canale. Quando una freccia punta verso una goroutine, la goroutine sta leggendo dal canale.

TEST

4. Quale istruzione utilizzereste per inviare la stringa "salve mondo" sul canale `c`?
5. Come ricevereste tale valore per poi assegnarlo a una variabile?

Gestione dei canali con select

Nell'esempio precedente abbiamo utilizzato un unico canale per attendere più goroutine. Questo può funzionare quando tutte le goroutine producono lo stesso tipo di valore, ma non sempre le cose stanno così. Spesso vogliamo attendere due o più diversi tipi di valori.

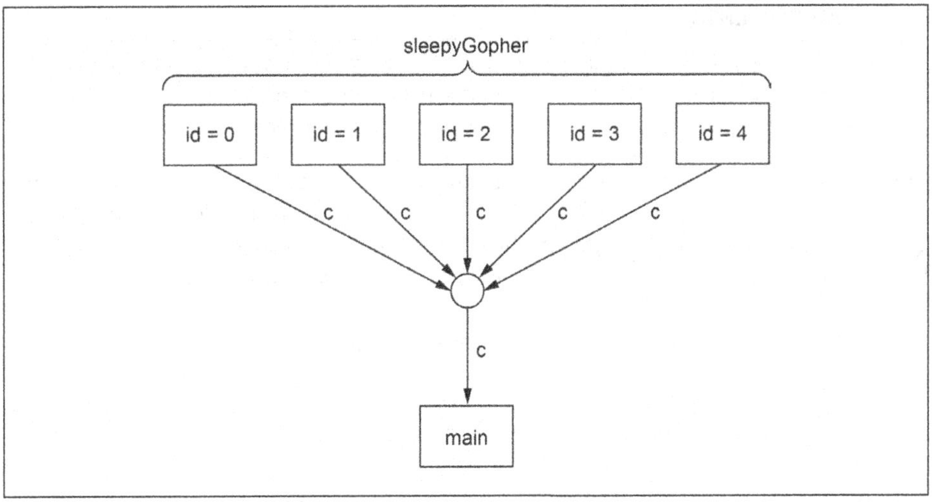

Figura 30.1 Come comunicano le goroutine.

Un esempio in questo senso è quando vogliamo attendere determinati valori su un canale ma vogliamo anche evitare di attendere troppo a lungo. Magari siamo un po' impazienti e non vediamo l'ora che le nostre goroutine smettano di dormire oppure vogliamo che una richiesta lanciata in Rete ci faccia attendere non più di qualche secondo. Fortunatamente, la libreria standard di Go fornisce un'ottima funzione, `time.After`, che viene in nostro soccorso: restituisce un canale che riceve un valore una volta trascorso un certo lasso di tempo (la goroutine che invia il valore fa parte del runtime Go).

Vogliamo continuare a ricevere valori dalle nostre goroutine finché non hanno tutte finito di dormire o finché non avremo esaurito la pazienza. Questo significa che dobbiamo attendere sia sul canale del timer sia sull'altro canale, contemporaneamente. L'istruzione `select` somiglia all'istruzione `switch` che abbiamo trattato nel Capitolo 3. Ogni `case` all'interno di `select` contiene un invio o una ricezione su un canale. `select` attende finché un `case` è pronto e poi esegue l'istruzione associata a tale `case`. È come se `select` osservasse entrambi i canali contemporaneamente e intraprendesse un'azione nel momento in cui si verifica qualcosa su uno di essi.

Il seguente listato usa `time.After` per creare un canale `timeout` e poi utilizza `select` per restare in attesa sul canale delle goroutine dormienti e sul canale `timeout`.

Listato 30.5 Attesa impaziente delle goroutine dormienti: select1.go.

```
timeout := time.After(2 * time.Second)
for i := 0; i < 5; i++ {
    select {    ← L'istruzione select
    case gopherID := <-c:    ← Attende che una goroutine si risvegli
        fmt.Println("la goroutine", gopherID, " ha finito di dormire")
    case <-timeout:    ← Attende lo scadere del timeout
        fmt.Println("my patience ran out")
        return    ← Si arrende ed esce
    }
}
```

SUGGERIMENTO

Se non vi sono case nell'istruzione `select`, questa rimarrà in attesa per sempre. Questo può essere utile per evitare che la funzione `main` termini quando avete avviato alcune goroutine che pensate di lasciare in esecuzione per un tempo indefinito.

Questo potrebbe non essere troppo interessante quando tutte le goroutine dormono per esattamente 3 secondi, perché la nostra pazienza si esaurisce prima del risveglio di ogni goroutine. Le goroutine del seguente listato restano dormienti per un tempo casuale. Eseguendolo vi accorgerete che alcune goroutine si sveglieranno subito, mentre altre no.

Listato 30.6 Goroutine con durata del sonno casuale: select2.go.

```
func sleepyGopher(id int, c chan int) {
    time.Sleep(time.Duration(rand.Intn(4000)) * time.Millisecond)
    c <- id
}
```

SUGGERIMENTO

Questo schema è utile ogni volta che volete limitare la quantità di tempo trascorso a fare qualcosa. Inserendo l'azione dentro una goroutine e inviando un messaggio su un canale al termine dell'operazione, è possibile applicare un timeout a qualsiasi cosa venga eseguita da Go.

NOTA

Anche se abbiamo smesso di attendere le goroutine, se non siamo usciti dalla funzione `main`, queste rimarranno lì a consumare memoria. È sempre bene dire loro di chiudersi, se possibile.

I canali nil non fanno nulla

Poiché occorre creare i canali esplicitamente con `make`, potreste chiedervi che cosa accade usando canali non sottoposti a questa `make`. Come nel caso delle mappe, delle slice e dei puntatori, anche i canali possono essere `nil`. In realtà, `nil` è esattamente il valore zero di un canale.

Se tentate di utilizzare un canale "nullo", non genererà un *panic*. Al contrario, l'operazione (di invio o ricezione) si bloccherà per sempre: sarà un canale che non riceve mai nulla o non invia mai nulla. L'eccezione è rappresentata da `close` (trattata più avanti in questo capitolo). Se tentate di chiudere un canale nullo, il programma risponderà con un *panic*.

A prima vista, la cosa potrebbe non sembrare troppo utile, ma in realtà potrebbe esserlo in modo molto sorprendente. Considerate un ciclo contenente un'istruzione `select`. Potremmo non voler attendere tutti i canali menzionati nel `select` a ogni esecuzione del ciclo. Per esempio, potremmo voler inviare qualcosa su un canale solo quando abbiamo qualcosa da inviare. Possiamo farlo utilizzando una variabile canale che sia diversa da `nil` solo quando vogliamo inviare un valore.

Finora tutto bene. Quando la nostra funzione `main` riceve qualcosa sul canale, trova una goroutine che invia un valore sul canale. Ma che cosa accade se tentassimo accidentalmente di leggere in un momento in cui nessuna goroutine ha qualcosa da inviare? O se tentassimo di inviare qualcosa su un canale invece di ricevere?

TEST

6. Quale tipo di valore restituisce `time.After`?
7. Che cosa accade se inviate o ricevete su un canale `nil`?
8. Che cosa contiene ogni `case` di un'istruzione `select`?

Blocchi e deadlock

Quando una goroutine è in attesa di inviare o ricevere su un canale, diciamo che è *bloccata*. Può sembrare la stessa cosa che accade se scriviamo del codice con un ciclo che continua senza mai fare nulla; in realtà sembrerebbe esattamente la stessa cosa. Ma se lanciate un ciclo infinito in un programma sul portatile, scoprirete che le ventole cominceranno ad accelerare e il computer inizierà a surriscaldarsi, perché sta comunque facendo una grande quantità di lavoro. Al contrario, una goroutine bloccata non richiede risorse (se non una piccola quantità di memoria utilizzata dalla goroutine stessa). È semplicemente "parcheggiata", tranquilla, in attesa che quel qualcosa che la sta bloccando decida di sbloccarla.

Quando una o più goroutine finiscono bloccate per qualcosa che non accadrà mai, si parla di *deadlock* e a questo punto il programma, in genere, si blocca o si impianta. I deadlock possono essere provocati da qualcosa di molto semplice, come nel seguente esempio:

```
func main() {
    c := make(chan int)
    <-c
}
```

In un grosso programma, i deadlock possono essere dovuti a una serie intricata di dipendenze fra le goroutine.

Anche se teoricamente è difficile proteggersene, in pratica, basta seguire alcune semplici indicazioni (che forniremo fra poco) per evitare di creare programmi soggetti a deadlock. Quando trovate un deadlock, Go può mostrarvi lo stato di tutte le goroutine, per permettervi di capire che cosa sta accadendo.

TEST

9. Che cosa fa una goroutine bloccata?

Una catena di montaggio di goroutine

Finora le nostre goroutine sono rimaste solo a dormire. Hanno dormito un po' e poi si sono svegliate e hanno inviato un unico valore attraverso il canale. Ma normalmente le goroutine sono piuttosto industriose e lavorano su una sorta di catena di montaggio, ricevendo qualcosa da una goroutine che le precede, svolgendo qualche manipolazione su questo qualcosa e poi inviando il risultato alla goroutine successiva. Anche se il lavoro svolto da ciascuna goroutine è semplice, la loro "catena di montaggio" può produrre risultati sorprendentemente sofisticati.

Questa tecnica è chiamata *pipeline* ed è utile per elaborare grossi flussi di dati senza usare grandi quantità di memoria. Anche se ogni goroutine può contenere solo un unico valore per volta, nel tempo può elaborare milioni di valori. Una pipeline può essere utile anche perché può essere impiegata come uno strumento per risolvere i problemi con maggiore facilità.

Abbiamo già tutti gli strumenti necessari per assemblare le goroutine a formare una pipeline. I valori scorrono lungo la pipeline, passando da una goroutine alla successiva. Un elemento della pipeline riceve ripetutamente un valore dal vicino precedente, *upstream*, fa qualcosa su tale valore e poi invia il risultato al vicino successivo, *downstream*.

Ora proviamo a costruire una catena di montaggio di goroutine per elaborare dei valori stringa. La goroutine all'inizio della catena di montaggio è rappresentata nel Listato 30.7: l'origine del flusso. Questa goroutine non legge valori, li invia solamente. In un altro programma, potrebbe dover leggere dati da un file, da un database o dalla Rete, ma qui supporremo che la routine generi alcuni valori arbitrari. Per dire alle goroutine downstream che non vi sono altri valori, l'origine invia un *valore sentinella*, la stringa vuota, per indicare, appunto, la fine del lavoro.

Listato 30.7 La goroutine di origine: pipeline1.go.

```
func sourceGopher(downstream chan string) {
    for _, v := range []string{"salve mondo", "mela bacata", "addio gente"} {
        downstream <- v
    }
    downstream <- ""
}
```

La goroutine del Listato 30.8 elimina tutta la "sporcizia" in arrivo dalla catena di montaggio. Legge un elemento dal suo canale upstream e invia il risultato al suo canale downstream solo se il valore non contiene la stringa `"bacata"`. Quando trova la stringa vuota finale, la goroutine di filtraggio termina, ma solo dopo essersi preoccupata di inviare la stringa vuota alla goroutine successiva.

Listato 30.8 La goroutine di filtraggio: pipeline1.go.

```
func filterGopher(upstream, downstream chan string) {
    for {
        item := <-upstream
        if item == "" {
            downstream <- ""
            return
        }
        if !strings.Contains(item, "bacata") {
            downstream <- item
        }
    }
}
```

Nel Listato 30.9 è rappresentata la goroutine che si trova alla fine della catena di montaggio, e che si deve occupare della stampa. Questa goroutine non ha più nulla, dopo di lei. In un programma "vero", potrebbe salvare i risultati su un file o su un database oppure stampare un riepilogo dei valori che ha ricevuto. Qui la goroutine di stampa non fa altro che mostrare i valori che ha ricevuto.

Listato 30.9 La goroutine di stampa: pipeline1.go.

```
func printGopher(upstream chan string) {
    for {
        v := <-upstream
        if v == "" {
            return
        }
        fmt.Println(v)
    }
}
```

Mettiamo ora le goroutine a lavorare insieme. Abbiamo tre fasi nella pipeline, origine, filtraggio e stampa, ma solo due canali. Non abbiamo bisogno di avviare una nuova goroutine per l'ultima operazione, poiché vogliamo attendere che concluda la propria esecuzione prima di uscire dall'intero programma. All'uscita dalla funzione `printGopher`, sappiamo che le altre due routine hanno terminato il loro lavoro e possiamo uscire anche da `main`, concludendo l'intero programma, come illustrato dal seguente listato e nella Figura 30.2.

Listato 30.10 L'assemblaggio finale: pipeline1.go.

```
func main() {
    c0 := make(chan string)
    c1 := make(chan string)
    go sourceGopher(c0)
    go filterGopher(c0, c1)
    printGopher(c1)
}
```

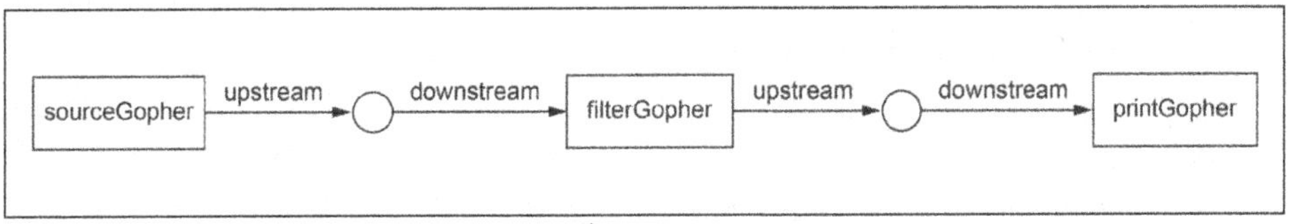

Figura 30.2 La pipeline delle goroutine.

C'è un problema nel codice della pipeline che abbiamo realizzato finora. Utilizziamo la stringa vuota per indicare che non ci sono altri valori da elaborare, ma... e se volessimo elaborare la stringa vuota come se fosse un valore utile, come un altro? Invece delle stringhe, *possiamo* inviare un valore `struct` contenente sia la stringa che vogliamo, sia un campo booleano che dice se questo è l'ultimo valore. Ma vi è un modo migliore. Go consente anche di *chiudere* un canale per indicare che non vi sono altri valori da inviare, nel seguente modo:

```
close(c)
```

Quando un canale viene chiuso, diventa impossibile scrivervi altri valori (se ci proverete otterrete un *panic*), e ogni tentativo di lettura verrà abortito immediatamente con il valore zero del tipo in questione (in questo caso la stringa vuota).

NOTA

Fate attenzione! Se in un ciclo leggete da un canale chiuso senza controllare se è chiuso, il ciclo procederà per sempre, non facendo altro che consumare tempo. Fate attenzione a determinare quali canali potrebbero essere chiusi e controllatelo nel listato.

Come possiamo capire se il canale è stato chiuso? Nel seguente modo:

```
v, ok := <-c
```

Se assegniamo il risultato alle due variabili, la seconda variabile ci dirà se abbiamo letto con successo dal canale. Se il canale è stato chiuso, la variabile sarà `false`.
Con questi nuovi strumenti, possiamo chiudere con facilità l'intera pipeline. Il seguente listato mostra la goroutine di origine che avvia la pipeline.

Listato 30.11 La catena di montaggio: pipeline2.go.

```
func sourceGopher(downstream chan string) {
    for _, v := range []string{"salve mondo", "mela bacata", "addio gente"} {
        downstream <- v
    }
    close(downstream)
}
```

Il listato seguente mostra invece il nuovo aspetto della goroutine di filtraggio.

Listato 30.12 La catena di montaggio: pipeline2.go.

```
func filterGopher(upstream, downstream chan string) {
    for {
        item, ok := <-upstream
        if !ok {
            close(downstream)
            return
        }
        if !strings.Contains(item, "bacata") {
            downstream <- item
        }
    }
}
```

Questo schema (leggere da un canale finché non risulta chiuso) è talmente comune che Go fornisce una scorciatoia. Se usiamo un canale in un'istruzione `range`, questa leggerà valori dal canale finché non lo troverà chiuso.
Questo significa che il nostro codice può essere riscritto in modo ancora più semplice con un ciclo `range`. Il seguente listato svolge le stesse operazioni viste in precedenza.

Listato 30.13 La catena di montaggio: pipeline2.go.

```
func filterGopher(upstream, downstream chan string) {
    for item := range upstream {
        if !strings.Contains(item, "bacata") {
            downstream <- item
        }
    }
    close(downstream)
}
```

L'ultima goroutine della catena legge tutti i messaggi e li stampa uno dopo l'altro, come si può vedere nel seguente listato.

Listato 30.14 La catena di montaggio: pipeline2.go.

```
func printGopher(upstream chan string) {
    for v := range upstream {
        fmt.Println(v)
    }
}
```

TEST

10. Quale valore si ottiene quando si prova a leggere da un canale chiuso?
11. Come si può verificare se un canale è stato chiuso?

Riepilogo

- L'istruzione `go` avvia una nuova goroutine, in esecuzione concorrente.
- Per inviare valori fra le varie goroutine si utilizzano dei canali.
- Per creare un canale si usa `make(chan string)`.
- L'operatore `<-` riceve dati da un canale (se posto prima del canale).
- L'operatore `<-` invia dati a un canale (se viene posto fra il canale e il valore da inviare).
- La funzione `close` chiude un canale.
- L'istruzione `range` legge tutti i valori da un canale finché non risulta chiuso.

Vediamo se avete capito tutto...

Esperimento: remove-identical.go

È noioso dover ripetere più volte la stessa riga. Scrivete un elemento della pipeline (una goroutine) che ricordi il valore precedente e lo invii alla routine successiva della pipeline solo è se differente da quello che lo precedeva. Per semplificare le cose, potete presumere che il primo valore non sia mai la stringa vuota.

Esperimento: split-words.go

Talvolta è più facile operare sulle singole parole che sulle frasi. Scrivete un elemento della pipeline che prenda delle stringhe, le suddivida in parole (potete utilizzare la funzione `Fields` del package `strings`) e invii tutte le parole, una per una, all'elemento successivo della pipeline.

Soluzioni dei test

1. Una goroutine.
2. `go`
3. Un ordine casuale.
4. `c <- "salve mondo"`
5. `v = <-c`
6. Un canale.
7. Si blocca per sempre.
8. Un'operazione su un canale.
9. Non fa assolutamente nulla.
10. Il valore zero per il tipo di canale.
11. Si usa un'istruzione di assegnamento a due valori: `v, ok := <-c`

Capitolo 31

Stati e concorrenza

In questo capitolo

- I mutex
- Trappole per mutex
- Elaborazioni di lunga durata
- Riepilogo

Dopo questo capitolo saprete:

- mantenere sicuro lo stato;
- usare i mutex e i canali di risposta;
- impiegare i cicli di servizio.

Eccoci tornati alla catena di montaggio. Le goroutine sono impegnate ognuna a fare la propria parte, ma molte delle linee di produzione hanno esaurito il materiale, pertanto dobbiamo ordinarne di più. Sfortunatamente, questa è una fabbrica vecchio stile che usa una sola linea telefonica per comunicare con il mondo, condivisa da tutte le linee di produzione. Una goroutine prende il "telefono" per eseguire un ordine, ma non appena cerca di farlo, un'altra goroutine impugna la propria cornetta e inizia a comunicare, interferendo con la prima. Poi una terza fa la stessa cosa, tutto diventa molto confuso e alla fine nessuna riesce a fare un ordine. Se solo potessero accordarsi sull'uso di quell'unica linea telefonica!

I *valori condivisi* di un programma Go sono un po' come questa linea telefonica condivisa. Se due o più goroutine tentano di utilizzare contemporaneamente un valore condiviso, le cose possono andare male. Certo, in alcuni casi *potrebbero anche* andare bene. Magari la fortuna fa sì che le goroutine non tentino contemporaneamente di utilizzare il valore condiviso, ma sono molte le situazioni in cui le cose possono andare storte.

Magari due routine che lavorano contemporaneamente sugli stessi valori confondono il destinatario

della trasmissione col risultato di comunicare il valore errato. E non vi è modo di sapere quando ciò può verificarsi.
Se non sappiamo come utilizzare in modo concorrente lo specifico valore in questione, dobbiamo presumere che la situazione possa farsi problematica. Questo tipo di situazione di *competizione* si verifica quando più goroutine cercano di utilizzare insieme lo stesso valore.

NOTA

Il compilatore Go include delle funzionalità che tentano di individuare le condizioni di competizione all'interno del codice. Vale la pena di usarle e poi correggere il codice se viene individuata una situazione di questo tipo. A tale proposito, consultate `golang.org/doc/articles/race_detector.html`.

NOTA

Non c'è nessun problema se due goroutine leggono lo stesso valore contemporaneamente, ma se eseguite un'operazione di lettura o scrittura mentre è in corso un'altra scrittura, il risultato può risultare indefinito.

Considerazioni iniziali

Supponete di avere un gruppo di goroutine al lavoro, magari stanno navigando nel Web e scaricando delle pagine. Potreste voler sapere quali pagine web sono già state visitate. Immaginate di voler registrare il numero di link web che rimandano a ciascuna pagina (Google fa qualcosa del genere per valutare la popolarità delle pagine web nei risultati delle ricerche).
Probabilmente potreste utilizzare una mappa condivisa fra le goroutine, contenente il conteggio dei link per ciascuna pagina web. Quando una goroutine elabora una pagina web, incrementa la voce della mappa relativa a tale pagina.
Tuttavia questa operazione è problematica, perché se tutte le goroutine aggiornano la mappa contemporaneamente, insorge una condizione di competizione. È necessario mettere ordine in queste operazioni. Proprio a questo servono i mutex.

I mutex

Tornando al paragone con la fabbrica e la catena di montaggio, un operaio ha una brillante idea: porre un vassoio proprio in mezzo alla fabbrica, contenente un gettone dorato. Quando qualcuno deve usare la linea telefonica, prende il gettone dal vassoio e lo tiene fino al termine della chiamata. Poi ripone il gettone sul vassoio. Se sul vassoio non c'è il gettone, tutti sanno di dover attendere finché il gettone non vi tornerà.
Notate che non vi è alcun ostacolo fisico a impedire a qualcuno di usare il telefono senza prendere il gettone. Ma se lo facessero, la conseguenza sarebbe che due persone comunicherebbero contemporaneamente sulla stessa linea. Inoltre, considerate che cosa accadrebbe se qualcuno, al termine della telefonata, dimenticasse di riporre il gettone sul vassoio: nessun altro potrebbe più utilizzare la linea telefonica finché lui non si ricorderà di rimetterla a disposizione.

In un programma Go, l'equivalente del vassoio si chiama *mutex*, per *mutual exclusion* (esclusione reciproca). Una goroutine può utilizzare un mutex per evitare che le altre possano fare qualcosa contemporaneamente a lei. Questo *qualcosa* lo deve decidere il programmatore. Come il vassoio nella fabbrica, le uniche proprietà dell'"esclusione reciproca" imposta da un mutex derivano dal fatto che vogliamo controllare l'accesso a un determinato oggetto.

I mutex offrono due metodi: `Lock` e `Unlock`. Richiamare `Lock` è come prendere il gettone dal vassoio. Analogamente, con `Unlock`, riponiamo il gettone sul vassoio. Se una goroutine richiama `Lock` mentre però il mutex è bloccato, le toccherà attendere il successivo `Unlock` prima di poter imporre il suo `Lock`.

Per utilizzare correttamente il mutex, dobbiamo assicurarci che tutto il codice che accede ai valori condivisi innanzitutto blocchi il mutex, poi faccia tutto quello che deve fare e infine sblocchi il mutex. Se il codice non segue esattamente questo schema, si genera una condizione di competizione. Per questo motivo, i mutex vengono quasi sempre conservati internamente a un package. Il package sa quale oggetto è protetto dal mutex, ma le chiamate `Lock` e `Unlock` vengono accuratamente nascoste dietro metodi o funzioni.

A differenza dei canali, i mutex di Go non sono elementi interni del linguaggio. Piuttosto vengono resi disponibili dal package `sync`. Il Listato 31.1 rappresenta un intero programma che blocca e sblocca un mutex globale. Non abbiamo bisogno di inizializzare il mutex prima di utilizzarlo: il valore zero di un mutex è lo stato sbloccato.

La parola chiave `defer` introdotta nel Capitolo 28 può essere utile anche con i mutex. Anche se una funzione può contenere molte righe di codice, la chiamata a `Unlock` si deve trovare dopo la chiamata a `Lock`.

Listato 31.1 Bloccaggio e sbloccaggio di un mutex: mutex.go.

```
package main
```

```
import "sync"     ← Importa il package sync

var mu sync.Mutex     ← Dichiara il mutex

func main() {
    mu.Lock()     ← Blocca il mutex
    defer mu.Unlock()     ← Sblocca il mutex prima di uscire
    // Il blocco viene mantenuto finché non si esce dalla funzione.
}
```

NOTA

L'istruzione `defer` è particolarmente utile quando vi sono più istruzioni `return`. Senza `defer`, dovremmo porre una chiamata ad `Unlock` appena prima di ogni istruzione `return` e sarebbe fin troppo facile dimenticarsene una.

Implementiamo un tipo che possa essere utilizzato da un robot web per registrare il numero dei link alle pagine web visitate. Conserveremo una mappa che contiene l'URL della pagina web e poi la proteggeremo con un mutex. Il `sync.Mutex` del Listato 31.2 è membro di un tipo `struct`, uno schema molto comune.

SUGGERIMENTO

È buona abitudine porre la definizione di un mutex immediatamente prima delle variabili che esso protegge e includere anche un commento, in modo che tale associazione risulti evidente.

Listato 31.2 Mappa di riferimenti alle pagine: scrape.go.

```
// Visited registra se le pagine web sono state visitate.
// I suoi metodi possono essere usati in concorrenza da più goroutine.
type Visited struct {
    // mu protegge la mappa visited.
    mu      sync.Mutex     ← Blocca il mutex
    visited map[string]int     ← Dichiara una mappa fra chiavi (URL, ovvero stringhe) e valori interi
}
```

NOTA

In Go, occorre supporre che nessun metodo possa utilizzare la concorrenza in modo sicuro, a meno che ciò non sia documentato esplicitamente, come abbiamo fatto qui.

Il codice del listato seguente definisce un metodo `VisitLink`, da richiamare quando viene incontrato un link; questo restituisce il numero di volte che il link è stato incontrato precedentemente.

Listato 31.3 Visita dei link: scrape.go.

```
// VisitLink registra che la pagina con l'URL indicato
// è stata visitata e restituisce il conteggio aggiornato dei link.
```

```
func (v *Visited) VisitLink(url string) int {
    v.mu.Lock()      ← Dichiara un mutex
    defer v.mu.Unlock()    ← Garantisce che il mutex sia sbloccato
    count := v.visited[url]
    count++
    v.visited[url] = count     ← Aggiorna la mappa
    return count
}
```

Go playground non è il luogo più adatto per sperimentare le situazioni di competizione, poiché è un ambiente mantenuto deliberatamente deterministico, senza possibilità di competizione. Tuttavia potete sperimentare inserendo delle chiamate a `time.Sleep` fra le istruzioni.

Tentate di modificare il Listato 31.3 per utilizzare le tecniche introdotte all'inizio del Capitolo 30 per avviare più goroutine che richiamano `VisitLink` con valori differenti e provate a inserire istruzioni `Sleep` in varie posizioni. Tentate anche di cancellare le chiamate a `Lock` e `Unlock` per vedere che cosa accade.

Avendo a disposizione un elemento compatto e ben definito da controllare, l'utilizzo di un mutex può essere piuttosto semplice ed esso rappresenta uno strumento essenziale quando si scrivono metodi che possono dover essere utilizzati da più goroutine contemporaneamente.

TEST

Troverete le soluzioni dei test alla fine di questo capitolo.

1. Che cosa potrebbe accadere se due goroutine tentassero di modificare contemporaneamente lo stesso valore?
2. Che cosa accade se tentate di bloccare un mutex prima di averlo sbloccato?
3. Che cosa accade se sbloccate un mutex non bloccato?
4. È sicuro richiamare dei metodi sullo stesso tipo contemporaneamente da più goroutine?

Trappole per mutex

Nel Listato 31.3, quando blocchiamo il mutex, facciamo una semplice operazione: aggiorniamo una mappa. Più operazioni svolgiamo mentre manteniamo il blocco, più dobbiamo fare attenzione. Se blocchiamo il mutex e poi ci mettiamo in attesa di qualcosa, potremmo impedire ad altri di svolgere il proprio lavoro anche per un lungo tempo. Peggio ancora: se in qualche modo tentiamo di bloccare lo *stesso* mutex, generiamo un *deadlock*: la chiamata `Lock` si bloccherà per sempre, perché non cederemo mai il bloccaggio mentre stiamo tentando di acquisirlo!

Per gestire le cose in sicurezza, adottate le seguenti precauzioni:

- fate in modo che il codice posto all'interno del mutex sia il più possibile semplice;
- prevedete un solo mutex per un determinato elemento condiviso.

Un mutex va bene quando lo stato condiviso è semplice, ma spesso c'è bisogno di qualcosa di più. Nella catena del Capitolo 30, potremmo avere delle goroutine che operano in modo indipendente, rispondendo alle richieste di altre goroutine, sempre però compiendo un'unica e semplice operazione. A differenza delle goroutine di una "catena di montaggio", queste goroutine potrebbero non rispondere per nulla ai messaggi provenienti da altre goroutine, ma possono trovarsi a decidere di fare delle cose per conto proprio.

TEST

5. Quali sono due potenziali problemi del bloccaggio di un mutex?

Elaborazioni di lunga durata

Considerate il compito di guidare un veicolo sulla superficie di Marte. Il software del rover marziano Curiosity è strutturato come un insieme di moduli indipendenti, che comunicano scambiandosi messaggi (vedi `mng.bz/Z7Xa`), un po' come accade con le goroutine di Go.

I moduli del rover sono responsabili dei vari aspetti del comportamento del veicolo. Proviamo a scrivere del codice Go che guidi un rover, in realtà estremamente semplificato, sulla superficie di Marte. Poiché non abbiamo un vero motore da guidare, lo faremo aggiornando una variabile che contiene le coordinate del rover.Vogliamo che il rover sia controllabile dalla Terra, pertanto dovrà rispondere ai comandi provenienti dall'esterno.

NOTA

La struttura di codice che stiamo realizzando può essere utilizzata per ogni tipo di compito di lunga durata che debba svolgere operazioni in modo indipendente, dal monitoraggio di siti web al controllo di dispositivi hardware.

Per guidare il rover, avvieremo una goroutine che sarà responsabile del controllo della sua posizione. La goroutine viene avviata quando parte il software di pilotaggio del rover e rimane attiva fintantoché il software non viene chiuso. Poiché rimane attiva e opera in modo indipendente, chiameremo questa goroutine `worker`.

Un worker viene normalmente realizzato tramite un ciclo `for` contenente un'istruzione `select`. Il ciclo continua a funzionare fintantoché il worker è attivo; il `select` attende che si verifichi qualcosa di interessante. In questo caso il "qualcosa di interessante" può essere un comando proveniente dall'esterno. Ricordate: sebbene il worker operi in modo indipendente, vogliamo comunque avere la possibilità di controllarlo. Oppure il controllo può essere un timer, che dice al worker che è il momento di spostare il rover.

Ecco la struttura della funzione `worker` che, al momento, non fa nulla:

```
func worker() {
    for {
        select {
        // Qui è in attesa dei canali.
        }
    }
}
```

Possiamo avviare `worker` esattamente come abbiamo avviato le goroutine degli esempi precedenti:

```
go worker()
```

Cicli per eventi e goroutine

Alcuni altri linguaggi di programmazione utilizzano un *ciclo per eventi*: un ciclo centrale che attende gli eventi e, quando si verificano, richiama apposite funzioni. Basandosi sulle goroutine, Go evita la necessità di creare questo ciclo per eventi centrale. Ogni goroutine `worker` può essere considerata un ciclo per eventi a sé stante.

Vogliamo che il nostro rover marziano aggiorni periodicamente la propria posizione. Per farlo, vogliamo che la goroutine `worker` che lo governa si svegli periodicamente per eseguire l'aggiornamento. Per farlo possiamo usare `time.After` (ne abbiamo parlato nel Capitolo 30), che fornisce un canale che riceverà un valore una volta trascorso un determinato lasso di tempo.

Il `worker` del Listato 31.4 mostra un valore ogni secondo. Da questo momento in poi, invece di aggiornare una posizione, non faremo altro che incrementare un numero. Quando riceviamo un evento del timer, chiamiamo nuovamente `After`, in modo che al prossimo ciclo ci metteremo in attesa su un nuovo canale timer.

Listato 31.4 Un worker per la visualizzazione dei numeri: printworker.go.

```
func worker() {
    n := 0
    next := time.After(time.Second)      ← Crea il canale timer iniziale
    for {
        select {
        case <-next:     ← Attende che scatti il timer
            n++
            fmt.Println(n)     ← Scrive il numero
            next = time.After(time.Second)     ← Crea un altro canale timer per un altro evento
        }
    }
}
```

NOTA

Non abbiamo bisogno di utilizzare un'istruzione `select` in questo esempio. Usare un'istruzione `select` con un solo `case` equivale a utilizzare l'operazione direttamente sul canale. Usiamo l'istruzione `select` solo perché più avanti in questo capitolo modificheremo il codice in modo che sia controllato da qualcosa di più di un timer. Altrimenti potremmo evitare del tutto la chiamata ad `After` e utilizzare `time.Sleep`.

Ora abbiamo un `worker` che agisce per conto suo. Facciamolo somigliare un po' di più a un rover, aggiornando una posizione anziché un numero. Fortunatamente, il package `image` di Go fornisce un tipo `Point` che possiamo utilizzare per rappresentare la posizione corrente del rover e la sua direzione. Un `Point` è una struttura contenente delle coordinate X e Y e alcuni metodi appropriati. Per esempio, il metodo `Add` consente di sommare fra loro due punti.

Usiamo l'asse X per rappresentare la posizione est-ovest e l'asse Y per rappresentare la posizione nord-sud. Per impiegare `Point` dobbiamo innanzitutto importare il package `image`:

```
import "image"
```

Ogni volta che riceviamo un valore sul canale del timer, aggiungiamo alla posizione corrente il punto che rappresenta la direzione, come illustrato nel seguente listato. Per il momento, il rover partirà sempre dalla stessa posizione, `[10, 10]`, e procederà verso est, ma fra poco faremo evolvere i suoi movimenti.

Listato 31.5 Worker per l'aggiornamento della posizione: positionworker.go.

```
func worker() {
    pos := image.Point{X: 10, Y: 10}        ← La posizione corrente (inizialmente [10, 10])
    direction := image.Point{X: 1, Y: 0}    ← La direzione corrente (inizialmente [1, 0],
    next := time.After(time.Second)           ovvero verso est)
    for {
        select {
        case <-next:
            pos = pos.Add(direction)
            fmt.Println("La posizione corrente è ", pos)    ← Scrive la posizione corrente
            next = time.After(time.Second)
        }
    }
}
```

Non è una gran cosa che un rover marziano possa procedere solo in linea retta. Vogliamo poter controllare il rover in modo che possa procedere in direzioni differenti, fermarsi e magari andare più velocemente.
Abbiamo bisogno di un altro canale, che possiamo utilizzare per inviare comandi a `worker`. Quando `worker` riceve un valore sul canale di comando, può agire in base a tale comando. In Go, si è soliti nascondere questo genere di canali dietro a dei metodi, poiché i canali sono considerati un dettaglio implementativo.
Il tipo `RoverDriver` del seguente listato contiene il canale che utilizzeremo per inviare comandi a `worker`. Utilizzeremo un tipo `command` che conterrà i comandi inviati.

Listato 31.6 Il tipo RoverDriver: rover.go.

```
// RoverDriver guida un rover sulla superficie di Marte.
type RoverDriver struct {
    commandc chan command
}
```

Possiamo inglobare la logica che crea il canale e avviare `worker` all'interno di una funzione `NewRoverDriver`, rappresentata nel seguente listato. Per farlo definiremo un metodo `drive` per implementare la logica di `worker`. Sebbene sia un metodo, si comporterà come le funzioni `worker` esaminate in precedenza in questo capitolo. In quanto metodo, ha accesso a tutti i valori della struttura `RoverDriver`.

Listato 31.7 Creazione: rover.go.

```
func NewRoverDriver() *RoverDriver {
    r := &RoverDriver{
        commandc: make(chan command),
    }
    go r.drive()
    return r
}
```

Ora dobbiamo decidere quali comandi vogliamo poter inviare al rover. Per semplificare le cose, permetteremo due soli comandi: "ruota a 90° a sinistra" e "ruota a 90° a destra", come si può vedere nel seguente listato.

Listato 31.8 Tipo di comando: rover.go.

```
type command int

const (
    right = command(0)
    left = command(1)
)
```

NOTA

Un canale può essere di qualsiasi tipo Go; il tipo del comando può anche essere una struttura, contenente comandi di complessità arbitraria.

Ora che abbiamo definito il tipo `RoverDriver` e una funzione per creare un'istanza di tale tipo, abbiamo bisogno del metodo `drive` (il `worker` che controllerà il rover) presentato nel Listato 31.9. È molto simile al `worker` di aggiornamento della posizione che abbiamo visto in precedenza, tranne per il fatto che attende anche dal canale dei comandi. Quando riceve un comando, decide che cosa fare sulla base del valore del comando. Per vedere che cosa accade, registreremo le modifiche mentre esse si verificano.

Listato 31.9 Il worker RoverDriver: rover.go.

```
// drive è responsabile della guida del rover.
// È previsto che la funzione venga avviata in una goroutine.
func (r *RoverDriver) drive() {
    pos := image.Point{X: 0, Y: 0}
    direction := image.Point{X: 1, Y: 0}
    updateInterval := 250 * time.Millisecond
    nextMove := time.After(updateInterval)
    for {
        select {
        case c := <-r.commandc:        ← Attende comandi sul canale dei comandi
        switch c {
            case right:        ← Curva a destra
```

```
            direction = image.Point{
                X: -direction.Y,
                Y: direction.X,
            }
            case left:       ← Curva a sinistra
            direction = image.Point{
                X: direction.Y,
                Y: -direction.X,
            }
        }
        log.Printf("Nuova direzione %v", direction)
        case <-nextMove:
            pos = pos.Add(direction)
            log.Printf("Muove in %v", pos)
            nextMove = time.After(updateInterval)
        }
    }
}
```

Ora possiamo completare il tipo `RoverDriver` aggiungendo dei metodi per controllare il rover, come indicato nel Listato 31.10. Dichiareremo due metodi, uno per ciascun comando. Ogni metodo invia il comando corretto sul canale `commandc`. Per esempio, se richiamiamo il metodo `Left`, invieremo il valore di comando `left`, che il `worker` riceverà e utilizzerà per cambiare direzione al rover.

NOTA

Sebbene questi metodi controllino la direzione del rover, non hanno un accesso diretto al valore della direzione, pertanto non vi è alcun pericolo che possano modificarlo contemporaneamente generando così una condizione di competizione. Questo significa che non abbiamo bisogno di un mutex, poiché i canali garantiscono il meccanismo di comunicazione con la goroutine del rover senza modificare direttamente nessuno dei suoi valori.

Listato 31.10 I metodi di RoverDriver: rover.go.

```
// Left fa curvare il rover a sinistra (90° antiorario).
func (r *RoverDriver) Left() {
    r.commandc <- left
}

// Right fa curvare il rover a destra (90° orari).
func (r *RoverDriver) Right() {
    r.commandc <- right
}
```

Ora abbiamo un tipo `RoverDriver` perfettamente funzionale, il Listato 31.11 crea un rover e gli invia alcuni comandi. Ora il rover è finalmente libero di muoversi!

Listato 31.11 Il rover è libero di muoversi: rover.go.

```
func main() {
    r := NewRoverDriver()
    time.Sleep(3 * time.Second)
    r.Left()
    time.Sleep(3 * time.Second)
    r.Right()
    time.Sleep(3 * time.Second)
}
```

Provate a sperimentare con il tipo `RoverDriver` utilizzando tempi differenti e inviandogli comandi differenti.

Sebbene qui ci siamo concentrati su uno specifico esempio, questo schema di utilizzo dei worker può essere utile in molte situazioni in cui è necessaria una goroutine di lunga durata che controlli qualcosa, rimanendo nel contempo reattiva nei confronti dei comandi provenienti dall'esterno.

TEST

6. Che cosa viene usato al posto dei cicli di eventi in Go?
7. Quale package della libreria standard di Go fornisce il tipo di dati `Point`?
8. Quali istruzioni Go potete usare per implementare una goroutine `worker` di lunga durata?
9. Come vengono nascosti i dettagli interni di un canale?
10. Quali valori Go possono essere inviati lungo un canale?

Riepilogo

- Non accedete mai allo stato da più di una goroutine contemporaneamente, a meno che sia indicato esplicitamente che è possibile farlo.
- Utilizzate un mutex per assicurarvi che una sola goroutine possa accedere, contemporaneamente, a qualcosa.
- Utilizzate un mutex per proteggere un solo elemento che specifica lo stato di qualcosa.
- Quando il mutex detiene un blocco, eseguite la minore quantità di operazioni possibili.
- Potete scrivere una goroutine di lunga durata sotto forma di un worker con un ciclo `select`.
- Nascondete i dettagli del worker dietro dei metodi.

Vediamo se avete capito tutto...

Esperimento: positionworker.go

Partendo dal Listato 31.5, modificate il codice così che il ritardo cresca di mezzo secondo a ogni mossa.

Esperimento: rover.go

Utilizzando il tipo `RoverDriver` come punto di partenza, definite i metodi `Start` e `Stop` e i relativi comandi e fate in modo che il rover obbedisca.

Soluzioni dei test

1. Un comportamento indefinito. Il programma può bloccarsi o può verificarsi qualsiasi altra cosa.
2. Si blocca per sempre.
3. Si genera un panic: bloccaggio di un mutex non bloccato.
4. No, a meno che la cosa non sia documentata specificatamente.
5. Può bloccare altre goroutine che stanno anch'esse tentando di bloccare il mutex; può generarsi un deadlock.
6. Un ciclo in una goroutine.
7. Il package `image`.
8. L'istruzione `for` e l'istruzione `select`.
9. Dietro chiamate a metodi.
10. Lungo un canale può essere inviato qualsiasi valore.

Capitolo 32

Esercizio: la vita su Marte

Una griglia per muovere il rover

Create una griglia sulla quale il rover si può muovere, implementando il tipo `MarsGrid`. Avrete bisogno di utilizzare un mutex per garantire la sicurezza dei movimenti svolti da parte di più goroutine. La cosa dovrà avere il seguente aspetto:

```
// MarsGrid rappresenta una griglia di una parte della
// superficie di Marte. Può essere utilizzata in modo
// concorrente da parte di più goroutine.
type MarsGrid struct {
    // Da scrivere.
}

// Occupy occupa una cella in un determinato punto
// della griglia. Restituisce nil se il punto è già
// occupato o se il punto è all'esterno della griglia.
// Altrimenti, restituisce un valore che può essere
// utilizzato per spostarsi in un'altra posizione
// della griglia.
func (g *MarsGrid) Occupy(p image.Point) *Occupier

// Occupier rappresenta una cella occupata della
// griglia. Può essere utilizzato in modo concorrente
// da più goroutine.
type Occupier struct {
    // Da scrivere.
}

// Move sposta occupier in un'altra cella della
// griglia. Indica se la mossa ha avuto successo
// Può fallire perché sta tentando di uscire
// dalla griglia o perché la cella nella quale sta
// tentando di arrivare è occupata. Se fallisce,
```

```
// occupier rimane nella stessa posizione.
func (g *Occupier) Move(p image.Point) bool
```

Ora modificate l'esempio del rover del Capitolo 31, in modo che invece di aggiornare le sue coordinate solo localmente, il rover utilizzi un oggetto `MarsGrid` passato all'interno della funzione `NewRoverDriver`. Se raggiunge i margini della griglia o un ostacolo, deve ruotare e procedere in un'altra direzione scelta a caso.

Ora potete avviare più rover richiamando `NewRoverDriver` e vederli muovere insieme all'interno della griglia.

Fare rapporto sulle scoperte

Vogliamo trovare la vita su Marte e quindi invieremo più rover per eseguire questa ricerca, ma abbiamo bisogno di sapere dove è stata trovata la vita. A ogni cella della griglia, assegnate una certa probabilità di rinvenire una forma di vita, sotto forma di un numero casuale compreso fra 0 e 1000. Se un rover trova una cella con un "punteggio vita" superiore a 900, potrebbe aver trovato la vita e così deve inviare un messaggio radio alla Terra. Sfortunatamente, non sempre è possibile inviare un messaggio immediatamente, perché il satellite ripetitore non si trova sopra la linea dell'orizzonte. Implementate una goroutine `buffer` che riceva i messaggi inviati dal rover e li bufferizzi in una slice finché non potranno essere inviati alla Terra.

Implementate la Terra come una goroutine che riceve i messaggi solo occasionalmente (nerlla realtà accade per un paio di ore ogni giorno, ma potete regolare questo intervallo a piacere). Ogni messaggio dovrebbe contenere le coordinate della cella in cui può essere stata trovata la vita e il valore del "punteggio vita" letto.

Potreste anche voler dare un nome a ciascuno dei rover e includerlo nel messaggio, in modo da poter vedere quale rover lo ha inviato. Sarebbe anche utile includere il nome nei messaggi visualizzati dai rover, in modo da poter seguire i progressi di ognuno di essi.

Ora mettete i rover alla ricerca e osservatene i risultati!

Conclusioni

Come procedere

In questo capitolo

- Che cosa abbiamo tralasciato
- Oltre il playground
- Qualcosa di più

Questa conclusione del libro non è certo la fine del vostro viaggio. L'auspicio è che ora abbiate la mente piena di idee e il desiderio di continuare a imparare e a realizzare nuovi programmi. Grazie per essere giunti fino a qui.

Che cosa abbiamo tralasciato

Go è un linguaggio relativamente compatto e in questi capitoli ne abbiamo esaminato la maggior parte. Vi sono però alcuni argomenti che abbiamo tralasciato.

- La dichiarazione di costanti sequenziali con il comodo identificatore `iota`.
- Lo scorrimento dei bit (<< e >>) e gli operatori bit-a-bit (`&` e `|`).
- Il Capitolo 3 ha parlato dei cicli, saltando però la parola riservata `continue` e i salti eseguibili con le etichette e la parola riservata `goto`.
- Il Capitolo 4 ha parlato del campo di visibilità, ma non delle variabili ombra.
- I Capitoli da 6 a 8 hanno parlato di numeri in virgola mobile, interi e di grandi numeri, ma non dei numeri complessi e immaginari.
- Il Capitolo 12 mostra l'uso della parola riservata `return`, ma non il suo utilizzo più semplice.
- Il Capitolo 12 menziona, fin troppo brevemente, la `interface{}` vuota.
- Il Capitolo 13 introduce i metodi, ma non i valori metodo.

- Il Capitolo 28 menziona le asserzioni di tipo, ma non i cambiamenti di tipo.
- Il Capitolo 30 non menziona i canali direzionali.
- Non si è parlato di inizializzazione con `init`, una funzione speciale come `main`.
- Non si è parlato di tutte le funzioni interne, come `new` per i puntatori e `copy` per le slice (vedi `golang.org/pkg/builtin/`).
- Non si è parlato della creazione di nuovi package per organizzare il codice o per condividerlo con altri.

Oltre il playground

Se questa è la prima volta che affrontate l'argomento della programmazione, forse avrete apprezzato l'utilizzo di Go playground, nel Web, anche se il playground ha dei limiti.
Per superare i limiti del playground e realizzare programmi più interessanti, dovrete installare Go sul computer (vedi `golang.org/dl/`). Lanciare il terminale o il prompt dei comandi è un po' come saltare su una macchina del tempo. Dovrete imparare a utilizzare il computer e a lanciare programmi come si faceva nel 1995!
Avrete anche bisogno di un editor di testi. Gli autori di questo libro usano Sublime Text e Acme, ma sono molti gli editor che offrono un buon supporto per il linguaggio Go (vedi `golang.org/doc/editors.html`).
Presto o tardi, avrete bisogno di uno strumento di controllo della versione, come `git`, che è una sorta di macchina del tempo dedicata al codice e ad altri file.

Qualcosa di più

Go è molto di più di un linguaggio di programmazione. Si tratta di un ricco ecosistema di strumenti e librerie, tutto da scoprire.
Tutto ciò di cui avete bisogno per automatizzare il collaudo, il debugging, la valutazione delle prestazioni e molto altro ancora è già a vostra disposizione. La libreria standard offre molti package tutti da esplorare e se anche vi capitasse di esaurirli tutti, sappiate che la comunità di Go è sempre impegnata a creare nuovi package in base alle esigenze emerse (vedi `godoc.org`).
Vi sono anche molte risorse online (vedi `golang.org/wiki`) in grado di aiutarvi a continuare nel vostro viaggio e decine di libri in inglese dedicati a Go.
Insomma c'è sempre qualcosa da imparare e con cui divertirsi. La comunità di Go vi dà il suo benvenuto.

Appendice

Soluzioni

Questa appendice fornisce le soluzioni per gli esercizi proposti alla fine di ciascun capitolo e i progetti presentati alla fine di ciascuna parte. Ricordate che per ogni problema esistono sempre più soluzioni.

> **NOTA**
>
> Potete scaricare queste soluzioni e il resto del codice sorgente dal sito web del libro, all'indirizzo `http://bit.ly/apo-go`, o navigare nel codice sorgente online su `github.com/nathany/get-programming-with-go`.

Capitolo 1

Esperimento: playground.go

```
package main

import (
    "fmt"
)

func main() {
    fmt.Println("Ciao, Nathan")
    fmt.Println("你好 안녕하세요 もしもし привет hola")
}
```

Parte I

Capitolo 2

Esperimento: malacandra.go

```
package main

import "fmt"

func main() {
    const hoursPerDay = 24

    var days = 28
    var distance = 56000000 // km

    fmt.Println(distance/(days*hoursPerDay), "km/h")
}
```

Capitolo 3

Esperimento: guess.go

```
package main

import (
    "fmt"
    "math/rand"
)

func main() {
    var number = 42

    for {
        var n = rand.Intn(100) + 1
        if n < number {
            fmt.Printf("%v è troppo piccolo.\n", n)
        } else if n > number {
            fmt.Printf("%v è troppo grande.\n", n)
        } else {
            fmt.Printf("Hai indovinato! %v\n", n)
            break
        }
    }
}
```

Capitolo 4

Esperimento: random-dates.go

```
package main

    import (
        "fmt"
        "math/rand"
)

var era = "DC"

func main() {
    for count := 0; count < 10; count++ {
        year := 2018 + rand.Intn(10)
        leap := year%400 == 0 || (year%4 == 0 && year%100 != 0)
        month := rand.Intn(12) + 1

        daysInMonth := 31
        switch month {
        case 2:
            daysInMonth = 28
            if leap {
                daysInMonth = 29
            }
        case 4, 6, 9, 11:
            daysInMonth = 30
        }
        day := rand.Intn(daysInMonth) + 1
        fmt.Println(day, month, year, era)
    }
}
```

Capitolo 5

Esperimento: tickets.go

```
package main

import (
    "fmt"
    "math/rand"
)

const secondsPerDay = 86400

func main() {
    distance := 62100000
```

```
    company := ""
    trip := ""

    fmt.Println("Vettore            Gg A o A/R    Spesa")
    fmt.Println("======================================")

    for count := 0; count < 10; count++ {
        switch rand.Intn(3) {
        case 0:
            company = "Space Adventures"
        case 1:
            company = "SpaceX"
        case 2:
            company = "Virgin Galactic"
        }
        speed := rand.Intn(15) + 16                    // 16-30 km/s
        duration := distance / speed / secondsPerDay   // giorni
        price := 20.0 + speed                          // milioni

        if rand.Intn(2) == 1 {
            trip = "And./Rit."
            price = price * 2
        } else {
            trip = "Andata"
        }
        fmt.Printf("%-16v %4v %-10v $%4v\n", company, duration, trip, price)
    }
}
```

Parte II

Capitolo 6

Esperimento: piggy.go

```
package main

import (
    "fmt"
    "math/rand"
)

func main() {
    piggyBank := 0.0

    for piggyBank < 20.00 {
        switch rand.Intn(3) {
        case 0:
            piggyBank += 0.05
```

```
        case 1:
            piggyBank += 0.10
        case 2:
            piggyBank += 0.25
        }
        fmt.Printf("%5.2f euro\n", piggyBank)
    }
}
```

Capitolo 7

Esperimento: piggy.go

```
package main

import (
    "fmt"
    "math/rand"
)

func main() {
    piggyBank := 0

    for piggyBank < 2000 {
        switch rand.Intn(3) {
        case 0:
            piggyBank += 5
        case 1:
            piggyBank += 10
        case 2:
            piggyBank += 25
        }
        euros := piggyBank / 100
        cents := piggyBank % 100
        fmt.Printf("%d.%02d euro\n", euros, cents)
    }
}
```

Capitolo 8

Esperimento: canis.go

```
package main

import (
    "fmt"
)
```

```
func main() {
    const distance = 236000000000000000
    const lightSpeed = 299792
    const secondsPerDay = 86400
    const daysPerYear = 365
    const years = distance / lightSpeed / secondsPerDay / daysPerYear
    fmt.Println("La galassia nana del Cane Maggiore è a", years, "anni luce di distanza.")
}
```

↖ Scrive La galassia nana del Cane Maggiore è a 24962 anni luce di distanza.

Capitolo 9

Esperimento: caesar.go

```
message := "Yhql. Ylgl. Ylfl!"

for i := 0; i < len(message); i++ {
    c := message[i]
    if c >= 'a' && c <= 'z' {
        c -= 3
        if c < 'a' {
            c += 26
        }
    } else if c >= 'A' && c <= 'Z' {
        c -= 3
        if c < 'A' {
            c += 26
        }
    }
    fmt.Printf("%c", c)
}
```

Esperimento: international.go

```
message := "Hola Estación Espacial Internacional"

for _, c := range message {
    if c >= 'a' && c <= 'z' {
        c = c + 13
        if c > 'z' {
            c = c - 26
        }
    } else if c >= 'A' && c <= 'Z' {
        c = c + 13
        if c > 'Z' {
            c = c - 26
        }
    }
    fmt.Printf("%c", c)
}
```

Capitolo 10

Esperimento: input.go

```
yesNo := "1"

var launch bool

switch yesNo {
    case "true", "sì", "1":
        launch = true
    case "false", "no", "0":
        launch = false
    default:
        fmt.Println(yesNo, "non valido")
}

fmt.Println("Pronti per il lancio:", launch)    ← Scrive Pronti per il lancio: true
```

Capitolo 11

Esperimento: decipher.go

```
cipherText := "CWWLVTMILGTOUUZ"
keyword := "GOLANG"
message := ""
keyIndex := 0

for i := 0; i < len(cipherText); i++ {
    // A=0, B=1, ... Z=25
    c := cipherText[i] - 'A'
    k := keyword[keyIndex] - 'A'

    // lettera cifrata - lettera della chiave
    c = (c-k+26)%26 + 'A'
    message += string(c)

    // incrementa keyIndex
    keyIndex++
    keyIndex %= len(keyword)
}

fmt.Println(message)
```

Esperimento: cipher.go

```
message := "SCRIVETE IL VOSTRO MESSAGGIO"
keyword := "golang"
keyIndex := 0
```

```
cipherText := ""

    message = strings.ToUpper(strings.Replace(message, " ", "", -1))
    keyword = strings.ToUpper(strings.Replace(keyword, " ", "", -1))

for i := 0; i < len(message); i++ {
    c := message[i]
    if c >= 'A' && c <= 'Z' {
        // A=0, B=1, ... Z=25
        c -= 'A'
        k := keyword[keyIndex] - 'A'
        // lettera cifrata + lettera della chiave
        c = (c+k)%26 + 'A'

        // incrementa keyIndex
        keyIndex++
        keyIndex %= len(keyword)
    }
    cipherText += string(c)
}

fmt.Println(cipherText)
```

Parte III

Capitolo 12

Esperimento: functions.go

```
package main

import "fmt"

func kelvinToCelsius(k float64) float64 {
    return k - 273.15
}

func celsiusToFahrenheit(c float64) float64 {
    return (c * 9.0 / 5.0) + 32.0
}

func kelvinToFahrenheit(k float64) float64 {
    return celsiusToFahrenheit(kelvinToCelsius(k))
}

func main() {
    fmt.Printf("233° K sono %.2f° C\n", kelvinToCelsius(233))
    fmt.Printf("0° K sono %.2f° F\n", kelvinToFahrenheit(0))
}
```

Capitolo 13

Esperimento: methods.go

```go
package main

import "fmt"

type celsius float64

func (c celsius) fahrenheit() fahrenheit {
    return fahrenheit((c * 9.0 / 5.0) + 32.0)
}

func (c celsius) kelvin() kelvin {
    return kelvin(c + 273.15)
}

type fahrenheit float64

func (f fahrenheit) celsius() celsius {
    return celsius((f - 32.0) * 5.0 / 9.0)
}

func (f fahrenheit) kelvin() kelvin {
    return f.celsius().kelvin()
}

type kelvin float64

func (k kelvin) celsius() celsius {
    return celsius(k - 273.15)
}

func (k kelvin) fahrenheit() fahrenheit {
    return k.celsius().fahrenheit()
}

func main() {
    var k kelvin = 294.0
    c := k.celsius()
    fmt.Print(k, "° K sono ", c, "° C")
}
```

Capitolo 14

Esperimento: calibrate.go

```
package main

import (
    "fmt"
    "math/rand"
)

type kelvin float64
type sensor func() kelvin

func fakeSensor() kelvin {
    return kelvin(rand.Intn(151) + 150)
}

func calibrate(s sensor, offset kelvin) sensor {
    return func() kelvin {
        return s() + offset
    }
}

func main() {
    var offset kelvin = 5
    sensor := calibrate(fakeSensor, offset)

    for count := 0; count < 10; count++ {
        fmt.Println(sensor())
    }
}
```

Capitolo 15

Esperimento: tables.go

```
package main

import (
    "fmt"
)

type celsius float64

func (c celsius) fahrenheit() fahrenheit {
    return fahrenheit((c * 9.0 / 5.0) + 32.0)
}
```

```
type fahrenheit float64

func (f fahrenheit) celsius() celsius {
    return celsius((f - 32.0) * 5.0 / 9.0)
}

const (
    line         = "======================="
    rowFormat    = "| %8s | %8s |\n"
    numberFormat = "%.1f"
)

type getRowFn func(row int) (string, string)

// drawTable traccia una tabella di due colonne.
func drawTable(hdr1, hdr2 string, rows int, getRow getRowFn) {
    fmt.Println(line)
    fmt.Printf(rowFormat, hdr1, hdr2)
    fmt.Println(line)
    for row := 0; row < rows; row++ {
        cell1, cell2 := getRow(row)
        fmt.Printf(rowFormat, cell1, cell2)
    }
    fmt.Println(line)
}

func ctof(row int) (string, string) {
    c := celsius(row*5 - 40)
    f := c.fahrenheit()
    cell1 := fmt.Sprintf(numberFormat, c)
    cell2 := fmt.Sprintf(numberFormat, f)
    return cell1, cell2
}

func ftoc(row int) (string, string) {
    f := fahrenheit(row*5 - 40)
    c := f.celsius()
    cell1 := fmt.Sprintf(numberFormat, f)
    cell2 := fmt.Sprintf(numberFormat, c)
    return cell1, cell2
}

func main() {
    drawTable("°C", "°F", 29, ctof)
    fmt.Println()
    drawTable("°F", "°C", 29, ftoc)
}
```

Parte IV

Capitolo 16

Esperimento: chess.go

```
package main

import "fmt"

func display(board [8][8]rune) {
    for _, row := range board {
        for _, column := range row {
            if column == 0 {
                fmt.Print(" ")
            } else {
                fmt.Printf("%c ", column)
            }
        }
        fmt.Println()
    }
}

func main() {
    var board [8][8]rune
    // pezzi neri
    board[0][0] = 't'
    board[0][1] = 'c'
    board[0][2] = 'a'
    board[0][3] = 'q'
    board[0][4] = 'k'
    board[0][5] = 'a'
    board[0][6] = 'c'
    board[0][7] = 't'

    // pedoni
    for column := range board[1] {
        board[1][column] = 'p'
        board[6][column] = 'P'
    }
    // pezzi bianchi
    board[7][0] = 'T'
    board[7][1] = 'C'
    board[7][2] = 'A'
    board[7][3] = 'Q'
    board[7][4] = 'K'
    board[7][5] = 'A'
    board[7][6] = 'C'
    board[7][7] = 'T'
    display(board)
}
```

Capitolo 17

Esperimento: terraform.go

```
package main

import "fmt"

// Planets collega dei metodi a []string.
type Planets []string

func (planets Planets) terraform() {
    for i := range planets {
        planets[i] = "New " + planets[i]
    }
}

func main() {
    planets := []string{
        "Mercurio", "Venere", "Terra", "Marte",
        "Giove", "Saturno", "Urano", "Nettuno",
    }
    Planets(planets[3:4]).terraform()
    Planets(planets[6:]).terraform()
    fmt.Println(planets)      ← Scrive [Mercurio Venere Terra New Marte Giove Saturno
}                             ↖ New Urano New Nettuno]
```

Capitolo 18

Esperimento: capacity.go

```
s := []string{}
lastCap := cap(s)

for i := 0; i < 10000; i++ {
    s = append(s, "Un elemento")
    if cap(s) != lastCap {
        fmt.Println(cap(s))
        lastCap = cap(s)
    }
}
```

Capitolo 19

Esperimento: words.go

```
package main

import (
    "fmt"
    "strings"
)

func countWords(text string) map[string]int {
    words := strings.Fields(strings.ToLower(text))
    frequency := make(map[string]int, len(words))
    for _, word := range words {
        word = strings.Trim(word, `.,"-`)
        frequency[word]++
    }
    return frequency
}

func main() {
    text := `As far as eye could reach he saw nothing but the stems of the
        great plants about him receding in the violet shade, and far overhead
        the multiple transparency of huge leaves filtering the sunshine to the
        solemn splendour of twilight in which he walked. Whenever he felt able
        he ran again; the ground continued soft and springy, covered with the
        same resilient weed which was the first thing his hands had touched in
        Malacandra. Once or twice a small red creature scuttled across his
        path, but otherwise there seemed to be no life stirring in the wood;
        nothing to fear -- except the fact of wandering unprovisioned and alone
        in a forest of unknown vegetation thousands or millions of miles
        beyond the reach or knowledge of man.`

    frequency := countWords(text)
    for word, count := range frequency {
        if count > 1 {
            fmt.Printf("%d %v\n", count, word)
        }
    }
}
```

Capitolo 20

Esperimento: life.go

```
package main

import (
    "fmt"
```

```
    "math/rand"
    "time"
)

const (
    width = 80
    height = 15
)

// Universe è un campo bidimensionale di cellule.
type Universe [][]bool

// NewUniverse restituisce un universo vuoto.
func NewUniverse() Universe {
    u := make(Universe, height)
    for i := range u {
        u[i] = make([]bool, width)
    }
    return u
}

// Seed inserisce casualmente cellule vive dell'universo.
func (u Universe) Seed() {
    for i := 0; i < (width * height / 4); i++ {
        u.Set(rand.Intn(width), rand.Intn(height), true)
    }
}

// Set imposta lo stato della cellula specificata.
func (u Universe) Set(x, y int, b bool) {
    u[y][x] = b
}

// Alive indica se la cellula specificata è viva.
// Se le coordinate sono estrerne all'universo, rientra dall'inizio.
func (u Universe) Alive(x, y int) bool {
    x = (x + width) % width
    y = (y + height) % height
    return u[y][x]
}

// Neighbors conta le cellule vive adiacenti.
func (u Universe) Neighbors(x, y int) int {
    n := 0
    for v := -1; v <= 1; v++ {
        for h := -1; h <= 1; h++ {
            if !(v == 0 && h == 0) && u.Alive(x+h, y+v) {
                n++
            }
        }
    }
    return n
}
```

```
// Next restituisce lo stato successivo della cellula specificata.
func (u Universe) Next(x, y int) bool {
    n := u.Neighbors(x, y)
    return n == 3 || n == 2 && u.Alive(x, y)
}

// String restituisce l'universo sotto forma di stringa.
func (u Universe) String() string {
    var b byte
    buf := make([]byte, 0, (width+1)*height)

    for y := 0; y < height; y++ {
        for x := 0; x < width; x++ {
            b = ' '
            if u[y][x] {
                b = '*'
            }
            buf = append(buf, b)
        }
        buf = append(buf, '\n')
    }
    return string(buf)
}

// Show cancella lo schermo e mostra l'universo.
func (u Universe) Show() {
    fmt.Print("\x0c", u.String())
}

// Step aggiorna lo stato del prossimo universo (b)
// traendolo dall'universo corrente (a).
func Step(a, b Universe) {
    for y := 0; y < height; y++ {
        for x := 0; x < width; x++ {
            b.Set(x, y, a.Next(x, y))
        }
    }
}

func main() {
    a, b := NewUniverse(), NewUniverse()
    a.Seed()
    for i := 0; i < 300; i++ {
        Step(a, b)
        a.Show()
        time.Sleep(time.Second / 30)
        a, b = b, a    // Scambia gli universi
    }
}
```

Parte V

Capitolo 21

Esperimento: landing.go

```
type location struct {
    Name string `json:"nome"`
    Lat float64 `json:"latitudine"`
    Long float64 `json:"longitudine"`
}

locations := []location{
    {Name: "Bradbury Landing", Lat: -4.5895, Long: 137.4417},
    {Name: "Columbia Memorial Station", Lat: -14.5684, Long: 175.472636},
    {Name: "Challenger Memorial Station", Lat: -1.9462, Long: 354.4734},
}

bytes, err := json.MarshalIndent(locations, "", " ")
if err != nil {
    fmt.Println(err)
    os.Exit(1)
}

fmt.Println(string(bytes))
```

Capitolo 22

Esperimento: landing.go

```
package main

import "fmt"

// location indicata come latitudine, longitudine.
type location struct {
    lat, long float64
}

// coordinate in gradi (d), minuti (m), secondi (s) in un emisfero N/S/E/O.
type coordinate struct {
    d, m, s float64
    h       rune
}

// newLocation dalle coordinate di latitudine e longitudine dms.
func newLocation(lat, long coordinate) location {
    return location{lat.decimal(), long.decimal()}
}
```

```
// decimal converte una coordinata dms in gradi decimali.
func (c coordinate) decimal() float64 {
    sign := 1.0
    switch c.h {
    case 'S', 'W', 's', 'w':
        sign = -1
    }
    return sign * (c.d + c.m/60 + c.s/3600)
}

func main() {
    spirit := newLocation(coordinate{14, 34, 6.2, 'S'}, coordinate{175, 28, 21.5, 'E'})
    opportunity := newLocation(coordinate{1, 56, 46.3, 'S'}, coordinate{354, 28, 24.2, 'E'})
    curiosity := newLocation(coordinate{4, 35, 22.2, 'S'}, coordinate{137, 26, 30.12, 'E'})
    insight := newLocation(coordinate{4, 30, 0.0, 'N'}, coordinate{135, 54, 0, 'E'})
    fmt.Println("Spirit", spirit)
    fmt.Println("Opportunity", opportunity)
    fmt.Println("Curiosity", curiosity)
    fmt.Println("InSight", insight)
}
```

Esperimento: distance.go

```
package main

import (
    "fmt"
    "math"
)

// location indicata come latitudine, longitudine.
type location struct {
    lat, long float64
}

// coordinate in gradi (d), minuti (m), secondi (s) in un emisfero N/S/E/O.
type coordinate struct {
    d, m, s float64
    h       rune
}

// newLocation dalle coordinate di latitudine e longitudine dms.
func newLocation(lat, long coordinate) location {
    return location{lat.decimal(), long.decimal()}
}

// decimal converte una coordinata dms in gradi decimali.
func (c coordinate) decimal() float64 {
    sign := 1.0
    switch c.h {
    case 'S', 'W', 's', 'w':
```

```
        sign = -1
    }
    return sign * (c.d + c.m/60 + c.s/3600)
}

// world è un mondo con un raggio volumetrico medio in chilometri
type world struct {
    radius float64
}

// calcolo della distanza con la Legge sferica dei coseni.
func (w world) distance(p1, p2 location) float64 {
    s1, c1 := math.Sincos(rad(p1.lat))
    s2, c2 := math.Sincos(rad(p2.lat))
    clong := math.Cos(rad(p1.long - p2.long))
    return w.radius * math.Acos(s1*s2+c1*c2*clong)
}

// rad converte gradi in radianti.
func rad(deg float64) float64 {
    return deg * math.Pi / 180
}

var (
    mars = world{radius: 3389.5}
    earth = world{radius: 6371}
)

func main() {
    spirit := newLocation(coordinate{14, 34, 6.2, 'S'}, coordinate{175, 28, 21.5, 'E'})
    opportunity := newLocation(coordinate{1, 56, 46.3, 'S'}, coordinate{354, 28, 24.2, 'E'})
    curiosity := newLocation(coordinate{4, 35, 22.2, 'S'}, coordinate{137, 26, 30.12, 'E'})
    insight := newLocation(coordinate{4, 30, 0.0, 'N'}, coordinate{135, 54, 0.0, 'E'})
    fmt.Printf("Fra Spirit e Opportunity %.2f km\n", mars.distance(spirit, opportunity))
    fmt.Printf("Fra Spirit e Curiosity %.2f km\n", mars.distance(spirit, curiosity))
    fmt.Printf("Fra Spirit e InSight %.2f km\n", mars.distance(spirit, insight))
    fmt.Printf("Fra Opportunity e Curiosity %.2f km\n", mars.distance(opportunity, curiosity))
    fmt.Printf("Fra Opportunity e InSight %.2f km\n", mars.distance(opportunity, insight))
    fmt.Printf("Fra Curiosity e InSight %.2f km\n", mars.distance(curiosity, insight))

    london := newLocation(coordinate{51, 30, 0, 'N'}, coordinate{0, 8, 0, 'W'})
    paris := newLocation(coordinate{48, 51, 0, 'N'}, coordinate{2, 21, 0, 'E'})
    fmt.Printf("Fra Londra e Parigi %.2f km\n", earth.distance(london, paris))

    edmonton := newLocation(coordinate{53, 32, 0, 'N'}, coordinate{113, 30, 0, 'W'})
    ottawa := newLocation(coordinate{45, 25, 0, 'N'}, coordinate{75, 41, 0, 'W'})
    fmt.Printf("Fra dove abito e la capitale %.2f km\n", earth.distance(edmonton, ottawa))

    mountSharp := newLocation(coordinate{5, 4, 48, 'S'}, coordinate{137, 51, 0, 'E'})
    olympusMons := newLocation(coordinate{18, 39, 0, 'N'}, coordinate{226, 12, 0, 'E'})
    fmt.Printf("Fra i monti Sharp e Olimpo %.2f km\n", mars.distance(mountSharp, olympusMons))
}
```

Capitolo 23

Esperimento: gps.go

```
package main

import (
    "fmt"
    "math"
)

type world struct {
    radius float64
}

type location struct {
    name string
    lat, long float64
}

func (l location) description() string {
    return fmt.Sprintf("%v (%.1f°, %.1f°)", l.name, l.lat, l.long)
}

type gps struct {
    world world
    current location
    destination location
}

func (g gps) distance() float64 {
    return g.world.distance(g.current, g.destination)
}

func (g gps) message() string {
    return fmt.Sprintf("%.1f km a %v", g.distance(), g.destination.description())
}

func (w world) distance(p1, p2 location) float64 {
    s1, c1 := math.Sincos(rad(p1.lat))
    s2, c2 := math.Sincos(rad(p2.lat))
    clong := math.Cos(rad(p1.long - p2.long))
    return w.radius * math.Acos(s1*s2+c1*c2*clong)
}

func rad(deg float64) float64 {
    return deg * math.Pi / 180
}

type rover struct {
    gps
}
```

```
func main() {
    mars := world{radius: 3389.5}
    bradbury := location{"Bradbury Landing", -4.5895, 137.4417}
    elysium := location{"Elysium Planitia", 4.5, 135.9}
    gps := gps{
        world:       mars,
        current:     bradbury,
        destination: elysium,
    }
    curiosity := rover{
        gps: gps,
    }
    fmt.Println(curiosity.message())      ← Scrive 545.4 km a Elysium Planitia (4.5°, 135.9°)
}
```

Capitolo 24

Esperimento: marshal.go

```
package main

import (
    "encoding/json"
    "fmt"
    "os"
)

// coordinate in gradi (d), minuti (m), secondi (s) in un emisfero N/S/E/O.
type coordinate struct {
    d, m, s float64
    h       rune
}

// String formatta una coordinata DMS.
func (c coordinate) String() string {
    return fmt.Sprintf("%v°%v'%.1f\" %c", c.d, c.m, c.s, c.h)
}

// decimal converte una coordinata dms in gradi decimali.
func (c coordinate) decimal() float64 {
    sign := 1.0
    switch c.h {
    case 'S', 'W', 's', 'w':
        sign = -1
    }
    return sign * (c.d + c.m/60 + c.s/3600)
}

func (c coordinate) MarshalJSON() ([]byte, error) {
    return json.Marshal(struct {
```

```
        DD float64 `json:"decimali"`
        DMS string `json:"dms"`
        D float64 `json:"gradi"`
        M float64 `json:"minuti"`
        S float64 `json:"secondi"`
        H string `json:"emisfero"`
    }{
        DD: c.decimal(),
        DMS: c.String(),
        D: c.d,
        M: c.m,
        S: c.s,
        H: string(c.h),
    })
}

// location indicata come latitudine, longitudine in decimal gradi.
type location struct {
    Name string      `json:"nome"`
    Lat coordinate  `json:"latitudine"`
    Long coordinate `json:"longitudine"`
}

func main() {
    elysium := location{
        Name: "Elysium Planitia",
        Lat: coordinate{4, 30, 0.0, 'N'},
        Long: coordinate{135, 54, 0.0, 'E'},
    }
    bytes, err := json.MarshalIndent(elysium, "", " ")
    if err != nil {
        fmt.Println(err)
        os.Exit(1)
    }
    fmt.Println(string(bytes))
}
```

Capitolo 25

Esperimento: animals.go

```
package main

import (
    "fmt"
    "math/rand"
    "time"
)
```

```
type honeyBee struct {
    name string
}

func (hb honeyBee) String() string {
    return hb.name
}

func (hb honeyBee) move() string {
    switch rand.Intn(2) {
    case 0:
        return "ronza intorno"
    default:
        return "vola verso l'infinito e oltre"
    }
}

func (hb honeyBee) eat() string {
    switch rand.Intn(2) {
    case 0:
        return "polline"
    default:
        return "nettare"
    }
}

type gopher struct {
    name string
}

func (g gopher) String() string {
    return g.name
}

func (g gopher) move() string {
    switch rand.Intn(2) {
    case 0:
        return "si muove sul terreno"
    default:
        return "si rintana nella sabbia"
    }
}

func (g gopher) eat() string {
    switch rand.Intn(5) {
    case 0:
        return "carote"
    case 1:
        return "lattuga"
    case 2:
        return "rapanelli"
```

```
    case 3:
        return "mais"
    default:
        return "radici"
    }
}

type animal interface {
    move() string
    eat() string
}

func step(a animal) {
    switch rand.Intn(2) {
    case 0:
        fmt.Printf("%v %v.\n", a, a.move())
    default:
        fmt.Printf("%v mangia %v.\n", a, a.eat())
    }
}

const sunrise, sunset = 8, 18

func main() {
    rand.Seed(time.Now().UnixNano())

    animals := []animal{
        honeyBee{name: "Ape Bzzzilio"},
        gopher{name: "Talpa Gaetana"},
    }
    var sol, hour int
    for {
        fmt.Printf("%2d:00 ", hour)
        if hour < sunrise || hour >= sunset {
            fmt.Println("Ora gli animali dormono.")
        } else {
            i := rand.Intn(len(animals))
            step(animals[i])
        }
        time.Sleep(500 * time.Millisecond)
        hour++
        if hour >= 24 {
            hour = 0
            sol++
            if sol >= 3 {
                break
            }
        }
    }
}
```

Parte VI

Capitolo 26

Esperimento: turtle.go

```
package main

import "fmt"

type turtle struct {
    x, y int
}

func (t *turtle) up() {
    t.y--
}

func (t *turtle) down() {
    t.y++
}

func (t *turtle) left() {
    t.x--
}

func (t *turtle) right() {
    t.x++
}

func main() {
    var t turtle
    t.up()
    t.up()
    t.left()
    t.left()
    fmt.Println(t)      ← Scrive {-2 -2}
    t.down()
    t.down()
    t.right()
    t.right()
    fmt.Println(t)      ← Scrive {0 0}
}
```

Capitolo 27

Esperimento: knights.go

```
package main

import (
    "fmt"
)

type item struct {
    name string
}

type character struct {
    name string
    leftHand *item
}

func (c *character) pickup(i *item) {
    if c == nil || i == nil {
        return
    }
    fmt.Printf("%v prende un %v\n", c.name, i.name)
    c.leftHand = i
}

func (c *character) give(to *character) {
    if c == nil || to == nil {
        return
    }
    if c.leftHand == nil {
        fmt.Printf("%v non ha nulla da offrire\n", c.name)
        return
    }
    if to.leftHand != nil {
        fmt.Printf("Le mani di %v sono piene\n", to.name)
        return
    }
    to.leftHand = c.leftHand
    c.leftHand = nil
    fmt.Printf("%v offre al %v un %v\n", c.name, to.name, to.leftHand.name)
}

func (c character) String() string {
    if c.leftHand == nil {
        return fmt.Sprintf("%v non ha nulla", c.name)
    }
    return fmt.Sprintf("%v ha un %v", c.name, c.leftHand.name)
}
```

```
func main() {
    arthur := &character{name: "Arthur"}

    shrubbery := &item{name: "cespuglio"}
    arthur.pickup(cespuglio)      ← Scrive Arthur prende un cespuglio

    knight := &character{name: "Cavaliere"}
    arthur.give(knight)      ← Scrive Arthur offre al Cavaliere un cespuglio

    fmt.Println(arthur)      ← Scrive Arthur non ha nulla
    fmt.Println(knight)      ← Scrive Cavaliere ha un cespuglio
}
```

Capitolo 28

Esperimento: url.go

```
u, err := url.Parse("https://a b.com/")

if err != nil {
    fmt.Println(err)      ← Scrive parse https://a b.com/: invalid character " " in host name
    fmt.Printf("%#v\n", err)      ← Scrive &url.Error{Op:"parse", URL:"https://a b.com/", Err:" "}

    if e, ok := err.(*url.Error); ok {
        fmt.Println("Op:", e.Op)      ← Scrive Op: parse
        fmt.Println("URL:", e.URL)      ← Scrive URL: https://a b.com/
        fmt.Println("Err:", e.Err)      ← Scrive Err: invalid character " " in host name
    }
    os.Exit(1)
}

fmt.Println(u)
```

Capitolo 29

Esperimento: sudoku.go

```
package main

import (
    "errors"
    "fmt"
    "os"
)

const (
    rows, columns = 9, 9
    empty = 0
)
```

```
// Cell è una casella nella griglia del Sudoku.
type Cell struct {
    digit int8
    fixed bool
}

// Grid è una griglia del Sudoku.
type Grid [rows][columns]Cell

// Errori che possono verificarsi.
var (
    ErrBounds = errors.New("Fuori dai limiti")
    ErrDigit = errors.New("Cifra errata")
    ErrInRow = errors.New("Cifra già presente in questa riga")
    ErrInColumn = errors.New("Cifra già presente in questa colonna")
    ErrInRegion = errors.New("Cifra già presente in questa regione")
    ErrFixedDigit = errors.New("Le cifre iniziali non possono essere tolte")
)

// NewSudoku crea una nuova griglia del Sudoku.
func NewSudoku(digits [rows][columns]int8) *Grid {
    var grid Grid
    for r := 0; r < rows; r++ {
        for c := 0; c < columns; c++ {
            d := digits[r][c]
            if d != empty {
                grid[r][c].digit = d
                grid[r][c].fixed = true
            }
        }
    }
    return &grid
}

// Set imposta una cifra in una casella del Sudoku.
func (g *Grid) Set(row, column int, digit int8) error {
    switch {
    case !inBounds(row, column):
        return ErrBounds
    case !validDigit(digit):
        return ErrDigit
    case g.isFixed(row, column):
        return ErrFixedDigit
    case g.inRow(row, digit):
        return ErrInRow
    case g.inColumn(column, digit):
        return ErrInColumn
    case g.inRegion(row, column, digit):
        return ErrInRegion
    }
    g[row][column].digit = digit
    return nil
}
```

```
// Clear cancella una casella dalla griglia del Sudoku.
func (g *Grid) Clear(row, column int) error {
    switch {
    case !inBounds(row, column):
        return ErrBounds
    case g.isFixed(row, column):
        return ErrFixedDigit
    }
    g[row][column].digit = empty
    return nil
}

func inBounds(row, column int) bool {
    if row < 0 || row >= rows || column < 0 || column >= columns {
        return false
    }
    return true
}

func validDigit(digit int8) bool {
    return digit >= 1 && digit <= 9
}

func (g *Grid) inRow(row int, digit int8) bool {
    for c := 0; c < columns; c++ {
        if g[row][c].digit == digit {
            return true
        }
    }
    return false
}

func (g *Grid) inColumn(column int, digit int8) bool {
    for r := 0; r < rows; r++ {
        if g[r][column].digit == digit {
            return true
        }
    }
    return false
}

func (g *Grid) inRegion(row, column int, digit int8) bool {
    startRow, startColumn := row/3*3, column/3*3
    for r := startRow; r < startRow+3; r++ {
        for c :- startColumn; c < startColumn+3; c++ {
            if g[r][c].digit == digit {
                return true
            }
        }
    }
    return false
}
```

```
func (g *Grid) isFixed(row, column int) bool {
    return g[row][column].fixed
}

func main() {
    s := NewSudoku([rows][columns]int8{
        {5, 3, 0, 0, 7, 0, 0, 0, 0},
        {6, 0, 0, 1, 9, 5, 0, 0, 0},
        {0, 9, 8, 0, 0, 0, 0, 6, 0},
        {8, 0, 0, 0, 6, 0, 0, 0, 3},
        {4, 0, 0, 8, 0, 3, 0, 0, 1},
        {7, 0, 0, 0, 2, 0, 0, 0, 6},
        {0, 6, 0, 0, 0, 0, 2, 8, 0},
        {0, 0, 0, 4, 1, 9, 0, 0, 5},
        {0, 0, 0, 0, 8, 0, 0, 7, 9},
    })
    err := s.Set(1, 1, 4)
    if err != nil {
        fmt.Println(err)
        os.Exit(1)
    }
    for _, row := range s {
        fmt.Println(row)
    }
}
```

Parte VII

Capitolo 30

Esperimento: remove-identical.go

```
package main

import (
    "fmt"
)

func main() {
    c0 := make(chan string)
    c1 := make(chan string)
    go sourceGopher(c0)
    go removeDuplicates(c0, c1)
    printGopher(c1)
}

func sourceGopher(downstream chan string) {
    for _, v := range []string{"a", "b", "b", "c", "d", "d", "d", "e"} {
```

```
        downstream <- v
    }
    close(downstream)
}

func removeDuplicates(upstream, downstream chan string) {
    prev := ""
    for v := range upstream {
        if v != prev {
            downstream <- v
            prev = v
        }
    }
    close(downstream)
}

func printGopher(upstream chan string) {
    for v := range upstream {
        fmt.Println(v)
    }
}
```

Esperimento: split-words.go

```
package main

import (
    "fmt"
    "strings"
)

func main() {
    c0 := make(chan string)
    c1 := make(chan string)
    go sourceGopher(c0)
    go splitWords(c0, c1)
    printGopher(c1)
}

func sourceGopher(downstream chan string) {
    for _, v := range []string{"salve mondo", "mela bacata", "addio gente"} {
        downstream <- v
    }
    close(downstream)
}

func splitWords(upstream, downstream chan string) {
    for v := range upstream {
        for _, word := range strings.Fields(v) {
            downstream <- word
        }
    }
```

```
    close(downstream)
}

func printGopher(upstream chan string) {
    for v := range upstream {
        fmt.Println(v)
    }
}
```

Capitolo 31

Esperimento: positionworker.go

```
package main

import (
    "fmt"
    "image"
    "time"
)

func main() {
    go worker()
    time.Sleep(5 * time.Second)
}

func worker() {
    pos := image.Point{X: 10, Y: 10}
    direction := image.Point{X: 1, Y: 0}
    delay := time.Second
    next := time.After(delay)
    for {
        select {
        case <-next:
            pos = pos.Add(direction)
            fmt.Println("La posizione corrente è ", pos)
            delay += time.Second / 2
            next = time.After(delay)
        }
    }
}
```

Esperimento: rover.go

```
package main

import (
    "image"
    "log"
```

```
    "time"
)

func main() {
    r := NewRoverDriver()
    time.Sleep(3 * time.Second)
    r.Left()
    time.Sleep(3 * time.Second)
    r.Right()
    time.Sleep(3 * time.Second)
    r.Stop()
    time.Sleep(3 * time.Second)
    r.Start()
    time.Sleep(3 * time.Second)
}

// RoverDriver guida un rover sulla superficie di Marte.
type RoverDriver struct {
    commandc chan command
}

// NewRoverDriver avvia un nuovo RoverDriver e lo restituisce.
func NewRoverDriver() *RoverDriver {
    r := &RoverDriver{
        commandc: make(chan command),
    }
    go r.drive()
    return r
}

type command int
const (
    right = command(0)
    left = command(1)
    start = command(2)
    stop = command(3)
)

// drive è responsabile della guida del rover.
// Deve essere avviata in una goroutine.
func (r *RoverDriver) drive() {
    pos := image.Point{X: 0, Y: 0}
    direction := image.Point{X: 1, Y: 0}
    updateInterval := 250 * time.Millisecond
    nextMove := time.After(updateInterval)
    speed := 1
    for {
        select {
        case c := <-r.commandc:
            switch c {
            case right:
                direction = image.Point{
```

```
                X: -direction.Y,
                Y: direction.X,
            }
        case left:
            direction = image.Point{
                X: direction.Y,
                Y: -direction.X,
            }
        case stop:
            speed = 0
        case start:
            speed = 1
        }
        log.Printf("Nuova direzione %v; speed %d", direction, speed)
    case <-nextMove:
        pos = pos.Add(direction.Mul(speed))
        log.Printf("Muove in %v", pos)
        nextMove = time.After(updateInterval)
    }
  }
}

// Left fa voltare il rover a sinistra (90° antiorari).
func (r *RoverDriver) Left() {
    r.commandc <- left
}

// Right fa voltare il rover a destra (90° orari).
func (r *RoverDriver) Right() {
    r.commandc <- right
}

// Stop arresta il rover.
func (r *RoverDriver) Stop() {
    r.commandc <- stop
}

// Start avvia il rover.
func (r *RoverDriver) Start() {
    r.commandc <- start
}
```

Capitolo 32

Esperimento: lifeonmars.go

```
package main

import (
    "fmt"
```

```
    "image"
    "log"
    "math/rand"
    "sync"
    "time"
)

func main() {
    marsToEarth := make(chan []Message)
    go earthReceiver(marsToEarth)
    gridSize := image.Point{X: 20, Y: 10}
    grid := NewMarsGrid(gridSize)
    rover := make([]*RoverDriver, 5)
    for i := range rover {
        rover[i] = startDriver(fmt.Sprint("rover", i), grid, marsToEarth)
    }
    time.Sleep(60 * time.Second)
}

// Message contiene un messaggio inviato da Marte alla Terra.
type Message struct {
    Pos       image.Point
    LifeSigns int
    Rover     string
}

const (
    // La durata di un giorno su Marte.
    dayLength = 24 * time.Second
    // Il lasso di tempo al giorno in cui
    // i messaggi possono essere trasmessi da un rover alla Terra.
    receiveTimePerDay = 2 * time.Second
)

// earthReceiver riceve i messaggi inviati da Marte.
// Dal momento che la connettività è limitata, riceve i messaggi
// solo in certi momenti del giorno di Marte.
func earthReceiver(msgc chan []Message) {
    for {
        time.Sleep(dayLength - receiveTimePerDay)
        receiveMarsMessages(msgc)
    }
}

// receiveMarsMessages riceve i messaggi inviati da Marte
// per la durata specificata.
func receiveMarsMessages(msgc chan []Message) {
    finished := time.After(receiveTimePerDay)
    for {
        select {
        case <-finished:
            return
```

```
        case ms := <-msgc:
            for _, m := range ms {
                log.Printf("Terra ha ricevuto un report di segni di vita di entità %d
                        ➥da %s in %v", m.LifeSigns, m.Rover, m.Pos)
            }
        }
    }
}

func startDriver(name string, grid *MarsGrid, marsToEarth chan []Message) *RoverDriver {
    var o *Occupier
    // Prova un punto casuale; continua fino a trovarne uno che non sia attualemnte occupato.
    for o == nil {
        startPoint := image.Point{X: rand.Intn(grid.Size().X), Y: rand.Intn(grid.Size().Y)}
        o = grid.Occupy(startPoint)
    }
    return NewRoverDriver(name, o, marsToEarth)
}

// Radio rappresenta un trasmettitore radio che può inviare messaggi sulla Terra.
type Radio struct {
    fromRover chan Message
}

// SendToEarth invia un messaggio alla Terra.
// Ha sempre successo immediatamente:
// in realtà il messaggio può essere bufferizzato e trasmesso successivamente.
func (r *Radio) SendToEarth(m Message) {
    r.fromRover <- m
}

// NewRadio restituisce una nuova istanza di Radio che invia messaggi al canale toEarth.
func NewRadio(toEarth chan []Message) *Radio {
    r := &Radio{
        fromRover: make(chan Message),
    }
    go r.run(toEarth)
    return r
}

// run bufferizza i messaggi inviati da un rover
// finché non potranno essere inviati alla Terra.
func (r *Radio) run(toEarth chan []Message) {
    var buffered []Message
    for {
        toEarth1 := toEarth
        if len(buffered) == 0 {
            toEarth1 = nil
        }
        select {
        case m := <-r.fromRover:
            buffered = append(buffered, m)
```

```
        case toEarth1 <- buffered:
            buffered = nil
        }
    }
}

// RoverDriver guida un rover sulla superficie di Marte.
type RoverDriver struct {
    commandc chan command
    occupier *Occupier
    name string
    radio *Radio
}

// NewRoverDriver avvia un nuovo RoverDriver e lo restituisce.
func NewRoverDriver(
    name string,
    occupier *Occupier,
    marsToEarth chan []Message,
) *RoverDriver {
    r := &RoverDriver{
        commandc: make(chan command),
        occupier: occupier,
        name: name,
        radio: NewRadio(marsToEarth),
    }
    go r.drive()
    return r
}

type command int
const (
    right command = 0
    left command = 1
)

// drive è responsabile della guida del rover.
// Deve essere avviata in una goroutine.
func (r *RoverDriver) drive() {
    log.Printf("%s - Posizione iniziale: %v", r.name, r.occupier.Pos())
    direction := image.Point{X: 1, Y: 0}
    updateInterval := 250 * time.Millisecond
    nextMove := time.After(updateInterval)
    for {
        select {
        case c := <-r.commandc:
            switch c {
            case right:
                direction = image.Point{
                    X: -direction.Y,
                    Y: direction.X,
                }
```

```
            case left:
                direction = image.Point{
                    X: direction.Y,
                    Y: -direction.X,
                }
            }
            log.Printf("%s - Nuova direzione: %v", r.name, direction)
        case <-nextMove:
            nextMove = time.After(updateInterval)
            newPos := r.occupier.Pos().Add(direction)
            if r.occupier.MoveTo(newPos) {
                log.Printf("%s - Muove in: %v", r.name, newPos)
                r.checkForLife()
                break
            }
            log.Printf("%s - Bloccato nel movimento da %v a %v", r.name,
                    ➥ r.occupier.Pos(), newPos)
            // Sceglie casualmente un'altra direzione.
            // Alla prossima mossa, cercheremo di muoverci nella nuova direzione.
            dir := rand.Intn(3) + 1
            for i := 0; i < dir; i++ {
                direction = image.Point{
                    X: -direction.Y,
                    Y: direction.X,
                }
            }
            log.Printf("%s new random direction %v", r.name, direction)
        }
    }
}

func (r *RoverDriver) checkForLife() {
    // Si sposta con successo nella nuova posizione.
    sensorData := r.occupier.Sense()
    if sensorData.LifeSigns < 900 {
        return
    }
    r.radio.SendToEarth(Message{
        Pos:       r.occupier.Pos(),
        LifeSigns: sensorData.LifeSigns,
        Rover:     r.name,
    })
}

// Left fa voltare il rover a sinistra (90° antiorari).
func (r *RoverDriver) Left() {
    r.commandc <- left
}

// Right fa voltare il rover a destra (90° orari).
func (r *RoverDriver) Right() {
    r.commandc <- right
}
```

```
// MarsGrid rappresenta una griglia di una parte della superficie di Marte.
// Può essere usata in modo concorrente da più goroutine.
type MarsGrid struct {
    bounds image.Rectangle
    mu     sync.Mutex
    cells  [][]cell
}

// SensorData contiene informazioni sul contenuto di un punto della griglia.
type SensorData struct {
    LifeSigns int
}

type cell struct {
    groundData SensorData
    occupier   *Occupier
}

// NewMarsGrid restituisce una nuova MarsGrid delle dimensioni specificate.
func NewMarsGrid(size image.Point) *MarsGrid {
    grid := &MarsGrid{
        bounds: image.Rectangle{
            Max: size,
        },
        cells: make([][]cell, size.Y),
    }
    for y := range grid.cells {
        grid.cells[y] = make([]cell, size.X)
        for x := range grid.cells[y] {
            cell := &grid.cells[y][x]
            cell.groundData.LifeSigns = rand.Intn(1000)
        }
    }
    return grid
}

// Size restituisce un Point che rappresenta le dimensioni della griglia.
func (g *MarsGrid) Size() image.Point {
return g.bounds.Max
}

// Occupy occupa una cella in un determinato punto della griglia.
// Restituisce nil se il punto è già occupato o se il punto è esterno alla griglia.
// Altrimenti restituisce un valore che può essere usato
// per spostarsi in altri punti della griglia.
func (g *MarsGrid) Occupy(p image.Point) *Occupier {
    g.mu.Lock()
    defer g.mu.Unlock()
    cell := g.cell(p)
    if cell == nil || cell.occupier != nil {
        return nil
    }
```

```
    cell.occupier = &Occupier{
        grid: g,
        pos: p,
    }
    return cell.occupier
}

func (g *MarsGrid) cell(p image.Point) *cell {
    if !p.In(g.bounds) {
        return nil
    }
    return &g.cells[p.Y][p.X]
}

// Occupier rappresenta una cella occupata della griglia.
type Occupier struct {
    grid *MarsGrid
    pos image.Point
}

// MoveTo sposta occupier in un'altra cella della griglia.
// Indica anche se la mossa ha avuto successo.
// La mossa può fallire perché si sta tentando di uscire dalla griglia
// o perché la cella di destinazione è già occupata.
// Se la mossa fallisce, occupier rimane nella stessa posizione.
func (o *Occupier) MoveTo(p image.Point) bool {
    o.grid.mu.Lock()
    defer o.grid.mu.Unlock()
    newCell := o.grid.cell(p)
    if newCell == nil || newCell.occupier != nil {
        return false
    }
        o.grid.cell(o.pos).occupier = nil
        newCell.occupier = o
        o.pos = p
        return true
}

// Sense restituisce i dati dei sensori relativi alla cella corrente.
func (o *Occupier) Sense() SensorData {
    o.grid.mu.Lock()
    defer o.grid.mu.Unlock()
    return o.grid.cell(o.pos).groundData
}

// Pos restituisce l'attuale posizione sulla griglia del rover.
func (o *Occupier) Pos() image.Point {
    return o.pos
}
```

Indice analitico

M

N

O

P

R

S

T

U

V

W